普通高校"十二五"规划教材

饭店市场营销实务

（第2版）

孙梦阳　赵晓燕　主编

北京航空航天大学出版社

内容简介

按照旅游管理和酒店管理专业应用型人才的培养目标，本书较为全面地介绍了市场营销的基础理论与实际应用，以大量的饭店市场营销的实际问题和案例，指导、帮助饭店营销管理的实际业务工作。本书共十章，介绍了饭店市场营销的基本概念，阐述了饭店市场机会分析和市场定位、饭店市场营销组合策略和饭店市场营销实务等内容。

本书结构完整，层次清晰，注意博采众长，坚持理论与实践相结合，结合大量新的饭店实际案例，介绍了饭店市场营销的理论、实务和方法，具有一定的实用性。在撰写过程中注意把当代饭店市场营销理论与实践的最新动态做适当的融合与介绍。

本书适合作为普通高等院校旅游管理专业和酒店管理专业的饭店市场营销课程教材，也可供相关从业人员阅读参考。

本书配有教学课件供任课教师参考，请发邮件到 goodtextbook@126.com 或致电 010－82317037 申请索取。

图书在版编目(CIP)数据

饭店市场营销实务 / 孙梦阳，赵晓燕主编. -- 2 版
-- 北京 ：北京航空航天大学出版社，2014.7
ISBN 978－7－5124－1406－8

Ⅰ.①饭… Ⅱ.①孙… ②赵… Ⅲ.①饭店—市场营销学 Ⅳ.①F719.2

中国版本图书馆 CIP 数据核字(2014)第 130918 号

饭店市场营销实务(第 2 版)
孙梦阳　赵晓燕　主编
责任编辑　周华玲
*
北京航空航天大学出版社出版发行
北京市海淀区学院路 37 号(邮编 100191)　http://www.buaapress.com.cn
发行部电话：(010)82317024　传真：(010)82328026
读者信箱：goodtextbook@126.com　邮购电话：(010)82316524
北京时代华都印刷有限公司印装　各地书店经销
*
开本：787×1092　1/16　印张：12.75　字数：326 千字
2014 年 7 月第 2 版　2014 年 7 月第 1 次印刷　印数：3 000 册
ISBN 978－7－5124－1406－8　定价：22.00 元

前　言

本书积极吸纳市场营销领域的前沿理论，重视理论与实践相结合，旨在适应饭店营销管理实践要求，培养饭店市场营销实际业务工作的高级专门人才；既体现了市场营销的理论性、综合性，又体现了解决饭店营销管理中实际问题的应用性、职业性等特点，兼顾了以学生为本、发挥学生学习的自主能动性和教师在教学活动中的指导与主导作用。

本书共分为十章，根据饭店市场营销活动的基本过程和规律，按照旅游管理、酒店管理专业应用型人才的培养目标，较为全面地介绍了饭店市场营销的基础理论与实际应用结果，以大量饭店市场营销的实际问题和案例，指导、帮助饭店营销管理的实际业务工作。

本书主要涉及四方面内容：

第一方面，饭店市场营销的基础概念及理论。包括第一章绪论，主要对饭店营销管理工作进行总括性介绍。

第二方面，饭店市场机会分析和市场定位。包括第二章饭店环境分析、第三章饭店消费者购买行为分析、第四章饭店市场定位。

第三方面，饭店市场营销组合策略。包括第五章饭店产品策略、第六章饭店定价策略、第七章饭店促销策略、第八章饭店销售渠道。

第四方面，饭店市场营销实务。包括第九章实现营销效果最大化的实用手段、第十章饭店市场营销新理念。

总之，本书以饭店市场营销知识化、国际化趋势为背景，对饭店市场理论和方法进行了较为详细的阐述，旨在培养学生运用所学知识，思考、分析和解决饭店市场营销实际问题的能力。本书针对旅游管理、酒店管理类教材的基本需求和最新变化趋势进行了内容设计和再版完善。本次再版除了保持第1版的基本框架外，对饭店市场营销的理论知识进行了深化，新增加了饭店环境分析（第二章）、饭店消费者购买行为分析（第三章）。参考菲利普·科特勒教授的《市场营销管理·亚洲版》以及《营销管理（第14版）》，对基本概念、基本理论进行了补充与完善。此外，编者阅读了《中国旅游报》、《销售与市场》、《中国经营报》等大量的相关报刊、网站，将第1版中90%的案例进行了更新。这一切的努力都是为了给读者呈现更新、更丰富的饭店市场营销理论与实务成果。本教材对于旅游管理和酒店管理专业的本科生具有很强的适用性，也可作为饭店业和营销业界人士的参考读物。

本书由孙梦阳、赵晓燕担任主编，孙梦阳负责统稿、修改与定稿，赵晓燕负责全书框架体系设计以及再编章节的调整。参加第2版各章编写的主要人员有：孙梦阳负责第一章至第四章和第九章（北京联合大学旅游学院），荆艳峰负责第十章（北京联合大学旅游学院），马琳负责第五章至第八章（北京服装学院）。

本书在编写过程中，参阅了国内外大量的相关资料和文献，在此对这些文献资料的作者致以诚挚的谢意。由于编者水平有限，书中难免存在错误和疏漏之处，敬请各位专家和广大读者批评指正。

编　者

2014年4月于北京

目　　录

第一章 绪 论

【引导案例】

客人永远不会错

里兹名言：客人是永远不会错的。

里兹-卡尔顿公司的创始人凯撒·里兹被称为世界豪华饭店之父。他于1898年6月与具有“厨师之王，王之厨师”美誉的August Ausgofier一起创立了巴黎里兹饭店，开创了豪华饭店经营之先河，其豪华的设施、精致而正宗的法餐，以及优雅的上流社会服务方式，将整个欧洲带入一个新的饭店发展时期。

里兹志向顾客营销。里兹了解客人，会投客人之所好，他的饭店服务被认为已达登峰造极之地步。多年来的服务工作经验，使他养成了一种认人和记人姓名的特殊本领。门庭相见，一握手几句寒暄，便能知道客人的爱好；把客人打发入座，便明白如何去应付。他常常告诫服务人员，要想使客人喜欢自己的饭店，一再光顾，首先要让客人对那里的服务人员有好感。

里兹有创造性和丰富的想象力，为了取得某种效果，从不惜代价。早年他在卢塞恩国民大旅馆当经理时，为了让客人观夜景，他在对面山峦上燃起篝火；为了创造一种特殊气氛，他还曾往底层的餐厅里注水，摆上平底船，请来船夫唱船工曲。

“客人永远不会错”是里兹的信条，宁肯自己担风险，也不轻易得罪自己的顾客。1899年12月，英国王储决定途经巴黎时作一短暂逗留，于是致电里兹，叫他准备房间。碰巧，当时里兹饭店唯一的一间皇家套房被一位美国夫人占用，她也是美国的400名流之一，不肯让出房间。里兹为此大伤脑筋，他真是拿出了看家的本事，恭维美言，苦苦恳求，答应饭店房子由她任意挑选，条件由她说，谁知一个多小时的谈话，这位夫人咬口不开。最后她表示，要么她住着不动，要么她立即离开里兹饭店，永不再来。里兹想到“客人永远不会错”的信条，他不能让客人愤然而去。没有别的办法，他只好硬着头皮为英国王储另安排房间，也做好了被王储拒绝的心理准备。他像以往那样开车到车站去迎接王储，但心里却忐忑不安，强作笑容。好在王储那天情绪很好，听了他的解释，没再说什么。

里兹也常遭受因顾客无知而提出的责难，但他总是心平气和地处理好。一次，一位客人吵吵嚷嚷要吃一种法国的奶油浓汤，这种汤常供冷的。汤做好端上来时，他却说：“凉透了”，而拒绝食用。当斟酒员根据他的要求送上法国名酒勃艮第葡萄酒时，这位粗鲁的大汉又说味不对而不喝。里兹只好上前，叫服务员又换一瓶给他，圆满地处理了这场不快。

——摘选自 张广瑞. 世界旅馆·旅馆世界(第九章). 北京：中国经济出版社，1991.

里兹“客人永远不会错”的信条的提出，开拓了饭店营销的先导。这一观念，要求饭店站在客人的立场去考虑问题，给客人以充分的尊重，并最大限度地满足客人的要求。它包含了四个方面的内容，全新地阐释了饭店营销的核心。

这四个方面的内容是：

(一) 要充分理解客人的需求

对于客人提出的超越饭店服务范围、但又是正当的需求,这不意味着客人过分,而是反映了饭店的不足,所以饭店必须作为特殊服务予以满足,向客人表示歉意,取得客人的谅解。

(二) 要充分理解客人的想法和心态

对客人因受外人之气而迁怒于饭店,或因身体、情绪等原因而大发雷霆的,对此出格的态度和要求,饭店必须给予理解,并以更优质的服务去感化客人。

(三) 要充分理解客人的误会

由于文化、知识、地位等差异,客人对饭店的规则或服务不理解而提出种种意见,或拒绝合作的,饭店必须向客人做出真诚的解释,并力求给客人以满意的答复。

(四) 要充分理解客人的过错

由于种种原因,有些客人或有意找碴,或强词夺理,饭店必须秉着"客人至上"的原则,把理让给客人,给客人以面子。

里兹"客人永远不会错"的信条的提出表明,饭店营销是以顾客为中心的连续不断的管理过程,要关注顾客需求,强调市场调研,找准饭店目标市场,做好内部营销,重视组织内外各种关系的协调,针对顾客需求不断进行产品创新。饭店市场营销追求的目标是在满足顾客需求的前提下创造企业利润,实现双赢。一名成功的饭店经营者首先必须是一名优秀的营销人员,应充分认识到饭店市场营销以及顾客需求在饭店营销中的重要性。

第一节 正确认识饭店市场营销

目前,虽然越来越多的饭店经营者们已充分认识到了饭店市场营销对于饭店经营和管理的重要性,但还没有形成对饭店市场营销的正确认识,比如,将饭店营销与饭店推销混为一谈。错误的认识必将导致错误的行为,给营销活动的开展带来非常不利的影响,进而危害饭店的生存与发展。因此,正确认识饭店市场营销是开展有效营销活动的前提。

一、饭店市场营销的概念

所谓饭店市场营销,是指作为营销主体的饭店在适当的时间,以适当的价格,通过适当的渠道,将适当的饭店产品和服务传递给适当的顾客的活动过程。换言之,这是饭店与顾客为满足需求与欲望而展开的活动。很显然,这一活动的起点是作为营销活动主体的饭店,了解和确定作为营销客体的顾客的需求,而活动的终点则是提供让顾客满意的饭店产品。

饭店营销与饭店销售是两个不同的概念,其区别就在于对顾客需求所持有的不同态度。饭店营销是通过客人的满意度来实现饭店经营目标的,它的任务在于不断地跟踪顾客的需要和要求的变化,以便能及时调整饭店整体经营活动,努力满足顾客需要。而饭店销售注重的是饭店的现有产品,并使用劝说性推销手段来扩大产品的销售量,获取销售利润。简言之,饭店营销是先了解和确定顾客需求,然后向顾客提供能满足其需要的合适的产品;而饭店销售则是向顾客推销现有产品,不考虑或很少考虑顾客是否需要这种产品。

二、饭店产品的特殊性及其营销特点

饭店行业的产品有其自身的特殊性，这使得饭店市场营销与其他行业的营销相比有很大的不同。

（一）无形性

饭店是一个综合性企业，其产品是以服务为主体的组合，具有无形性，因而质量无法用尺量、用秤来称。同时，产品的有形部分大多又是以所有权不能发生转移的租赁形式存在的。因此饭店的营销活动带有相应的脆弱性和复杂性，这给饭店的营销活动带来了很大的难度，同时也对饭店的营销人员提出了更高的要求。

（二）不可贮存性

饭店产品的不可贮存性决定了饭店市场营销的艰巨性。如果客房当天的价值不能兑现，那么，这一天的损失将永远无法弥补。因此饭店要提高产品的时间效用，尽量实现产品的使用价值，减少损失。

（三）不可移动性

饭店产品的不可移动性使营销活动缺少一定的灵活性，客人在首次购买饭店产品之前是无法具体接触或明确感受它们的。因此饭店营销人员必须注重对相关信息的收集、处理和及时有效的传递，进行营销手段的创新。

（四）限制性

饭店产品大规模地生产和销售的限制性使饭店营销的规模效应受到局限，因此饭店营销必须注意了解客户需求，因人而异，通过主动灵活以及个性化服务来提高饭店效益。

（五）非均质性

饭店产品的非均质性使客人的满意度参差不齐，客人会因自身的感受与评价的不同或员工服务水平的实际差别对饭店加以鉴别和选择，因此饭店要强化员工的服务营销意识，提高员工的服务技能和服务水平，通过员工的努力，提高客人的满意度和忠诚度。

（六）随意性和替代性

饭店产品消费的随意性和替代性增加了饭店产品的竞争性，因此营销活动必须着眼于刺激顾客的消费欲望。饭店要明确自身的市场定位，在了解和掌握目标客人需要的前提下，做好促销宣传。

（七）非专利性

饭店产品的非专利性对营销活动的独到与创新提出了更高要求。饭店产品非常容易效仿，因而要形成自身特色，打造饭店品牌，同时还要坚持“人无我有，人有我优，人优我新”的竞争战略。

（八）文化性

饭店产品的文化性要求饭店注重文化建设，强化员工的文化理念和增加产品的文化内涵。

【小链接1-1】

文化管理见功力——海景花园大酒店纪实

青岛海景花园酒店管理公司经营的海景花园大酒店,三年来以“细节管理”和“细微的情感服务”赢得了越来越多的回头客,连续创造了青岛地区四星级以上酒店客房出租率第一和平均房价第二的佳绩。国家技术监督局在京召开“贯彻实施《产品质量法》千家企业新世纪质量宣言大会”,授予全国256个企业“2000年质量管理先进单位”荣誉称号,海景花园大酒店成为全国饭店业唯一获此殊荣的单位。海景花园酒店管理公司的具体做法如下:

1. 用文化打造品牌

打造一个掷地有声的中国服务品牌,是海景花园酒店管理公司的执著追求。早在1995年,宋勤总经理就这样激励他的伙伴们:洋老板能管好四星、五星级酒店,我们中国人也一定能够管好。海景选择了“文化制胜”。1998年,他们成立了专门机构——企业文化部,全面导入文化管理机制,开始了系统的“观念开发”和“精神塑造”,使企业文化的创建和生成从“自在”走向了“自为”。在海景人看来,一个酒店做得是否成功,不是看来了多少顾客,不是一次服务中的顾客满意,而是拥有多少忠诚顾客。没有给客人留下美好感觉的服务是零服务。

2. 塑造高效团队

有人说:“海景是一块生长人才的文化沃土”。许多单位在招聘员工时,只要在海景工作三个月以上的,可以免试录用,人们把这种现象称之为“海景效应”。

培养什么样的人需要设计。海景要求员工第一是会做人,第二是会做事,并按照“品德高尚、意识超前、作风顽强、业务过硬”的品格模式塑造人、锤炼人。每一个管理人既要接受塑造和锤炼,又有责任塑造和锤炼好自己的下属。

海景对员工实行学校式素质化培训,员工的企业文化学习和技能培训都是高强度的,几年来一直坚持不懈,不打折扣。近两年,海景以其成功的魅力吸引了一大批大学生加盟。海景的领导对他们倾注了大量心血,用高强度的企业文化学习和严格的实践锻炼,使他们中的绝大多数成为能独挡一面的管理骨干。海景的老总常对员工说:“我不要求你们在海景干一辈子,但我希望你们人人成为人才!能为社会培养有用之材,是我们企业的荣耀。”

海景认为,一个群体不能没有尊重、沟通和协作。海景有一个多层次沟通网络,总经理与部门经理、总经理与员工、部门经理与下属、班组长与员工、职能部门之间都有定期沟通会制度,以增进了解,达成更多的共识。与众不同的是,他们特别擅长“理念沟通”,不是就事论事,而是从价值观、理念和行为准则上追寻共同语言。可以说,海景人是在共同一致的价值准则下工作。

3. 把品牌做大

品牌蕴含着张力,品牌应当做大,海景花园酒店管理公司步入开放型、集团化经营的轨道。大连水上人间国际假日酒店是海景以委托方式管理的酒店之一,隶属于大连卓越企业集团公司。这家酒店总投资4亿多元,建筑面积7万多平方米,拥有一个直径近百米、高45米的嬉水宫,150多间客房和几百个餐位。在“水上人间”的办公室,有一大摞客人的表扬信和感谢信。一位美国客人写道:“我发现这里有一流的服务、精美的食品,还有周到细致的照顾。我们将把在这里享受到的丰盛菜品以及亲情服务带回美国,让我们更多的朋友了解‘水上人间’。”一位叫闫峰的客人在游泳时,眼镜因螺丝脱落无法佩戴。他抱着试试看的心理电话求助大堂副理,工程部王积奎接到任务。在没有现成配件的情况下，把自己眼镜的螺丝拆下来换在了客人的眼镜上。闫先生为此在感谢信中说："这种急客人所急的工作精神太令我感动了，对于贵酒店出色的服务，我谨以此信表达我的感激之情"。

——摘选自　赵志惠. 文化管理见功力——海景花园酒店纪实. http://news.sina.com.cn/c/2001-08-24/338830.html.

三、饭店市场营销的作用

（一）发现和了解消费者需求

现代市场营销观念强调市场营销应以消费者为中心，饭店也只有通过满足消费者的需求，才可能实现企业的目标，因此，发现和了解消费者的需求是市场营销的首要功能。

（二）指导饭店决策

企业决策正确与否是企业成败的关键，企业要谋得生存和发展，做好经营决策很重要。饭店通过市场营销活动，分析外部环境的动向，了解消费者的需求和欲望，了解竞争者的现状和发展趋势，结合自身的资源条件，指导饭店在产品、定价、分销、促销和服务等方面做出相应的、科学的决策。

（三）开拓市场

通过对消费者现在的和潜在的需求的调查、了解与分析，充分把握和捕捉市场机会，积极开发产品，建立更多的分销渠道及采用更多的促销形式，从而开拓市场，增加销售。

（四）满足消费者需要

满足消费者的需要与欲望是饭店市场营销的出发点和中心，也是市场营销的基本功能。饭店通过市场营销活动，从消费者的需求出发，并针对不同目标市场的顾客，采取不同的市场营销策略，合理地组织企业的人力、财力、物力等资源，为消费者提供适当的产品，做好销售后的各种服务，让消费者满意。

四、饭店市场营销组合

传统的市场营销是由4P，即产品（product）、价格（price）、渠道（place）和促销（promotion）四个要素组成的。但由于饭店是服务性企业，饭店产品中的大部分内容是服务，所以饭店市场营销的特点与一般市场营销的特点有所区别，因此我们认为这一组合不完全适合于饭店市场营销，而应该将人（people）和过程（processes）扩充到组合当中。只有这些相关要素与传统的4P受到同样的重视和研究，饭店市场营销活动才能得以顺利开展。

（一）产品（product）

饭店产品是指饭店提供给目标顾客某些价值的物体或过程的总体概念，由核心产品、期望产品、延伸产品和潜在产品四个层面构成。

（二）价格（price）

价格是指饭店出售产品和提供服务后客人支付的金额。但由于饭店产品中有相当比重是无形的服务，客人无法预先体验，因此，价格又成为饭店传递给客人的关于质量的信息。它既受产品质量的影响，同时又影响着饭店产品的销售。

(三) 渠道(place)

渠道即饭店销售渠道。它是指饭店产品和服务从饭店向顾客转移时取得该产品和服务的所有权(使用权)或者是帮助转移所有权和使用权的企业与个人。它是饭店将适销对路的产品销售给目标顾客的桥梁和纽带。

(四) 促销(promotion)

饭店促销是指为说服目标顾客前来购买饭店的产品和服务而利用各种形式与目标顾客进行沟通的多元化活动。这些活动包括广告宣传、人员推销、营业推广和公共关系等。

(五) 人(people)

对饭店企业而言,人力资源构成了其产品的基础。服务产品提供者作为活生生的人,会表现出服务过程所不能控制的差异。因此,强调饭店营销中人的因素,主要是指运用人力资源管理理论对客户服务提供者进行挑选、培训、激励,做好内部营销的过程。

(六) 过程(processes)

过程是指所有饭店产品的生产并交付给顾客消费的程序、机制和惯例,包括所有与顾客有关的甚至包括饭店员工需要自行处理问题的政策的制订。过程质量的提高是饭店产品质量提高的重要保证,因此是饭店营销的关键。

第二节　饭店营销的起点和终点

市场营销最基本的概念是人的基本需要。当人的基本需要没有被满足时人们就会寻找可以满足这种需要的东西,而当人的需要满足之后,人们才可以更安心的生活和工作。需要—满足—新的需要—新的满足,构成了人类进步和发展的阶梯,刺激需求—满足需求—刺激新的欲望和需求—满足需求,便成为市场营销的基本任务。饭店营销与市场营销一样,能否刺激并有效满足需求是衡量其成败的重要内容。因此,研究饭店营销首先应对需求等相关概念有一个准确的理解和把握。

一、对相关概念的理解与把握

(一) 与需求相关的概念

1. 需　要

按照心理学的解释,需要是有机体由于缺乏某种生理或心理因素而产生的与周围环境某种不平衡状态,是有机体对延续和发展其生命所必需的客观条件的需求的反映。需要以愿望和意向的形式表现出来。当需要未被满足时,有机体将寻求各种手段来满足它。需要分为自然需要、社会需要、物质需要和精神需要。对于市场营销者而言,需要不能凭空创造,但却可以去满足。

2. 欲　望

欲望是指个体想得到某种东西或想达到某种目的的要求。由于个体受不同文化及社会环境的影响,欲望的指向物和对对象的追求是不一样的,因而营销者可以通过一些手段刺激欲望、影响欲望并创造、开发相应的产品和服务来满足欲望。

3. 需　求

需求是指愿意购买并且有能力购买某个具体产品的欲望。营销活动的目的不仅是激起消费者的欲望，更在于激起消费者购买本企业产品的需求。了解消费者的购买能力，便可以提供相对较为合适的产品以满足其需求。

（二）需要、欲望与需求的关系

为了更加准确地把握需求的概念，我们有必要区分需要、欲望与需求这几个相互联系又各不相同的一组概念。

在营销中最基本的概念是人的需要，需要是源于心理上的不满足而产生的某种不平衡的状态；欲望是想得到能够满足该需要的具体满足品的迫切心情和愿望；需求是有支付能力的需要，它包含对某产品有欲望、愿意消费和有为此支付的经济能力两个内容，两者同时满足就成为了现实的需求。

在现代社会生活中，人们离家远行、外出的情形比比皆是，吃、住等基本需要自然产生，由于人们的社会地位和经济水平不同，于是产生了对不同档次的饭店的各种欲望；当这些人有了住饭店的愿望同时具备了能够支付住饭店的费用和开销的能力时，对于饭店而言，现实的市场需求就形成了。有了这样的环境，饭店应该做的就是自身产品的营销了。

二、顾客需求——饭店营销的起点和终点

对任何一家饭店来说，要赢得顾客，首先得了解顾客。康伯纳曾说过："不要以自己的喜好去对待别人，每个人的品味都有所不同。"这句话表明，在服务中最好的方式是以顾客想要的方式为他们服务，要做到这一点，就必须深入了解顾客，想顾客之所想。

【小链接 1－2】

雅高调研客户需求以迎接其台湾首家酒店开业

2009 年 8 月 21 日，在中国大陆地区已发展 25 年的欧洲最大的酒店集团——法国雅高酒店集团为筹备 11 月份在台湾的第一家酒店台北诺富特华航桃园国际机场饭店的开业，联合全球领先的市场研究公司尼尔森，在中国大陆、中国香港和新加坡的雅高 A 佳会员中进行了赴台湾旅游意向及酒店住宿需求的在线调查。

"对于酒店经营者来说，了解顾客的需求是成功的关键，"雅高中国区首席副总裁马睿先生说道。"通过此次市场调研，我们对顾客的需求有了更深入的了解，将对市场营销以及服务产品进行积极调整。同时希望通过此次调查，能够对我们的酒店业主中华航空公司有所帮助，共同促进赴台旅游市场的发展。"

作为亚洲地区重要的旅游目的地，台湾越来越受到亚洲地区，尤其是中国大陆地区游客的青睐。调查结果显示，台湾是亚洲地区最具吸引力的旅游目的地之一。在曾赴台湾旅游的受访者中，有 60％的人明确表示会在未来 24 个月内再次前往台湾旅行。

在台湾的旅游景点中，台北最具吸引力，得到了将近 70％的中国大陆、中国香港以及新加坡受访者的青睐，其次是故宫博物院(31％)、淡水(27％)和阳明山(22％)。而台湾美食(31％)以及热情友好的当地人(18％)给曾经到过台湾的受访者留下了深刻的印象。

此外，在近期有计划前往台湾旅行的受访者中，来自中国大陆和新加坡的旅客希望在台湾

的平均停留时间是6～7天。另一个有趣的发现是,来自中国大陆的受访者在住宿方面要求似乎较高。近80%的大陆受访者将4～5星级的国际品牌酒店作为他们的住宿首选,比例高于中国香港和新加坡的受访者。同时,在平均住宿费用方面,中国大陆受访者愿意每晚支付650元以上人民币,高于新加坡受访者的每晚540元以上人民币。

中国香港和新加坡的受访者将地理位置视为酒店选择的最关键因素,而中国大陆受访者则认为酒店的设施与地理位置同等重要。三地受访者中,免费使用互联网、枕头菜单以及花洒淋浴系统被认为是最重要的酒店增值服务设施的前三位。

酒店的环保举措也成为受访者选择酒店时的考量因素。近60%的中国大陆受访者表示酒店在可持续发展方面所做的努力会影响他们的预订选择,这一数字远远超过了中国香港受访者(45%)以及新加坡受访者(36%)。而三地的受访者所关注的位列前三位的环境问题都是水污染、全球变暖以及气候变化。

"根据调查结果,我们发现台湾是受访者心目中最为期待的旅游目的地之一,这更增强了我们对台北诺富特华航桃园国际机场饭店的信心。这家位于繁忙的桃园国际机场的酒店,其战略性地理位置及便捷的交通可使宾客轻松到达台湾的众多旅游景点。"马睿先生补充道。

雅高根据调查结果进行了迅速反应。台北诺富特华航桃园国际机场饭店以及北京诺富特三元酒店将成为试点酒店,率先尝试对雅高A佳卡会员推出枕头菜单服务,花洒淋浴设备也已经被安装在最新建成的诺富特酒店的行政楼层房间中。同时,调查结果进一步验证了准备实施的计划的正确性,例如北京诺富特和平宾馆正在实施翻新工程,原计划里就包含安装花洒淋浴系统。另外,客人们目前已经可以在很多雅高酒店的公共区域内使用无线上网,或者在客房内享受免费的互联网服务。

——摘选自　雅高调研客户需求以迎接其台湾首家酒店开业. 2009-8-21. http://travel.sohu.com.

(一) 顾客需要诚挚的关心和爱护

顾客满意是至关重要的。那么,什么是顾客满意呢?我们可以这样定义:顾客满意是顾客对饭店服务体验的程度。顾客在饭店所有部位、所有服务功能和所有人群中,如果所遇到的问题都得到了圆满的解决,则饭店从其身上获得的收益将三倍于一个从未遇到任何问题的顾客。之所以会有这样的结果,原因在于当问题得到圆满解决时,顾客会有一种被关怀感,心理上得到满足,并激发起对饭店的信任,从而在消费过程中忠诚于饭店。

卡尔·阿尔布雷克特和罗詹姆克合著的《为美国服务》一书是向美国介绍服务管理的畅销书籍。这本书提出了服务三角形模型,其组成部分是顾客、服务策略、职员和系统。模型中心部分是顾客,书中鲜明地提出了现代服务管理必须以顾客为中心,以满足顾客需求为首要任务,全心全意为顾客提供服务。希尔顿集团将这本书作为管理人员必读书,并把它作为服务宗旨向全员灌输。位于美国俄亥俄州卡顿市的希尔顿饭店的每间客房里都有一张《致顾客》的卡片,上面写道:"希尔顿饭店是为顾客服务的有感情的人的组织,而不是赚钱的机器。希望这儿成为您的第二个家,希望那些您爱的人梦里或心中和您在一起,也许我们不能相识,但希望您像在家里一样舒适、愉快。也许是工作把您带到了这里,希望您一切顺利,如果您将离开,那祝福您一路平安。我们每个人都是人生的旅行者,从出生走向人生终点。希望您在每一个驿站都生活得充实、快乐,有益于社会并与那些深爱您的人一同分享。"这封短信文采飞扬,感情真挚,极富感染力。在希尔顿饭店看来,每一位顾客在生活的每一个驿站,都有得到家庭般温暖的愿望,饭店要把顾客看作是自己的家庭成员一样给予关心和爱护,这是赢得顾客的关键。正是这一深入顾客心理层次的服务,使得希尔顿饭店生意兴隆,并与众不同。要做到把顾客当作家人,仅仅强调文明、礼貌服务显然不够。只有每一位员工都把顾客装在心里,才能做到微笑时亲切、自然,对客人提出的每一个问题都能给予最大的帮助,尽量为顾客提供超值服务,如记住顾客的生日,发现他们的难处并给他们带来意外的快乐等。有了这些,顾客每到这个饭店,就会自然而然地感觉到像回家一样。

（二）顾客需要一步到位的服务

美国西蒂公司的服务战略的基点是:急顾客之所急。该公司主管顾客事务的主任黛娜·内莫洛夫说:"顾客的需要往往是简单的,我们的责任是让顾客的需要及时和完全地得到满足。顾客是我们的上帝和真正的老板。"对于顾客的需求,即使是一件小事,成功的企业必然是以高效、优质的服务来帮助顾客,并赢得顾客的信任。现在的顾客,对所提供的服务效率是十分讲究的。无论是旅行者还是商务客,时间的安排都很紧张,他们在遇到问题时,都希望能得到一步到位的服务,并在被服务的过程中,得到尊重和理解。为此,饭店上上下下都应牢固树立急顾客之所急、想顾客之所想的理念,对顾客的问题,接待的服务员要尽快帮助解决,即使是涉及其他岗位,也不能随便指一下方向了事,不然的话,很容易使顾客感觉是服务的员工在指挥他。

有这样一个案例:一天,一位饭店员工接到一个查询电话后,二话没说,就把电话转到了总台。很明显,这位员工的做法是错误的,因为他没有为客人提供任何帮助,未等客人说完就转电话,这不仅很不礼貌,而且是怠慢和推诿。这样的服务必然会损害客人的自尊。其实,对于顾客来说,他们并不知道应该直接找哪个岗位,在顾客的心里,饭店的每一位员工都是可以为他提供帮助和服务的对象,被寻求帮助的员工客观上便代表了这个饭店。饭店的员工应以为每一个走入饭店的顾客提供服务为天职,只有这样,顾客才会每时每刻都能得到一步到位、高效的服务。

（三）顾客需要得到关键时刻的服务

"关键时刻"这个词现在已成为服务管理的中心议题。美国SAS公司的总裁詹·卡尔森曾经用这个词在公司陷入困境的时候鼓励员工。他让员工们确信每一次与顾客的接触都是一个关键时刻,关键时刻是每天、每时、在每个人身上发生的。这种"关键时刻"的意识,使得公司在短时间内便从濒临破产走向了赢利。与一般企业相比,饭店对员工服务意识的要求无疑应该更高一些,因为饭店出售的产品就是服务。顾客入住饭店以后,在每一个场所,每一个与员工接触的地方都需要得到绝对重视,因此,饭店员工的一言一行,都会对顾客的消费产生重大影响。

【小链接1-3】

服务接触点是赢取客户的关键时刻

客人入住酒店不仅仅是为了宽大舒适的床铺和畅快的热水浴,而是酒店带给他们的一种服务体验,这种体验是否美好,是要靠员工来实现的。服务接触点指的就是酒店员工与客人之间的一种互动点,在这个点上,酒店通过员工的服务将企业的形象传递给了客人。设想如果客人在酒店里问路,服务人员不仅指明方向,而且还亲自陪同客人到达他想要去的地方,这样的接触点必定是令客人满意的。

有一本书叫做《关键时刻》,写的是詹·卡尔森在1981年进入北欧航空公司(SAS)担任总裁的时候,该公司已连续亏损,亏损金额相当庞大,然而不到一年的时间,通过盯住"关键时刻",卡尔森就使该公司扭亏转盈。卡尔森创造了"关键时刻(The Moment of Truth)"这一词语,并通过一系列的管理手段,让关键时刻成为客人满意而难忘的时刻。卡尔森认为,关键时刻就是顾客与北欧航空公司的职员面对面相互交流的时刻,这个时刻决定了公司未来的成败。他估计,SAS公司每天有50000个关键时刻。他还认为,顾客之所以抱怨,很大程度上就是因为员工没有代表企业在关键时刻给顾客提供正确的服务,或没有提供顾客真正想要的服务。

美国酒店伙伴管理公司根据卡尔森的观点,研究并确定了顾客逗留酒店期间通常会有39个关键时刻,比如顾客预订客房、需要叫醒服务等,为了不断创新关键时刻的服务,他们将39个关键时刻分别排列在一个被称为"跳舞的顾客游戏"的棋盘上,用游戏来训练员工对关键服务点的程序和诀窍的掌握和运用。他们把39个关键点的每个接触都看作是一次服务机会,酒店员工可以利用这些机会,为客人创造一个良好的服务体验,使客人有宾至如归的感觉。

我们假设一家200间客房的酒店,全年平均出租率有60%,那么平均每天就会有4680个服务接触点,一年就有1708200个接触点。而这些接触点就是展示酒店品牌形象,为客人提供优质服务,与客户建立关系的关键时刻,酒店若能对这些接触点的服务进行精心设计,并通过一线员工来兑现,必定能留住客人的心。

——摘选自 http://www.chinahotelw.com/Index.html.

有人认为,饭店服务的关键时刻是吸引顾客入住和消费,总台、预订及其他直接对客服务岗位最重要。其实,顾客光临饭店的任何一个岗位,只需经过短暂的接触,便会对饭店的服务质量有所了解,任何一次令顾客不悦的经历都会使我们永久地失去客人。即使是没有员工直接参与的地方,如停车场是否整齐有序,电梯是否整洁明亮,这些都是潜在的关键时刻。要使顾客时时满意,有必要进一步加强对员工爱店、爱岗的教育,并在培训中,把公共意识作为行为规范全员灌输。在饭店业竞争日趋激烈的今天,每一位管理者和员工都要把顾客看成是饭店最宝贵的财富,用真诚、热情为顾客服务,才能争取顾客,获得这笔财富。

第三节　做好饭店市场营销的方法

我国的饭店业是随着对外开放的步伐发展起来的,是最早接受国外先进管理经验和技术的行业。然而,考察饭店业的整体情况,发现除一些大的饭店连锁集团所属的饭店外,不少饭店的经营管理仍然停留在对于他人经验照搬模仿的初级阶段,缺乏经营的灵活性和创新意识,经营成效远未达到最佳状态。因此当今的饭店业正处在一个需要研究和探讨,将经营进一步向前推进的阶段,当务之急是明确搞好饭店营销该从何做起。以下是饭店开展营销的一些方法和思路。

一、打好经营基础

饭店经营的基础可以概括为"一个中心"和"两个基本点"。

(一) 饭店经营的"一个中心"

饭店经营的中心是市场,是目标顾客。饭店必须关注市场,以市场为导向,围绕市场开展工作。饭店以市场为中心就是要遵循市场规律,做好市场调查,了解市场需求,不能靠主观臆测进行经营,而要随市场变化及时调整经营策略,有目的地开展饭店经营活动。

（二）饭店经营的"两个基本点"

饭店经营的两个基本点是:培育和造就高素质的员工队伍以及树立正确的经营理念。市场经济无时无刻不存在竞争,有时竞争非常残酷。饭店要在激烈的竞争中获胜,首先必须练好内功,把企业内部各方面的工作管理好、协调好。只有这样,才能增强经营实力,在变幻莫测的市场中立于不败之地。要做到这一点,就要在培育和造就高素质的员工队伍以及树立正确的经营理念上狠下工夫。

饭店服务的生产与消费是同时发生的,客人与提供服务的员工接触也是多层面和广泛的。没有一流的员工,就不会有一流的服务;没有满意的员工,就不会有满意的客人。员工是饭店最宝贵的财富和资源。培育和造就具备良好素质、丰富知识、娴熟技能、规范礼仪、诚信商业道德和热忱工作态度的员工队伍是饭店经营最根本的工作。

饭店是传统的服务行业,服务要尊客为上,让顾客切实感到宾至如归、处处满意。要做到这点,就得在饭店上下全面推行"宾客至上"的经营理念,树立"视顾客满意为第一己任"的工作理念,全方位为顾客着想和服务,从思想建设上奠定良好的经营基础。

二、经营具有创新思维

社会越发展,市场越细分,饭店经营越应该专业化。我国近年来饭店产品雷同、千篇一律、百店一格的现象比较突出,饭店间竞争愈演愈烈,导致成本上升,效益下降。消费者需求的多样化,要求饭店产品也必须多元化。饭店硬件不能一味攀比豪华、气派、大而全,而应该立足于在有限的投资中尽量设计出各自不同的风格、品位、气氛和文化特色。饭店软件也要在具备"老三化"(规范化、标准化、程序化)的基础上做到"新三化"(个性化、特色化、形象化)。饭店如果不去进行这种创新改造工作,就会被市场无情地淘汰。

饭店创新要遵照顾客的要求,充分征求顾客的意见,听取多方面的反映。对于老顾客应主动征求改进意见,及时改进工作,使老顾客不断感受到新的服务和新的变化,提升他们对产品的忠诚度。对于新顾客要加强宣传饭店的功能特色,突出与其他饭店不一样的地方。要留住顾客,产品就必须有变化、有创新、有突破。饭店要表现出与众不同的差异性,最容易的突破点就是文化。文化的地域特点特别明显,入住的客人绝大多数是异地客人,客人与饭店所在地的距离往往越远,文化差异性也就越大。饭店可以在房屋造形、室内装修、服务人员服饰、服务形式、饮食文化、背景音乐、娱乐活动等方面突出表现本地特点,吸引顾客选择自己的饭店消费。饭店提供的是生活服务,客人的一般心理总是求新、求异、求变的,对于异地的各种文化往往乐意接受。如果在服务中一味去迎合客人原有的生活方式,不一定能取得理想效果。因为客人来自四面八方,程式化的模式不可能适应所有客人,有时候客人也许会觉得这种迎合是一种蹩脚的服务。当然,创新服务不能强加于人,要给客人提供多种选择,并尊重客人的选择,做好个性化服务。

三、做好饭店内部促销

饭店内部促销就是饭店内部全员促销,这是饭店营销的继续和延伸,是节约营销成本的最好形式。首先,内部促销是面向已经入住的客人或老顾客进行的促销,稳住已有的顾客就是稳住已有的市场份额。其次,内部促销不需要专职人员,与外部促销活动相比既容易又方便。从总经理到服务员,从前台到后台,人人都可参与,饭店全员都是义务推销员。只要把全体员工的积极性和主动性调动起来,再适当地掌握一定的方法和技巧,饭店就会形成强大的内部推销力量。再次,内部促销不需要专门的经费投入。它不像广告、公关等要有专项经费开支,而是在完成本职工作的同时,不失时机、恰到好处地向客人推销,只需多一些灵活的方法、语言技巧和形式变换而已,这是成本最低、见效最快的促销手段。最后,内部促销不受任何限制,在服务过程中随时随地都可以展开促销,非常便捷。所以,内部促销是一种非常有效的营销,它是外部促销的一种延伸。

内部促销取得成效的保证是服务的优质化。只有优质的服务才会令客人满意,才能让客人乐于接受内部促销的诱导,愿意增加消费和再次消费。此外,建立健全一套激励内部促销的机制是做好内部促销、树立全员营销意识的制度保证。

四、借机开展营业推广

营业推广是饭店为了促使目标顾客加快购买决策、增加购买数量而采取的一系列鼓励性的销售措施。饭店往往通过某种活动来变换产品销售的方式,以达到促销和宣传的目的。这种变换的销售形式适用于特定时期或特定任务下的短期特别推销,目的是在短期内强烈刺激市场需求,迅速取得销售效果。饭店营业推广的形式包括庆典活动、节假日促销、主题销售、文化表演、美食节、康娱项目、名人讲座、展览等。通过这一类的活动形式,饭店获得了效益,展示了形象,扩大了影响。比如,近年来郑州中州假日饭店每年圣诞节和中秋节都会举办丰富多彩的节日集会活动,并借机推出节日客房和旅游产品,每次都产生了轰动效应,成为新闻焦点,引起了很大的市场反响,取得了丰厚的经济收益。

饭店在重要的日子不失时机地举办各种文化品位高、艺术氛围浓、内容独特新颖、形式活泼健康的销售活动,不仅能直接增加饭店收入,更能扩大饭店知名度,树立饭店良好的市场形象。

五、科学运用宣传手段

饭店销售产品不能等客上门,同样需要宣传,但宣传媒介的选择必须慎重考虑。在当今信息时代,传播媒介呈现多样化,不同媒介所针对的受众和辐射范围有所不同。电视、广播、报纸、杂志、商业信函、宣传品、户外广告、流动交通广告等众多媒体和宣传途径往往让饭店难以选择,无所适从。通过调查不难发现,一些饭店虽然经常在某些媒体广告上出现,但真正起到的效果并不理想,原因是饭店的目标顾客一般比较分散,而媒体的受众又相对集中,这就像在湖广鱼稀的水面上撒网捕鱼,费力费神而收获不大。对于覆盖整个市场的宣传,饭店应该通过制造新闻宣传自己,如设法吸引名人、政要入住饭店,以及举办社会反响较大的活动等,频频在媒体亮相,借助新闻宣传扩大饭店的影响。或者在饭店主流顾客进入城市的关口,如机场、车站、码头设立户外广告,以及有针对性地给老客户和潜在客户散发信函、纪念品、宣传品、上门促销等,才能收到较好的效果。

六、采用品牌营销策略

品牌是饭店重要的无形资产,它具有极大的经济价值。利用品牌进行营销是一种非常有效的市场方法。在消费者消费追求日益多元化、个性化的情况下，品牌的功能显得越来越重要。饭店品牌的树立能够引发顾客的消费偏好，与客户建立友好的感情，增强消费者的认同感和对品牌的忠诚度，从而达到营销的目的。饭店品牌通过饭店的名称、标识物、标识语，让顾客认知和区别不同于别家饭店的定位。

饭店品牌的树立建立在服务质量之上。饭店住宿是一种以服务为主要内容的无形产品，它无法触摸或消费尝试，十分依赖消费者事前对它的质量感知。品牌所体现的质量是影响消费者购前感知和购买决策的关键因素。饭店品牌所体现的质量主要透过饭店的表象特征传达给顾客，具体表现在价格、服务人员的仪表、建筑物外观以及明显能给顾客留下第一印象的其他方面。这些方面的形象提升和特色显现对打造饭店的品牌度尤为重要。不过，知名饭店品牌的形成不是一蹴而就的，是依靠饭店长期的科学管理和坚持不懈的营销努力取得的。品牌营销本身就是名牌创建的过程。品牌营销的目的在于不断提升品牌，形成名牌。目前，名牌的重要性已被越来越多的饭店所认识。饭店可以利用名牌延伸产品，渗透市场。名牌延伸是饭店利用名牌的影响力来发展新品种经营，壮大市场规模。国外的饭店集团多利用其知名品牌在短时间内迅速发展壮大。如假日集团最早拥有中档饭店品牌 Holiday Inn，随着“假日”品牌知名度的提高，它将饭店产品线向其他细分市场快速扩展，延伸出另外几个饭店品牌，比如“Holiday Inn Garden”、“Holiday Inn Express”、“Holiday Crown Plaza”等，形成各种档次的假日品牌家族。又如雅高集团也通过品牌延伸诞生出“AccorSofitel”、“Accor Novotel”、“Accor Mercure、Accor Lbis”等多个豪华、中档、经济型的市场品牌。

第二章　饭店环境分析

【引导案例】

中国酒店市场分析:困难与机遇并存

这份名为《2009 酒店行业资讯——中国市场观察》的报告,对北京、上海、重庆等 13 个主要城市的酒店市场进行了全面解析,详细分析了当地的经济状况、旅游业、酒店业和新增的酒店供应,并对当地酒店市场的发展进行展望。在各城市市场观察报告的基础上,《2009 酒店行业资讯——中国市场观察》进一步分析了中国酒店投资市场和交易环境的现状及未来,并对中国经济型酒店、精品酒店和新兴度假目的地进行了展望。

1. 供应增长,需求降低

报告认为,2008 年不仅是奥运年,也是中国酒店业快速发展的一年。金融危机爆发,中国酒店市场虽受全球经济走向影响较小,但仍发生了深刻变化。2008 年,众多国内城市在旅游人次上首现颓势,而同时酒店供应强劲增长,导致在仲量联行酒店集团所分析的 13 个城市中,10 个城市的酒店市场每间可出租客房收入均出现下滑。

北京的酒店业在 2008 年举步维艰,旅游者人次并未如预期随着奥运会的举办而出现激增。预期的后奥运效应在衰弱的经济面前消弭殆尽,其对会议、会展和奖励旅游的推动效应也相应缩减。

由于入境旅游人次在 2008 年受到不利影响,而奥运会前夕新建的酒店今年上半年已全面进入市场,北京的四星级和五星级酒店,无论在入住率还是日平均房价上均承受了巨大的压力。尽管在奥运会的有力支撑下,参与抽样的 8957 间品牌五星级酒店客房的日平均房价在 2008 年增长了 24.4%,达到人民币 1592 元,但入住率却较 2007 年下降了 7.2 个百分点,为 60.7%;2009 年前 5 个月市场更是被乌云笼罩,酒店入住率和平均日房价分别下降了 18.4% 和 22.2%,导致每间可出租客房收入比 2008 年同期下降了 43.9%。

2. 二三线城市酒店业发展势头强劲

尽管市场需求趋紧,入境旅游人次下降,但在仲量联行分析的 13 个城市中,仍有 9 个城市的酒店能将房价保持在 2007 年的水平。二三线城市在近年间的大规模基础设施建设中得益匪浅,提高了交通便利性,在扩大内需政策下找到了增长点。

高增长预期带动了近期旺盛的酒店供应,对酒店入住率造成压力,国际品牌接管的高星级酒店的不断开业,也在很多城市抬高了房费。仲量联行酒店集团因此对酒店业的短期展望持保守态度,大多数城市大量的新增酒店供应已对酒店业绩形成压力。但他们同时认为,中国强大的经济基本面和不断增长的会议、会展、奖励旅游市场,特别是国内需求和政府出台的大量刺激性政策,使二三线城市酒店业发展势头强劲,有望在中长期实现增长。

3. 市场将出现整合

北京近期新酒店纷纷入市,而未来酒店供应仍将保持强劲。今后三四年间,国际品牌高端酒店的客房数将比2008年的客房总量高出20%以上。该报告分析认为:未来的竞争压力不断加大，市场将会出现整合。现金流不足的酒店将面临巨大压力而不得不寻求重新定位，以保持竞争力。

高速的经济增长和诱人的投资回报，令投资者多年以来对酒店业兴趣盎然，但由于政策转向和境外融资市场遇冷，中国的酒店交易在2008年跌至低谷，总交易额仅为3亿美元。多数国际投资者和开发商都在为融资犯愁，而同时有证据表明，国内买家以及自有资金充裕的投资者正趋于活跃。随着收益上扬、国内银行降低贷款门槛，以往被强势的国际投资者挡在市场外面的许多本地买家，正在捕捉机会。仲量联行的调查表明：由于资金受限，银行更倾向于规避风险，2008年和2009年的投资热点也暂时从二三线城市转向上海和北京。京沪两地都在经历一场酒店建造浪潮，将持续为市场提供数量可观的高品质可投资物业。而在目前的酒店交易环境之下，这些物业的投资政策可能较为优惠。

——摘选自　吴晓梅. 中国酒店市场分析：困难与机遇并存. [2009-7-31]. http://travel.people.com.cn/GB/9766191.html.

任何饭店的营销活动都是在一定的营销环境中运行的，营销环境的变化，可以为饭店带来新的市场机会，也会给其环境造成威胁。因此，了解饭店营销环境的基本构成，明确营销环境的特点，监测和把握各种营销环境因素的发展变化，才能确保饭店在日益激烈的竞争中立于不败之地。

饭店市场营销环境指存在于饭店营销部门外部的不可控制的因素和力量，市场营销环境是错综复杂的，既包括宏观环境又包括微观环境。这些因素和力量是影响饭店营销活动及其目标实现的外部条件，对饭店来说市场营销环境是不可控因素。

第一节　饭店宏观市场营销环境分析

饭店宏观环境是指对饭店的营销活动构成影响的间接环境，但是，并不能排除宏观环境中的某些因素会对饭店的营销活动产生直接的影响。宏观环境主要由人口环境、经济环境、政治法律环境、自然环境、科学技术环境、社会文化环境构成。

一、人口环境

人口环境对于饭店来说非常重要。市场是由人组成的，人口环境决定了市场需求类型与规模。饭店营销人员对在不同城市、地区和国家的人口规模和增长率、年龄分布和种族组合、教育水平、家庭类型等深感兴趣。

一般来说，人口规模越大，市场规模也就越大，需求结构也就越复杂。世界人口尤其是发展中国家人口持续高速增长，这是人口环境变化中的一个重要情况。然而从饭店的角度来看，更加关注当地的人口总量。例如，考虑饭店所在区域的常住人口、暂住人口、离退休人口以及婚龄人口等，从中发现市场机会。

人口的自然构成也是饭店分析人口环境的要点，包括人口的性别构成和年龄构成等方面。随着人们生活水平的提高，卫生保健条件的改善，人均寿命的增加以及人口的较快增长，在人口年龄结构方面一个值得注意的动向就是全球性的老龄化问题。另一方面，由于我国正处于生育高峰期，婴幼儿及少年儿童的绝对数很大。除了自然构成，人口的社会构成也是需要关注的。需要考虑人口的职业构成、文化构成、家庭构成、民族构成、宗教构成等内容。

【小链接 2-1】

澳门酒店亲子游

在以娱乐为主的澳门酒店中,出现一个亲子好去处,着实让人感到惊喜。前不久开业的澳门喜来登金沙城中心酒店,一跃成为澳门最大的酒店,同时也是喜达屋酒店与度假村集团旗下全球最大的酒店,与其他酒店开业时强调奢华、高端、娱乐不同,这家酒店走了另外一条路。"喜乐童聚"计划推出了多款为家庭旅客设计的亲子设施和活动,令人耳目一新。

一进入酒店大堂,带着小孩的住客即可感受到独特的气氛,大堂有一个专为小朋友而设的入住登记专柜,小朋友可以在专柜亲身体验办理酒店入住手续,办理完毕后还可获赠特色纪念品及创意水壶,同时获得"喜乐童聚"的寻宝游戏卡参加游戏活动。如果小孩太小,在家长办理入住手续期间,小朋友可前往毗邻的"丛林小屋",小屋中免费供应多款美味的纸杯蛋糕、香脆可口的爆米花、新鲜健康的水果沙冰等美味小食。完成入住手续后,小朋友可以乘搭喜来登越野专车,在大堂内来回穿梭,尽情探索。

在澳门众多知名酒店之中,虽然不乏各种奢华客房的概念,但是唯独缺少属于家庭的亲子客房。喜来登酒店设有全澳门独有的特色家庭套房,每间客房都经过精心设计,适合所有家庭旅客。套房设有主卧室和儿童卧室,儿童卧室内有一张专为儿童而设的双层甜梦之床、写字桌、扶手坐椅以及一个配备 WII 游戏机和光盘播放器的游戏区。浴室内还设有儿童专用浴袍和多款浴室玩具、饰物及奇趣造型毛巾,让活泼好动的小朋友沐浴在欢乐的气氛之中。酒店还备有多种育儿设备和服务,婴儿床、婴儿车、看护服务等一应俱全,照顾家长和小朋友的不同需要。小朋友睡觉前还可以享用香脆曲奇饼和新鲜牛奶,补充体力。

在国外很多度假村,专门为亲子家庭设置的儿童游乐区,能够为度假的夫妇腾出更多时间享受二人世界,但是目前类似设施在国内还比较少见,尤其是处于闹市区的酒店,更鲜有供儿童游玩的区域。全天候的"喜乐童聚"计划在酒店内定时为 4 至 12 岁的小朋友提供一系列奇趣活动,活动以四项基础为主,包括:运动与健康、池畔娱乐、工艺与创作和餐饮工作坊,酒店的儿童大使会在"喜柏"酒廊指导小朋友发挥无穷想象力制作曲奇装饰;在健身中心则可进行儿童有氧操,让小朋友了解什么是身心平衡,益智健康又富教育意义。一系列有益身心的亲子活动,定能为家庭旅客带来不一样的欢乐假期。

而位于酒店四楼的"乐陶"泳池是全天候共聚天伦的绝佳地点,泳池设有八个独立的私人池畔凉亭,提供惬意欢愉的私人休闲空间,池畔还提供水上玩具、美味的拉丁小食和饮品。家长可以在池畔浅尝一口醒神的特调鸡尾酒,而小朋友则可在手推车内挑选心仪的水果棒冰,一家大小都可以欢度快乐时光。

"乐陶"泳池同时是"喜乐童聚"计划主要的活动地点,其内设有由 Comfyland Experience 特为 4～8 岁小童而设计的儿童专用游乐区,分为感官区、音乐区和认知区,让小朋友自由探索每个角落,在此过程中锻炼头脑和身体,连同益智玩具。逢周末"乐陶"池畔会放映多部精彩逗趣的家庭电影,可以在舒适的豆袋沙发上,与小朋友一边享用美味小食,一边欣赏电影。

——摘选自　蔡华锋. 澳门酒店亲子游. 南方日报,2012-12-5.

二、经济环境

一般来说,地区经济越发达,国民收入水平越高,商业活动越频繁,饭店所处的经济环境就越有利。经济环境包括的具体内容较多，社会购买力、汇率、可支配收入等都对经济环境有影响。

在诸多因素中，社会购买力更为重要。社会购买力是指一定时期内社会各方面用于购买商品或劳务的货币支付能力。许多因素通过影响社会购买力间接影响旅游企业的营销活动。

汇率是影响饭店营销活动的重要因素，突出表现在国际运营上。汇率是两国货币之间的比价，即用一国货币单位来表示另一国货币单位的价格。汇率变动对旅游企业的影响表现为两个方面：一方面，当客源国货币升值时，对客源国客人有利，会导致目的地入境游客人数增加；另一方面，当目的地国货币升值时，对客源国客人不利，会导致目的地入境游客人数减少。

消费者个人可支配收入的研究是充分了解目标市场的规模、潜力、购买水平和消费支出行为模式的基础。一个消费者的可自由支配收入越多，用于旅游或其他娱乐活动的开支就越多。旅游消费是一种高层次消费，只有当人均可支配收入达到一定水平时，才能进行旅游消费。

除以上因素外，通货膨胀状况、消费者的支出结构和支出模式、消费储蓄和信贷也是经济环境的重要组成部分。

三、政治法律环境

任何企业的营销活动总要受到政治与法律环境的规范、强制和约束，饭店也不例外。在饭店经营过程中，与其相对应的市场及营销活动相关的各种法律法规，以及各参与主体的活动，都可以看作是饭店市场营销的政治与法律环境。

国家对企业的管制主要通过法律法规表现出来。法律法规的主要目的是保护企业公平竞争，保护消费者不受不正当的商业行为侵害，保护社会利益不受无控制的商业行为侵害。相关法律法规明确规定了企业的活动形式与内容，并保障企业的合法权益，维护自由竞争和公平竞争，监督和惩罚企业的不法行为。

国家的方针政策也是政治与环境法律的重要组成部分。事实上，在很多时候，国家的方针政策比法律法规的影响力更大，对饭店企业的营销活动影响更直接、明显。国际关系密切程度及其稳定性，是饭店市场营销需要关注的重点。客源国和目的地国的关系好坏、是否稳定，直接影响到双边旅游发展的条件。战争、动乱等大的变动都会给饭店营销带来不利影响。政治体制直接影响到饭店市场营销开展的难易。良好的政治体制，可以显著降低交易成本，提高营销效率。

四、自然环境

自然环境是饭店借以依托的重要支撑，当前，自然环境的加速恶化已经成为全球性的重要问题，水和空气的污染也到了不容忽视的危险程度。

实际上，饭店对良好的自然环境有更高的要求。饭店业的发展需要丰富的自然资源、良好的生态环境、合理的能源成本的支撑。当前，应对温室效应、提倡低碳生活方式、发展循环经济成为人们的共识。这种共识在人们对饭店的选择上会表现出来。因此，饭店一方面要从长远的发展考虑，利用新能源产品（如风能、太阳能等）；另一方面可以从创造特色考虑，在营销活动中利用特色吸引消费者。例如，饭店在规划设计、建造中一定要考虑到对自然环境的影响，饭店可以采用环保设备及绿色客用品。

五、科学技术环境

科学技术的发展总是突破人们的认知极限。正是技术的发展，使得人们可以忽视原有的限制因素。例如,电灯的发明让人们可以更有效地利用夜晚的宝贵时间。也正是技术的发展,使得人们面临过去没有的恐惧和灾难,如原子武器的开发。在饭店业,科学技术的发展为消费者创造了更多的娱乐消费工具(卡拉OK、激光视盘、保龄球、室内高尔夫球等),并使服务项目不断更新,如全球视像电话服务、触摸式信息查询服务、触控点餐系统、为商务客人提供服务的商务中心、快捷的房内入住服务、信息化离店结算服务、电子门锁系统及建筑智能化等。各大饭店管理集团都开发了自己独立的市场信息预测系统和饭店预订系统。这些新技术、新设施也成为吸引客人的兴奋点,从而增强了饭店的竞争力,并使企业和外部的信息交流更加畅通、及时和对称,使内部的管理信息系统更加优化、合理。

【小链接2-2】

酒店装备高科技揽客

顾客要求越来越高,普通服务已经满足不了他们的需求,酒店不得不与科技公司合作,推出各种高科技娱乐休闲设施,以增强吸引力。

1. 酒店、科技公司双赢

喜来登酒店与微软公司合作的"相聚喜来登"系统开始应用于喜来登全球各大酒店。酒店在大堂开辟专门的场地,让客人使用公共计算机收发邮件、打印资料、与亲友进行视频聊天或者发送视频贺卡。

威斯汀酒店则与任天堂合作,在部分健身房提供WII设施和WII FIT等游戏。这些游戏可以让玩家跟着游戏一起健身。

甚至其他一些名气较小的酒店也开始寻找科技巨头,装备最新的科技产品。例如,甘斯沃尔特酒店集团正与索尼公司合作,在迈阿密南滩的新分店开建一个休闲吧。该休闲吧拥有索尼计算机、PS3游戏机、电子书籍阅读器和照相机。

科技公司也利用这一机会向住在酒店里的潜在客户展示他们的产品。微软饭店业总监安德鲁斯说:"酒店大堂里的那些住客正是微软公司的潜在客户。"

2. 客人掌控灯光室温

芝加哥的詹姆斯酒店在过去数月里不断测试他们的高科技配套设备。这套设备由以家庭自动化系统闻名的CONTROL4公司安装。这个系统可以让住客自己掌控灯光的明暗程度、自动调温器等。除此之外,该系统还为住客量身定制合适的起床方式,如让电视机在设定时间开播,并且声音还会越来越大,直到客人醒来。

詹姆斯酒店的总经理哈顿说:"我们希望让客房里的每件东西都更加人性化、更有活力。"哈顿现在正与CONTROL4公司沟通反馈,以确保这些新项目不会让客人伤脑筋。"我们必须确保这些高科技产品容易使用。"

另外一家与CONTROL4合作的酒店是文华东方酒店集团。该集团计划在2009年年底开张的拉斯维加斯分店将使用新的欢迎体验系统。住客登记后,一进房间就可以看到窗帘自动拉开,灯自动开启,电视屏幕上会出现有住客姓名的欢迎词。文华东方酒店集团美国分区科技部的副主席内尔格尔说:"当您打开门,在您面前的不会是一片漆黑,也不用您摸黑寻找电灯开关,取而代之的是一片明亮。"

——资料来源:赖妍. 酒店装备高科技揽客. 新快报前沿周刊,2008-11-16.

六、社会文化环境

在企业所面临的诸方面环境中，社会文化环境是较为复杂的，它不像其他环境那样显而易见及易于理解，却又时刻影响着企业的市场营销活动。有的国家，尽管人口、经济收入相近，但市场情况可能有很大的差别，这种差别在很大程度上反映在社会文化方面。社会文化环境通常由语言、价值观、宗教信仰、商业习惯等内容构成。

社会文化环境表现的形式比较含蓄，不易理解，但是它的作用是实实在在的，影响力巨大。人们对饭店产品的兴趣和偏爱，由于文化的缘故表现不一。对时间、空间、图案、颜色、数字、动植物、社会交往等方面的爱好和禁忌也不相同。一个地方的人认为美的东西，其他地方的人则可能认为很丑。这需要在饭店进行市场营销时，针对不同的文化需求，采取不同的营销战略和措施。

第二节　饭店微观市场营销环境分析

饭店微观环境是指对饭店或其营销活动发生影响的直接环境。主要由饭店内部环境、营销渠道企业、饭店消费者、竞争者、公众等方面构成。这些方面或构成营销的内部基础，或与饭店形成协作、服务、竞争、监督等关系，直接影响其竞争能力、应变能力以及为目标市场服务的能力的形成及出现的具体状况。

一、饭店内部环境条件

饭店进行营销决策、制定营销计划、开展营销活动，无一不以饭店的内部环境条件为基础，与饭店内部各方面的工作保持着直接的联系。饭店的内部环境条件，涉及人员条件、管理能力、营销能力、设备设施条件、服务能力和组织能力等。这些内部环境条件共同决定着饭店的综合实力，形成了饭店的发展能力。由此可以看到，市场营销工作主要是饭店市场营销部门的职责，但市场营销工作的成败，从根本上来说最终将取决于饭店的综合素质和整体工作状况。饭店营销部门不是孤立存在的，要和其他职能部门相互配合。

二、市场营销渠道企业

饭店市场营销渠道企业，指的是处于该饭店的市场营销系统中，与该饭店的各项经营活动存在着业务往来或为其提供某种形式服务的其他企业、组织或个人，主要包括各类资源供应者、营销中间商以及承担实体分配、便利交换之社会市场营销职能者。

（一）资源供应者

资源供应者，即供应商，指为饭店提供日常经营活动所需要的原材料及其他商品的商家和厂家等。供应商对饭店的营销活动有重要影响。其所供应的原材料数量和质量将直接影响饭店产品的数量和质量，所提供的资源价格会直接影响到产品成本、价格和利润。饭店要对供应商的影响力有足够的认识，与其保持良好关系。

（二）营销中间商

主要指帮助饭店促销、销售和分销产品到最终客人的公司，包括中间商、实体分配公司、营销服务机构和金融中间机构等。一般来说,饭店的营销中间商主要包括旅行社、旅游代理商、航空公司等。

三、饭店消费者

饭店的消费者是饭店的客人,即饭店重点关注的目标市场。饭店客人主要通过讨价还价、要求提供较好的产品或服务质量,来影响饭店的盈利能力。对于市场营销部门,客人是营销的中心。怎样理解、衡量他们的需求,并且努力满足他们的需求,是市场营销部门的基本工作。而客人的数量和需求制约着饭店营销决策的制定和服务能力的形成。当然,对客人的理解不能仅仅局限于现有客人层面,还应该扩展到潜在客人层面。

四、竞争者

所谓竞争者,广义来说指的是向某一企业所服务的目标市场提供产品的其他企业或个人。竞争者的范围是非常广泛的,包括现实竞争者与潜在竞争者、直接竞争者与间接竞争者、国内竞争者与国际竞争者等。从满足消费需求或产品替代的角度看,包括愿望竞争者、一般竞争者、产品形式竞争者和品牌竞争者。

当前饭店市场的竞争日益激烈,作为饭店市场营销部门,必须深入了解竞争者。首先是对竞争者基本情况的研究,如竞争对手的数量、分布、它们在市场上的活动、规模、资金力量,分析其中哪些对自己的威胁较大。这就过渡到对主要竞争对手的研究上了。要研究其对本企业构成威胁的主要原因,是市场开发力量强大、资金雄厚、规模大,还是其他原因。通过这种研究,帮助饭店制定相应的竞争策略。其次研究潜在的竞争对手。新的进入者所带来的主要是行业竞争强度的增加。一般来说,进入门槛越低,进入者就越多,行业的竞争结构就越恶化。

【小链接2-3】

成都高星级酒店市场竞争加剧

近年来,随着国家西部大开发战略的不断深入推进,成都作为西部地区的交通枢纽和最具发展潜力的中心城市,其核心地位日益凸显,加上成都旅游业和会展业的快速发展,使成都市场颇受世界知名品牌酒店的青睐,纷纷进驻成都。从2008年开始,成都的酒店业竞争就开始不断加剧,发展至今,激烈的竞争态势仍是有增无减。到2014年,成都的五星级酒店将从现在的11家增至40余家。

那么,未来成都是否能容纳如此多的五星级酒店?业界人士如何看待日趋激烈的竞争?记者近日进行了调查。

2011年10月18—22日,第十二届西博会在成都举办。博览会举办前后的半个多月里,成都的各大酒店,尤其是五星级酒店出现了"一房难求"的情况。

像西博会这样大型、高规格的会展会议活动,成都每年都要举办很多次,糖酒会、房交会、车展等固定的展会自不必说,国际、国内的各种临时性政务和商务活动更是多如牛毛。"一月一大展"已成为目前成都会展业的真实写照。

截至目前,成都市有五星级酒店11家,除本土的锦江宾馆、岷山饭店等,还有喜来登、索菲特、凯宾斯基、香格里拉、洲际等国际知名品牌。这些酒店日常的平均入住率约为70%~80%,旅游旺季或遇会展活动时可达100%。相关的统计数据显示,2011年,四川五星级酒店的平均房价为806.63元,同比增长14.23%,出租率达到62.88%,同比增长6.96%。而绝大多数五星级酒店都集中在成都，其房价、出租率、增幅都远高于全省平均数。

四川省商业连锁协会的行业报告显示，到2010年底，在成都有意向、立项、开工的五星级酒店项目达35家左右；到2015年，成都全市预计将有50家五星级标准酒店开业运营，数量是现在的3倍以上，位居西部第一。

对此，国家级星评员、四川盛嘉饭店管理有限公司总经理鲍小伟认为，综合考虑成都的会展和旅游业的快速发展、世界500强企业的大量进驻、商贸流通业的极大繁荣等因素，成都的五星级酒店市场确实存在很大的发展空间。

四川省旅游协会旅游饭店分会会长、四川锦江宾馆总经理曹兰剑表示，外来品牌，尤其是国际知名品牌的大量进入，必然使酒店业竞争加剧；但同时也必将促进各家酒店不断优化产品、提升服务质量，对行业发展是有益处的。“如果成都的经济按照现在的态势健康发展，数年后容纳几十家五星级酒店并不夸张。”曹兰剑说。

“但是，在看好发展前景的同时也要提醒业主们注意理性投资，否则会影响行业的健康发展。”鲍小伟说，“虽然现在成都的五星级酒店数量还没达到临界点，但是几年后发展到四五十家，那时将是什么情况谁也不好说。”

四川岷山饭店总经理邹敏认为，五星级酒店是一个城市经济发展的风向标，多家五星级酒店进驻成都，说明成都的经济发展和城市地位受到了业界的认可。

对未来市场的竞争，邹敏认为，各企业将主要集中在人才和客源市场的争夺方面。“那么多高星级酒店要实现长效运营，必然需要大量的专业人才，这势必给当前相对稳定的酒店人才市场带来冲击；另外，任何市场都有一个‘饱和度’，超饱和就会产生一些负面影响。”邹敏说，只有细分客源市场，不断提升服务质量，形成自身的特色和优势，才能在激烈的竞争中立于不败之地。

——摘选自　白骅. 成都高星级酒店市场竞争加剧. 中国旅游报，2012-07-04.

五、公　众

这里所说的公众，指的是所有实际或潜在地关注饭店的生产经营活动，并对其实现目标的能力具有一定影响的组织或个人。由于饭店经营活动影响着公众的利益，因此政府机构、金融组织、媒介组织、群众团体、地方居民乃至国际上的各种公众，必然会关注、监督、影响和制约其活动。这些制约力量的存在，决定了饭店必须遵纪守法，善于预见并采取有效措施满足各方面公众的合理要求，处理好与周围各种公众的关系，以便在公众中树立起良好的企业形象，这是饭店企业适应和改善微观环境的一个重要方面的工作。饭店所面临的公众主要有金融公众、媒体公众、政府公众、市民行动公众、地方公众、一般公众和内部公众。

第三节　饭店市场营销环境分析与对策

一、环境威胁与市场机会分析

市场营销环境通过对饭店构成威胁或提供机会而影响营销活动。环境威胁是指给饭店营销带来不利影响或难题的环境变化和发展趋势，其对饭店形成挑战，对饭店的市场地位形成挑战。市场机会是指市场上存在的未被满足的市场需求。对市场机会进行分析,就是要考虑一下市场营销机会是否适合饭店的经营目标和内部的人力、物力和财力资源。科学地分析、寻找、选择市场机会,将为饭店制订市场营销战略、拓展市场营销活动奠定坚实的基础。

分析市场机会必须把“环境机会”和“企业机会”区分开来。环境机会是指市场环境条件所创造的各种未被满足的需求。任何企业的生存和发展必须以外部环境为基本条件,没有外部环境,企业的营销活动就无法进行。对某一饭店来说,市场环境的变化,一方面为它创造了新的市场机会,另一方面也会给它带来“威胁”。只有当饭店具备了必要的成功条件时,某一环境机会才能成为该饭店的市场机会。换言之,市场机会成为饭店机会是需要条件的。

饭店对威胁程度不同和市场机会吸引力不同的营销环境,需要通过环境分析来评估环境威胁和环境机会。可以采用“环境威胁矩阵图”和“市场机会矩阵图”来分析评价营销环境。

(一)威胁分析

对环境威胁的分析,一般着眼于两个方面:一是分析威胁的严重程度;二是分析威胁出现的概率。其分析矩阵如图 2-1 所示。

严重程度 \ 出现概率	高	低
大	3　5	1　6
小	2　4　8	7

图 2-1　环境威胁矩阵图

当威胁出现的概率和严重程度都大时(处于图 2-1 的 3 和 5 位置),企业必须特别重视并应制定相应的对策;当威胁出现的概率和严重程度都小时(处于图 2-1 的 7 位置),则不必过于担心,但要注意其发展变化;当威胁出现的概率虽小,但严重程度较大时,则必须密切监视其出现与发展;当威胁的严重程度较小,但出现的概率较大时,也必须充分重视。

(二)机会分析

机会分析主要考虑市场机会的潜在吸引力和成功的概率。其分析矩阵如图 2-2 所示。

吸引力 \ 成功概率	高	低
大	3　7	4　2
小	6	1　5　8

图 2-2　市场机会矩阵图

在图 2-2 中,处于潜在吸引力和成功概率都大时的企业(处于图 2-2 中的 3 和 7 位置),有非常大的可能性为企业带来巨大利润,企业一定要把握机会;处于吸引力和成功概率均小时的企业(处于图 2-2 中的 1、5 和 8 位置),应注意改善自身条件,密切注意机会的发展变化,谨慎地开展营销活动。用上述矩阵法分析营销环境,可能出现 4 种不同的结果,如图 2-3 所示。

机会水平 \ 威胁水平	低	高
高	理想业务	冒险业务
低	成熟业务	困难业务

图 2-3　环境评价矩阵图

理想业务：机会多、很少有严重威胁的业务。对理想业务，企业必须抓住市场机会，迅速采取行动。

冒险业务：机会与威胁都多的业务。对冒险业务，面对高风险和高利润，企业应全面分析自身优劣势，扬长避短，创造条件，争取有突破性的发展。

成熟业务：机会与威胁都少的业务。对成熟业务，机会和威胁均处于较低水平，可作为企业的常规业务，但企业要为开展理想业务做好准备。

困难业务：机会少、威胁多的业务。对困难业务，企业有两个选择：一是努力改变环境，尽快走出困境或减轻威胁；二是调整战略，摆脱无法扭转的困境。

【小链接 2-4】

酒店如何通过网站寻找新的发展机会

酒店市场是在线旅游市场中发展速度最快的市场之一，并已经在电子商务的总体消费中占据了主导地位。

酒店收入很重要的一个来源是预订收入，但是酒店，尤其是那些单体酒店和小型的连锁酒店，如何才能够增加它们的预订收入呢？

越来越多的酒店预订不再来自传统的方式，因此酒店需要更新自己的战略，以跟上时代的发展。

1. 利用 Facebook 做电子商务

现在有越来越多的消费者将时间花在网络上，一些社交网站的兴起对酒店业和电子商务都产生了重要的影响。

Facebook 是世界上第二大最受欢迎的网站，仅次于 Google，它正迅速成为一个电子商务门户网站。酒店业也像其他行业一样，将 Facebook 作为一种销售和市场营销工具，在 Facebook 中设计了多个预订引擎，以争取更多的潜在客户。

这些预订引擎嵌在酒店的 Facebook 页面中，用户可以通过它们预览酒店、对比价格，并进行预订。HotelNewsNow 的消息称：

“2009 年，从旅客评论网站到酒店供应商网站，直接推荐的转化率为 4%～6%，但由 Facebook 到酒店网站的转化率为 8%。”

强大的社会媒体计划不再只是一个“好的创意”，而是必需。

2. 快速预订

在进行信息搜索和在线预订方面，顾客行为有了很大的转变。越来越多的用户会在网上搜索目的地的相关情况，80%会进行在线预订。

Google 最近公布的数据显示手机搜索的年增长率为 3,000%,许多零售商都已经设计和开发了相应的手机应用程序,使得消费者在他们的智能手机上就能购买产品,这和在电脑上操作一样方便。

旅客是最活跃的消费者,他们可以用智能手机做几乎所有的事,从办理达美航空的登机手续到买一杯星巴克的拿铁咖啡,无所不能。

将酒店的网站优化成为一个手机预订引擎,这样做可以为旅客提供方便,同时也是酒店争取消费者的又一渠道。

目前,1.5%~2%的酒店预订来自于手机渠道。那些拥有手机网站的酒店,手机为它们带来的收入正在以两倍甚至三倍的速度增长。

酒店需要明白的是,消费者期望解决方案能够满足他们各自的需求,并愿意利用一些必要的工具以适应这些需求。

3. 优化中央预订系统(CRS)

对一个酒店业者来说,一个中央预订系统(以下简称 CRS)的供应商过去更像是为客户咨询提供服务的呼叫中心。但今天,一个 CRS 已经升级为一个高科技的技术平台,为酒店提供包括成千上万家传统旅行社和在线旅行社的销售网络以及网站预订技术。

一个 CRS 可以使得客人通过他们喜欢的所有渠道获得酒店库存信息。通过一个优化的 CRS 供应商,酒店便可以利用最多的渠道和技术产品来获得更多的预订,从而优化收入。

技术为酒店提供了新的途径,为预订选项提供一个优化的 CRS,对整体战略的结合是十分必要的。

如果一个 CRS 不能处理和利用手机应用、Facebook 预订引擎、呼入电话、来自酒店网站和 OTA 的预订,那么预订策略将会完全割裂,酒店也会因此失去提高收入的机会。

——摘选自 Kristin Intress. Ruby,译. 酒店如何通过网站寻找新的发展机会. http://www.traveldaily.cn/article/50048.html.

二、SWOT 分析

SWOT 分析是企业制定营销战略的前提,是对企业内部的优劣势和外部环境的机会与风险进行综合分析。SW 指企业内部的优势与劣势(Strengths & Weaknesses),OT 指企业外部的机会与风险(Opportunities & Threats)。通过 SWOT 分析,企业可以发现市场中存在的机会,并结合企业的自身优势去抓住机遇;也可以发现市场中的风险,并尽量去规避风险。图 2-4 所示为 SWOT 分析图。

内部能力 / 外部环境	优势(S) 了解公司的优势	劣势(W) 了解公司的劣势
机会(O) 掌握外部环境的机会因素	**SO** 利用优势的外部环境机会的应用战略方案	**WO** 存有劣势的外部环境机会的应用战略方案
风险(T) 掌握外部环境的风险因素	**ST** 利用优势的外部环境风险的对应战略方案	**WT** 存有劣势的外部环境风险的对应战略方案

图 2-4 SWOT 分析图

当我们把饭店内部的优劣势和企业外部面临的机会和风险综合起来考虑时，饭店会处在不同的区域中，其所采用的营销策略是不同的。由于饭店业务具有其自身的特殊性，可以参照(表 2－1)对饭店进行 SWOT 分析。

表 2－1　饭店市场营销环境 SWOT 评价表

项　目	本酒店评价					竞争企业评价				
	2	1	0	－1	－2	2	1	0	－1	－2
优势-劣势评价										
地理位置										
停车条件										
设施设备										
装修特色										
绿化美化										
客房舒适性										
房价合理性										
餐饮质量										
宴会吸引力										
员工素质状况										
酒店团队建设										
服务质量状况										
企业销售能力										
资金实力状况										
企业形象声誉										
小计得分	正分		负分			正分		负分		
机会-风险评价										
区位人口密度										
国民收入水平										
居民可支配收入										
边际消费倾向										
恩格尔系数值										
旅游发展影响										
流动人口优势										
集团消费优势										
地区酒店数量										
区位酒楼数量										
竞争企业数量										
社区社会治安										
企业周边环境										
同类企业价格										
区位总部企业										
未来几回成都										
小计得分	正分		负分			正分		负分		

资料来源：蔡万坤．现代酒店市场营销管理．广州：广东旅游出版社，2012：49.

第三章 饭店消费者购买行为分析

【引导案例】

酒店应在消费者消费需求变化中寻找商机

如果你某一天发出了“高端的客人去哪里了？”这样的疑问，那一定是你没能成功地和他们的生活方式产生关联。

过去，人们只能在有限的高端酒店里进行选择，除了服务和质量，没有其他太多要求。而现在，伴随着消费者的期待，个性化已然成为了新趋势。SBE集团总裁Sam Bakhshanehpour觉得，这其中的商业机会密切存在于消费者的体验之中。具体来说，就是要针对不同的市场开始定制化。例如第一家店开在比弗利山庄的SBE旗下定位超豪华酒店的SLS酒店，找到了明星效应作为卖点来带动人气。

而在有了独特的定位后，接下来还要考虑品牌所能产生的社区效应。Bakhshanehpour说，他们在全世界找了一圈，发现和好莱坞在文化上最有共同点的新市场是现在的中国市场，“人们乐于享受，名人在生活方式上很有号召力”。这也就是为什么SBE在美国之外，首先在中国的一些城市开出了新酒店。那么高端酒店行业经历了多年的发展后，酒店品牌如何应对新的潮流，而不是在固有的模式下因循守旧呢？

（C：CBN Weekly；B：Sam Bakhshanehpour）

C：人们对高端酒店的消费需求出现了怎样的变化？

B：高端市场的消费者，过去只有有限的选择，竞争对手也总是成对出现。以前我出差到任何一个城市，要么选四季酒店，要么只能是丽思卡尔顿。考虑的因素也不太多，第一位永远是服务，第二位永远是质量，只要这些方面符合高端的定位就行。过去20多年，可以说是那些需求高端的消费者被这个市场订制了，他们并没有提出更多个性化的需求。而酒店经营者也年复一年地保持着特定的标准、特定的程式。

但现在的高端消费者已经不一样了，他们会寻求地方释放活力、渴望体验。他们不再满足于坐在一个漂亮的大房间里舒舒服服地待着，他们想要更多的交流和互动。以餐饮来说，过去更多地是封闭式的包间，有专属的服务，而现在人们也喜爱在很长很宽的吧台上享受食物，因为某种程度上你有机会和别人分享，交流你的餐饮体验。

C：在这样的变化下，酒店集团如何开发出更多的商业机会？

B：商业机会存在于消费者的体验之中。如果你为目标消费者提供了正确的体验，甚至是进一步为他们创造了符合潮流文化的体验，那就一定会在商业上取得回报。看看现在酒店集团如何赚钱的吧，和30年前相比确实非常不一样。过去酒店集团的主要收入来源就是客房，而现在最先进的模式是靠餐饮和娱乐设施来获得收入增长。从地产商角度，因为他们只是土地上这个“大盒子(big box)”的拥有者，所以要放很多心思在考虑跟谁合作上。酒店挂谁的旗子，客房、公寓、餐饮、夜店等分别交给谁来做，都会对最终的回报有很大的影响，这一点在全球每个市场都是一样的——那就是各个部分达到了一个最佳的平衡比例。因此，地产商选择哪个伙伴合作，正是基于能够创造更大的附加值的考虑。

提供附加值的表现之一，就是满足消费者的“品位”。每个市场都有一些特别的偏好，不仅仅表现在食物上，还包括生活方式和品质的方方面面。所以尽管高端酒店常常遵循一套严格的高标准模式，但在具体的项目设计上还是不能依葫芦画瓢，要对当地的市场订制化。

C：具体来说，如何经营才能体现出竞争力？

B：每个人都会说，地产商赚钱的要点是“地段、地段、地段”，但我们在寻找一个好位置的时候，更关注我们来到这个地段后能产生的社区效应，如果人们会因为一个酒店品牌而去往一个地方，那新品牌的到来一定要带来很多相关生意的发展，比如餐饮和娱乐休闲等，这个地区才会变成对酒店品牌来说真正意义上的好地段。换句话说，品牌对这个社区来说号召力越大，这个社区和这个品牌的相关性也就越大，品牌参与社区也就更容易。能够把一个新市场做起来，这才是品牌独有的竞争力。

——资料来源：赵蓉. 酒店应在消费者消费需求变化中寻找商机. http://www.traveldaily.cn/article/74232.html.

第一节　饭店消费者及其购买行为

一、饭店消费者及其购买行为概述

（一）饭店消费者的含义

饭店消费者是指那些因观光旅游、休闲度假、商务会议等原因外出购买、使用饭店产品或接受饭店服务的个人或团体。饭店消费者购买行为，指的是饭店消费者在整个购买过程中所进行的一系列有意识的活动。这一购买过程从引起需要开始，经过形成购买动机、评价选择、决定购买到购买后的评价行为等。

（二）饭店消费者购买行为的特点

1. 购买行为多属于少量多次购买

饭店消费者市场以个人或家庭或团队为购买和消费的基本单位，而以个人或家庭为主的散客一般多为饭店的购买主体。由于受到消费人数、需要量、购买能力、需求周期等因素的制约影响，以散客为主的饭店消费者一般购买的数量较小、次数较多，并且随机性较大。

2. 消费需求与购买行为具有多变性

受饭店消费者个人特性、职业特点、需求原因等因素的影响，不同的消费者往往有着不同的需要、欲望、兴趣、爱好和习惯，因而会对饭店产品产生多种多样的要求，购买的行为方式也有所不同。此外，随着社会经济的发展、消费水平的提高、消费观念的更新以及消费生活的交互影响，消费需求不仅在总量上不断扩大，结构上也在不断地发生着变化。

3. 消费需求与购买行为具有的可诱导性

饭店消费者在购买产品类型以及何时、何地、如何购买等方面具有较大的选择性和灵活性，容易受饭店营销活动及其他外部环境因素的影响。由于饭店产品品牌繁多，产品质量不同，饭店消费者属于非专家购买，因此常常需要卖方的宣传、介绍和帮助。

4. 消费需求与购买具有多层次性

饭店消费者在购买产品时有不同的需求层次,在低层次的需求得到满足后,通常会追求高层次的需求。随着人们生活水平的提高、休闲意识的形成,需求也在不断提高,既要住得好又要吃得好,而且还对文化、自我价值实现等多方面具有深层次而多方面的需求。

二、饭店消费者购买行为模式

饭店消费者的购买行为是研究饭店消费者市场的核心内容。饭店消费者的购买行为,是在消费者特性因素(包括心理特性、个人特性、社会文化特性因素等)的直接作用下发展的,同时也受到一系列外部环境因素,特别是饭店市场营销活动的很大影响。消费者的购买行为,实际上就是这些错综复杂的内外部因素相互制约和相互作用的结果。因此,研究消费者的购买行为,就要注意了解支配和影响消费者购买行为的各种因素,并将这些因素与消费者在购买过程中的各种活动结合起来进行分析,以便弄清买什么(需求对象)、为什么买(购买目的)、谁来买(购买组织)、如何买(购买方式与购买要求)、何时买(购买时机)、何处买(购买地点)这样一些基本问题,这是饭店有的放矢地开展营销活动,在满足市场需要的竞争中取得优势的基础。

饭店消费者购买行为的模式,实际上就是用来描述消费者的外界刺激与消费者反应之间关系的模型(见表3-1)。

表3-1 消费者购买行为模式

营销刺激因素	营销环境因素	消费者黑盒		消费者反应
		消费者特征	购买者决策过程	
产品	政治	文化	确认问题	选择产品
价格	经济	社会	收集信息	选择品牌
渠道	文化	个人	评估	选择交易者
促销	科技	心理	决策	购买时间
			购后行为	购买数量

从表3-1中可以看到,所有外界刺激经过饭店消费者的黑盒便产生了一系列可以观察到的饭店消费者反应。这一模式进一步表明,对饭店来说着重要研究的是消费者特性因素和消费者的购买决策过程。需要指出的是,支配和影响饭店消费者购买行为的消费者特性因素中,有些是饭店难以控制和施加影响的,如消费者的年龄、性别、职业、个性、经济状况、生活方式、民族等。但了解这些因素可以为饭店进行市场细分、选择目标市场提供必要的线索,有助于饭店采取适应性的营销措施。有些消费者特性因素是易于受到饭店营销活动影响的,如消费者的购买动机、认识、学习信念等,在了解这些因素的基础上饭店可以制定相应的营销对策,以便在一定程度上诱导消费者的购买行为。

【小链接3-1】

宾客的个性化服务需求日益增长

洲际酒店集团首席执行官苏荣琛近日在达沃斯出席"世界经济论坛2014年会冬季论坛"时发布了《洲际酒店集团2013年趋势报告》。该报告显示,旅行者的期望值正不断上升,而随着科技的快速发展,其面临的个性化选择也层出不穷。

报告指出,旅行者正在重塑他们对国际酒店品牌的期望和诉求。他们不仅需要国际品牌酒店提供优质的、融合当地文化习俗的服务，同时也期望酒店能根据他们的入住习惯满足个人的偏好。

调查显示，所有旅行者对个性化服务的期待值都在上升。近五分之三(59%)的旅行者表示，如果酒店能提供个性化服务，将会使其感到更加舒服、自在；一半以上(54%)的受访者称，个性化服务会使他们感觉自己受到重视。

报告显示，不同年龄、不同国家的旅行者对个性化的认识也有所不同。80、90后旅行者(18—34岁)对于个性化内容尤其喜爱，如电影、音乐等，而65岁以上的旅客则更偏爱健康的食品饮料。四分之三的80、90后旅行者认为，国际酒店品牌比本土酒店品牌更具有创新性。

而"新环球旅行者"对个性化服务的需求比来自发达国家旅行者的需求更大。例如，64%的中国旅客和62%的巴西旅客希望酒店能为其个人需求提供可定制的个性化服务；而只有43%的美国旅客以及42%的英国旅客有这样的需求。

据该项调查，不同国家的人对个性化服务的偏好也有所不同：美国人更重视能够选择他们登记入住和离开的时间；英国人更喜欢能在服务中找到惊喜；俄罗斯人更希望能找到俄语的旅游手册；而大多中国旅客则想要得到一些互动的应用软件，帮助他们发现当地有趣、特别的事物。

洲际酒店集团大中华区首席执行官柯明思表示："旅行者对住宿的要求越来越高，洲际酒店集团将持续推进旗下各品牌的本土化和个性化发展，以满足旅客对服务创新与服务一致性日益增长的需求。"

——资料来源：陈静. 宾客的个性化服务需求日益增长. 中国旅游报，2014-02-26.

第二节　影响饭店消费者购买行为的因素

一、心理因素

消费者心理，是消费者在满足需要的活动中的思想意识。支配和影响消费者购买行为的心理因素，主要有需要与动机、感觉与知觉、学习、信念与态度几个方面。

(一) 需要与动机

一种尚未满足的需要会使人产生内心的紧张和不安，当它达到迫切的程度时便会发展成为一种驱使人们采取行动的强烈的内在刺激(也称为驱动力)，当这种驱动力被外在刺激引向一种可以减弱或消除它的刺激物时便发展成为一种动机。

动机，是一种推动和维护人们为达到特定的目的而采取行动的思想意识，是行为的直接原因。当需要被满足时，人的紧张和不安状态就会被消除，心理也就重新恢复到平衡状态。

美国心理学家马斯洛的需要层次理论认为，人类的需要依重要性的不同可以划分为五个层次：第一，生理的需要，即饮食、睡眠、取暖等基本的生存需要；第二，安全的需要，即保护人身安全、财产安全等需要；第三，社会的需要，即希望被群体接受从而有所归属和获得友谊、爱情等的需要；第四，尊重的需要，即实现自尊，获得承认、地位等的需要；第五，自我实现的需要，即充分发挥个人能力，实现理想抱负，取得成就等的需要。马斯洛认为，这些需要的层次越低越不可缺少，因而越重要。人们一般是按照重要性的顺序，分出轻重缓急，在低层次的需要满足后才设法去满足高一层次的需要。

在现实生活中,人们的各种需要和动机往往交织在一起,同一购买可能与多种需要和动机相联系。饭店要善于认识这种主导需要和动机,开展有针对性的营销活动,以提高营销工作的效率。

(二)感觉与知觉

消费者经过一定的心理过程形成了购买动机之后,便确定了购买行为的基本方向,并准备采取购买行动。但是,消费者是否采取行动以及怎样采取行动,还会受到感觉与知觉的影响。

感性认识和理性认识是认识的两个阶段。感觉、知觉、表象、思维等都是人脑对客观事物的认识活动,统称为认识过程。外部的客观事物刺激人的感官后使人感觉到了它的个别属性,这就是感觉。随着感觉的深入,各种感觉到的信息在大脑中被联系起来并进行初步的分析综合,使人形成了对刺激物表面现象和外部联系的综合反映,这就是知觉。

人们的基本认识过程都是一致的,然而人们认知世界是有所不同的。认知世界,是客观事物反映到人的头脑中而形成的主观映像,是个体对客观规律所持的看法或评价。对企业来说,不仅要了解人们的基本认识过程,而且要了解人们认知世界的差异性及其原因。

针对消费者认识过程的特点及影响认知世界的有关因素,市场营销部门必须适当地安排市场营销刺激因素,以便将有关信息及时传递给目标顾客,引起他们的注意,努力使他们对本饭店的产品及有关方面产生深刻的而且符合客观实际的印象和认识,并最终影响他们的购买决策。此外,鉴于感觉在认识过程中的重要性,饭店在安排市场营销刺激时要特别注意致力于影响消费者的感觉。

(三)学　习

所谓学习,指的是消费者在购买和使用商品的实践活动中逐步获得认识,积累经验,并据以调整购买行为的过程。

消费者的学习,是在驱动力、刺激物、提示刺激、反应、强化等方面相互作用、相互影响下展开和进行的,是由于后天经验而引起的知识结构和行为的改变。消费者在购买和使用了某个品牌的产品之后,如果感到满意,就会加以肯定并正向地强化对它的反应,从而在同一刺激物上重复或在类似的刺激物上扩大自己的行为;如果感到不满意,就会加以否定并反向地强化对它的反应,从而停止或不再重复自己的行为。为了引起或扩大消费者对饭店产品的需求,可以反复提供诱发其购买产品的提示刺激,并应尽量使消费者购买后感到满意,促使其今后再次购买。

(四)信念与态度

信念是人们确信的对某种事物的看法和评价,它对人们的行为具有总体导向和很强的驱动与支持作用。人们的信念是多方面的,同时从多个侧面直接或间接地影响着人们的购买行为。例如,某些人在购买某饭店产品的活动中,通过认识与学习对某个品牌形成了良好的信念,这就会使他们成为这一品牌的忠诚购买者。

态度指的是个体对某一事物所持有的评价和行为倾向,是认知、情感和意向的统一体。态度具有稳定性,一旦形成往往很难改变;态度对人的行为有着重要的影响,会使人的行为呈现出一定的规律性。消费者对某一品牌产品的态度一经形成,以后就倾向于根据态度做出相同的购买决策,不愿再费心去比较、分析和判断。

二、个体因素

饭店消费者的个体特性也是影响其购买行为的重要因素，主要包括年龄、家庭生命周期、性别、教育程度和职业、经济状况、生活方式等。

（一）年 龄

不同年龄的消费者对饭店有着不同的需要，他们在消费或购买饭店产品上存在着明显的区别，如儿童喜欢卡通类的产品或是娱乐设施，青少年喜欢现代的客房以及餐饮服务，而老年人则倾向于典雅而价格合理的饭店产品。可见，不同年龄的消费者对饭店产品的式样、风格等有不同的偏好。

（二）家庭生命周期

家庭生命周期，指的是一个人从年轻时离开父母、家庭独立生活，到年老后并入其子女家庭或独居直至去世为止的家庭生活全过程。

根据消费者的年龄、婚姻、子女等方面的状况，可以把家庭生命周期分为单身阶段、新婚阶段、满巢阶段 I、满巢阶段 II、满巢阶段 III、空巢阶段 I、空巢阶段 II、鳏寡阶段 I 和鳏寡阶段 II。

（三）性别、教育程度和职业

不同性别的消费者，因生理和心理上的差异而在消费需求方面存在着明显的不同，在接触的媒体、信息来源、购买方式等方面也存在着一定的差别。

教育程度对消费者的需求、购买行为的影响，表现在教育程度较高的消费者对具有文化特征和内涵的饭店需求量较大，购买行为的理性度较高，审美能力较强，购买决策过程较全面，更善于利用非商业性来源的信息；教育程度较低的消费者则经常表现出与此相反的一些情况。职业不同的消费者，如工人、农民、军人、教师、文艺工作者等，由于生活、工作条件的不同，消费构成和购买习惯也存在着较大区别。

（四）经济状况

一个人的经济状况，一般是指他的收入状况（收入的水平、稳定性和时间分布）、储蓄和财产状况、借贷能力等方面的综合情况。经济状况决定了个人的购买能力，并在很大程度上制约着个人的需求结构和购买行为。消费者的经济状况较好，就易于做出购买决定，饭店新产品也容易推广；经济状况较差，在支出方面就较为慎重，偏重于满足对饭店产品的基本需求，更注意经济性和实用性。此外，对开支和储蓄的态度也影响着个人的实际购买力和购买行为。消费者对开支和储蓄的态度，不仅受收入水平、消费习惯和传统风尚的影响，而且受利率高低、物价稳定程度和商品供求状况等因素的影响。

（五）生活方式

生活方式，指的是人们在自己的中心目标、价值观念、个性心理及经济条件等的制约下，在一系列外部环境因素的影响下形成的物质生活和精神生活的模式，它通过人们的活动、兴趣和意见表现出来。生活方式也是影响消费者购买行为的一个重要因素。市场营销人员可以根据人们的中心目标、价值观念、个性心理、经济状况或活动、兴趣、意见等划分生活方式的类型。具有不同生活方式的人，在个人偏好、需求特征、购买行为等方面具有许多不同的特点，调查消费者的生活方式可以制定出针对性比较强的营销方案和策略。

【小链接3-2】

VALS2分类法的8种生活方式

在生活方式的分类研究中,被广泛应用的方法是VALS2分类法(Values And Life Styles Ⅱ)。它按照人们的心理特征和收入、教育程度、驱动力、购买愿望的迫切程度等背景材料分为如下8种生活方式:

第一,现实者。指成功的、复杂的、积极的、能挣会花的人,是在许多背景上都很成功的消费者,关心社会问题,对变化持开放态度,对于上等的、补缺导向的产品的购买常常表现出文化素养。

第二,满足者。指成熟的、满意的、会思考的人,非常实际,偏好耐用、功能性和有价值的产品。

第三,成就者。指有成就的、职业与工作导向型的人,偏好对风险的预测和已确定的、有威望的产品,注重体现自己的价值和高贵。

第四,体验者。指年轻、有生气、冲动和反叛意识的人,在衣着、快餐食品、音乐、电影和录像上的消费占有很大的比重。

第五,诚信者。有很强的原则,保守、遵循习俗和传统,偏好熟悉的产品和已知的品牌。

第六,努力者。指不确定的、不安全的、寻求一致的、受到资源限制的人。他们有些像成就者,但是背景材料少,关心他人的认同。

第七,制造者。指行动型、自我满足、传统、家庭观念重的人。这些人偏好实用性或功能性的产品,有时喜欢自己动手设计制造自己使用的产品,购买的产品有工具、汽车等。

第八,奋斗者。是处于社会底层、受资源限制的人。这些人大多年老退休,背景材料少,关心目前需要的满足,是小心谨慎的购买者。

——资料来源:连漪. 市场营销学理论与实务.2版. 北京:北京理工大学出版社,2012:88.

三、社会文化因素

社会文化环境主要包括文化和亚文化群、相关群体、家庭、社会阶层方面。

(一)文化和亚文化群

文化,一般是指人类在社会发展过程中所创造的物质财富和精神财富的总和,表明了人类所创造的社会历史的发展水平、程度和质量的状态。这里的文化,主要是指观念形态的文化(精神文化),包括思想、道德、科学、哲学、艺术、宗教、价值观、审美观、信仰、风俗习惯等方面的内容。文化是一种社会现象,是在一定的物质基础上形成的,是一定的政治和经济的反映。由于不同社会或国家的文化通常是围绕着不同的因素在不同的物质基础上建立起来并与之相适应的,因此不同社会或国家的文化往往存在着较大的差异。社会文化通过各种方式和途径向社会成员传输着社会规范和价值准则,影响着社会成员的行为模式。文化对消费者的需求与购买行为具有强烈而广泛的影响。

此外,在每一种社会文化的背景下,又往往存在着许多在一定范围内具有文化同一性的群体,即亚文化群。在我国,亚文化群主要有民族群、宗教群和地理区域群。这些不同的亚文化群，在风俗习惯、审美情趣、价值观念、行为准则、消费偏好、生活方式等方面又存在着一定的甚至很大的差别，从而影响着他们的消费需求与购买行为。这是企业开展营销活动时所不能忽视的。

【小链接 3-3】

亚文化群的消费特征和审美趣味

亚文化群是通过商品的使用而形成的社会分层。布尔迪厄在《区隔》一书中认为，商品中的品位是社会分层的一种标志。消费者对商品的使用只是部分地与物质消费有关，他们还把商品作为一种标签，成为联合或排斥他人的“桥梁或门槛”。亚文化群的一个重要特征是对风格的大胆运用，这往往使他们与众不同而引人注目。

标志性的消费产品是亚文化群风格的第一个也是最重要的表征物。

马自达 6 轿车是一款价格为 20 万元左右的中档车。它很有个性，清晰地勾勒出用户的形象。作为马自达公司 21 世纪的新产品，它 2002 年 5 月在日本上市，2003 年 4 月在中国销售，当年就获得年度车称号，并一直保持旺销态势。马 6 车吸纳了跑车的元素，动感中自然流畅。它动感、年轻化的外形满足了某些消费者的审美需要。而升级的马 6 车进一步强化了整车的运动色彩。“所有的消费品都具有标明差异和阶层的符号价值。”“一旦符号被购买和使用，其符号价值就传递给了消费者，使消费者可以建构一个不同于他人的自我认同。”

亚文化群风格的第二种表征物是所谓的“形象管理”：着装和其他附件。马 6 车友的形象管理包括：喜欢戴 G-Snock 手表，穿 CK 服装，用最新潮的手机。他们是南京最大的车友会，拥有 200 多辆车，六七百名成员，年龄在 18～35 岁，大多是自由职业者，单身，还有英国归来的博士、硕士。为了方便聚会，他们开办了改装装饰店，这里成为车友会的固定活动场所，墙上挂满了车饰和配件。

亚文化群风格的第三种表征物是肢体语言和群体内流行的特殊语汇。这也就是布尔迪厄所说的“习俗”。亚文化群具有特殊的行为规范，其中很大一部分是身体的姿态或运动、走路或谈话的方式，这些就像“第二皮肤”那样穿在亚文化群的成员身上。在现代社会中，身体成为身份的基础，社会地位通过人们的风度举止体现出来。在瑞士的一所私立精修学校(finishing school)就读的名门闺秀专门在那里培养举手投足的风度，学习一定的文化知识，这些都是为了日后嫁个如意郎君，从而最终提高她们的社会经济地位。

——资料来源：凌继尧．亚文化群的消费特征和审美趣味．江苏行政学院学报，2009(1)：53-57．

（二）相关群体

群体，指的是具有共同目标或兴趣的两个或两个以上的人联结而成的人群。个人的相关群体，指的是对一个人的态度和行为等具有直接或间接影响的一群人。相关群体可分为直接相关群体和间接相关群体两种类型。

直接相关群体也称为成员群体，即一个人从属的并受其直接影响的群体。成员群体又分为首要群体和次要群体两种。首要群体，是一个人经常受其影响的群体，如家庭、朋友、邻居和同事等。首要群体往往是非正式组织。次要群体，是一个人不经常受其影响的群体，如工会、职业协会、学生会等。次要群体多为正式组织。

间接相关群体也称为非成员群体,即一个人不是其中的成员,仅受其间接影响的群体。非成员群体又分为向往群体和厌恶群体两种。向往群体,指的是一个人推崇效仿的,期望成为其中的一员或与之交往并受其影响的群体。厌恶群体,指的是一个人讨厌或反对的一群人。一个人总是不愿与其厌恶的群体发生任何联系,在各方面都希望与之保持一定的距离,甚至经常反其道而行之。

在利用相关群体影响人们的购买行为这一点上,企业应着重于设法影响有关的相关群体的意见领导者,即相关群体中有影响力的人。意见领导者可能是首要群体中在某方面具有专长的人、次要群体的领导人或向往群体中人们的仿效对象。意见领导者的建议或行为影响力较大,他们一旦夸奖了或使用了什么产品,就会对其起到有力的宣传和推广作用。饭店应注意研究和影响相关群体中意见领导者的消费倾向,以便借助他们对本饭店及产品进行有效的宣传和推广。

(三)家　庭

随着传统的三代同堂的主干家庭向一对夫妻一个子女的核心家庭的转化,核心家庭已成为我国消费者市场上非常重要的购买单位。此外,家庭是一种最重要的相关群体,它对其成员的购买行为具有强烈和持续的影响。饭店要注意研究目标市场上各类家庭的特点、需求情况、家庭购买决策的类型、家庭成员在购买商品时各自所起的作用以及他们之间的相互影响等问题,从而有针对性地开展营销活动。

(四)社会阶层

这里所说的社会阶层,指的是根据职业、收入、财产、教育程度等可变因素对人们进行的群体划分。处于同一社会阶层的人,通常在社会经济地位、利益、价值取向、思维方式、生活方式、生活目标、兴趣、消费欲望、消费偏好、购买行为等方面存在着许多相似之处;处于不同社会阶层的人,往往在上述方面存在着较大的差别。饭店依据社会阶层进行市场细分,进而选择自己的目标市场,安排市场营销组合,可以大大地增强市场营销活动的有效性。

第三节　消费者的购买决策过程

一、购买决策参与者

购买决策参与者,是由参与和影响购买决策的有关人员构成的群体。有些产品的购买决策者只有一个人,如购买简单、价格较低的日常生活用品往往就是如此;而有些产品,特别是价格昂贵的耐用消费品的购买决策参与者就比较多,往往包括一个家庭的所有成员,甚至还有家庭以外的人员参与进来。

在购买决策过程中,购买决策单位中的各个成员可能充当着以下某个或某些不同的角色,发挥着特定的作用:

第一,发起者,即首先提出购买某种商品的人。

第二,影响者,即对最后购买决定具有某种影响的人。

第三,决定者,即最后做出部分或全部购买决策的人(包括买什么、是否买、如何买、何时买、何处买等)。

第四,购买者,即实施购买决策从事实际购买的人。

第五,使用者,即消费或使用将要购买的商品的人。

二、饭店消费者购买决策过程的主要阶段

消费者的购买行为是一个过程,这个过程在实际购买之前就已经开始,并且一直延续到实际购买之后。对饭店来说,在这一过程中始终伴随着愿望竞争、一般竞争、产品形式竞争和品牌竞争问题。饭店的市场营销人员分阶段地研究和了解消费者的整个购买过程,为的是针对消费者这一过程中各个阶段上的思想和行为酌情采取适当的营销措施,以便系统地施加影响,使消费者的购买决策和购买行为朝着有利于扩大本饭店产品销售的方向发展。

西方学者曾经提出过不少消费者购买决策的模式,但现代市场营销学中一般采用的是五个阶段的模式(见图 3-1)。

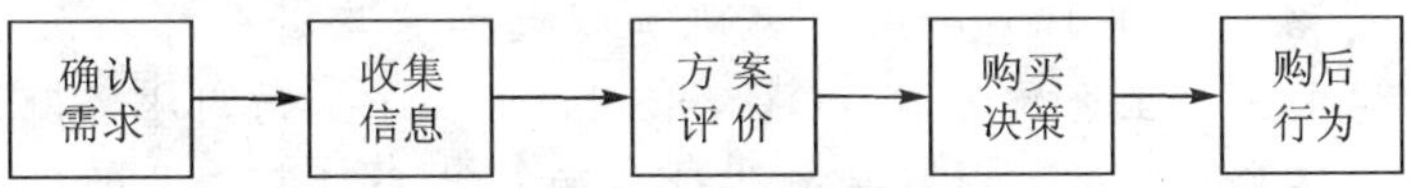

图 3-1 消费者购买决策过程五阶段

这是一个"提出问题—分析问题—解决问题"的模式,主要是针对较为复杂的购买行为而言。在实际的购买活动过程中,人们并不是严格地按照上述模式进行的,有时会省略其中的某些阶段或颠倒它们的次序,在各个阶段上花费的时间和精力也有所不同。

(一) 确认需求

消费者的购买过程是从引起需要开始的。需要的产生有时很简单,有时却较为复杂。一般地说,人的需要是由两种刺激引起的:一是来自身心的内在刺激,这是引起需要的驱动力;二是来自外部环境的刺激,这是引起需要的触发诱因。在这两种刺激的影响下,当消费者意识到一种需要并准备通过购买某种商品去满足它时就形成了购买动机。因此,营销者的任务是识别引起消费者某种需求的环境。注意通过对上述两个方面的分析,了解那些在消费者中已经存在(或可能产生)的与本饭店产品实际(或潜在地)有关联的驱动力及其强度,分析与这些驱动力有关的各种触发诱因的状况,进而适当地安排市场营销对策,以便引起对本饭店产品的现实需要,诱发购买动机。

(二) 收集信息

消费者形成了购买某种商品的动机后,就要从事与购买它有关的活动。在多数情况下,尤其是不熟悉这种商品的种类、特性、品牌、价格、出售地点等情况时,消费者总是在收集一定的信息并对其进行分析判断后才做出购买决定,实施购买行动。这时,消费者增强了对有关信息的注意。消费者收集信息的积极性,主要与需要的强度有关;收集信息的数量和内容,主要与所遇到或所要解决的问题的类型和性质有关,并因购买行为类型的不同而有很大的差别。

为了有效地向目标市场传递信息,影响消费者的购买行为,饭店要了解消费者获得信息的主要来源以及不同来源的信息对消费者的影响程度。消费者的信息来源主要为商业来源、个人来源、公众来源和经验来源。

（三）评价选择

在这一阶段，消费者将根据所掌握的信息在选择品牌组内进行评价和比较，从中选择和确定他所偏好的品牌，形成购买意向。对企业来说，此时的主要问题是消费者如何评价选择饭店产品，以及如何让消费者选择。消费者评价和选择产品的方法很多，其中主要有理想品牌法、最高期望值法等。实际上，消费者在评价和选择产品时很少进行这样复杂的数量分析。

【小链接3-4】

消费者选择什么:商品备选规模的影响

假如你踱进一家餐厅，正为到底是点一份健康的沙拉还是点一个可能会堵塞你动脉的汉堡包而举棋不定时，是什么因素促使你最后选择了沙拉？新近一份研究显示，最终的选择可能与医生的劝告或其他传统观念因素无关，起作用的是菜单的长短。

在一份题为《多样化、堕落和美德：备选规模如何影响消费决策》的论文中，沃顿商学院市场营销教授乔纳·博格(Jonah Berger)、洛杉矶加州大学市场营销学教授温迪·刘(Wendy Liu)和斯坦福大学博士研究生恩娜·斯拉(Aner Sela)记录了如何用冰激淋、水果和电器寻找客户选择本质的五次实验。研究人员发现可供选择的产品和服务数量的增加，将促使消费者做出明智选择，因为消费者更容易区分出哪些是放纵欲望的选择。

传统观念认为，备选商品越多将越有利于消费者做出购买决策，因为他们更容易找到称心如意的商品。“现在，消费者要面对比以往更丰富的商品选择”近期，一些学者研究显示，随着备选规模不断增大，消费者可能会招架不住，最终决定放弃选择。用博格的话说，这就是“选择的悖论”(paradox of choice)。

但对这个问题的研究还得更深一层，就是当消费者不得不进行选择的时候，他会如何表现？为了深入了解这一情况，博格和他的研究人员进行了一系列实验，用以研究商品数量和种类如何影响实验对象的购买决定。

“商品分类越多，选择难度也就越大，这样的话，消费者在做购买决策时就更倚重现成的标准”，“因此，我们得出结论，较大的商品备选规模，可能会促使消费者挑选比较容易证明有意义的选项。”博格说，这种情况可以归纳成享受性产品和必需性产品间的比较。“对于消费者来说，比较容易在健康水果和充满内疚感的巧克力蛋糕之间做选择，或是工作用的打印机和数码音乐播放机之间。与只是有意思的商品相比，那些有实际功能的商品比较容易挑选。”

上述研究成果在市场营销和管理方面有着特殊的用途。例如，健康零食的生产商可以通过将自己的产品混同于其他食品销售，来提升销量。获奖戏剧与闹剧式喜剧或大制作的动作影片相比，应该算是更加有意义(仅是为了说明问题)，放在公众影院比艺术剧院能吸引到更多的观众。如果租车公司备选车型足够多的话，相比炫耀的运动车型，消费者会更多地选择实惠的轿车车型。

料来源：网易财经(转载自沃顿知识在线). 消费者选择什么：商品备选规模的影响.[2010-1-1]. http://money.163.com/10/0111/14/5SOM5NVE00253G87.html.

在消费者对进入选择中的各品牌的产品进行评价比较后，每个饭店大体都会遇到下述两种情况：一是所有的产品都与消费者的理想产品相同或相接近，这时每个饭店都面临着如何开展工作来影响消费者以使其选择自己产品的问题；二是部分产品与消费者的理想产品相同或相近，这时与消费者的理想产品不同或不相接近的产品的饭店，也面临着如何开展工作来影响消费者以使其选择自己产品的问题。

（四）购买决策

消费者经过对进入选择的各品牌产品的评价比较后就会形成购买意向，在正常情况下便会购买他最喜欢的某个品牌的产品。但是，在购买意向与决定购买这两者之间往往会介入某些因素的影响和干扰，从而使消费者不一定实现或不马上实现其购买意向。这些影响因素有其他人的态度、意外事件、预期风险的大小等。因此，企业完全依据消费者对品牌的偏好和购买意向来判断其购买决定与实际购买是不十分可靠的。

【小链接 3－5（见表 3－2、表 3－3）】

表 3－2　旅游者初次选择一家酒店考虑因素一览表

因　素	2001 年排名	2006 年排名
清洁	2	1
合理的价格	3	2
便利的位置	1	3
良好服务	4	4
安全保障	6	5
品牌声望	5	6
公司家庭折扣	7	7
预订服务	8	8
其他	13	9
推荐	9	10
娱乐设施	10	11
个人护理用品	7	12
连锁常客奖励计划	11	13
商务设施	12	14

表 3－3　旅游者不再次选择一家酒店考虑因素一览表

因　素	2001 年排名	2006 年排名
不够清洁	1	1
不够安全	3	2
员工不关心顾客、不礼貌	4	3
噪声	2	4
房价太高	5	5
床上用品不相配	6	6
缺乏维修保养	7	7
温度控制问题	8	8
毛巾不够用	9	9
其他	12	10
个人用品太粗劣	10	11
缺乏娱乐设施	11	12
缺乏商务设施	13	13

资料来源：贺学良，王华．酒店营销管理与实务．北京：中国旅游出版社，2012：38－39.

对于决定实际购买意向的消费者来说,在实施购买某一产品的行动之前,一般还要做出一系列相关的购买决策,包括购买种类、品牌决策、何时买、在何处买、如何买等。需要注意的是,饭店对于决定实施购买自己产品的消费者,应尽可能提供良好的销售服务,以避免消费者在这一阶段的流失。

(五)购后行为

消费者购买和使用了某种产品后,必然会产生某种程度的满意或不满意感。消费者购买后的满意程度,是消费者预期与产品的实际觉察性能的函数。产品的实际觉察性能若符合预期,消费者就会满意;若超过预期就会感到很满意;若达不到预期就会感到失望和不满。

消费者是否满意会直接影响其购买后的行为。如果感到满意,以后就可能重复购买,并向他人称赞和推荐这种产品,而这种称赞和建议往往比饭店为促进产品销售而进行的广告宣传更有效;如果感到不满意,以后就不会再购买这种产品,而且会采取公开或私下的行动来发泄不满,这势必会抵消企业为赢得顾客而开展的许多工作。

消费者购买后的感觉和行为与饭店关系极大。营销部门必须注意采取各种有效措施千方百计地增加消费者购买后的满意感,如切实保证产品质量、同消费者保持各种可能的联系、经常征求消费者的意见、加强售后服务工作等。此外,饭店在产品宣传中如实地反映产品的性能或适当留有余地,也有助于增加消费者购买后的满足感。

第四章　饭店市场定位

【引导案例】

市场细分永不停息——来自万豪酒店的启示

在美国，许多市场营销专业的学生最熟悉的市场细分案例之一就是“万豪酒店”。这家著名的酒店针对不同的细分市场成功推出了一系列品牌：Fairfield（公平）、Courtyard（庭院）、Marriott（万豪）以及 Marriott Marquis（万豪伯爵），等等。在早期，Fairfield 是服务于销售人员的，Courtyard 是服务于销售经理的，Marriott 是为业务经理准备的，Marriott Marquis 则是为公司高级经理人员提供的。后来，万豪酒店对市场进行了进一步的细分，推出了更多的旅馆品牌。

在“市场细分”这一营销行为上，“万豪”可以被称为超级细分专家。在原有的四个品牌都在各自的细分市场上成为主导品牌之后，“万豪”又开发了一些新的品牌。在高端市场上，Ritz-Carlton（波特曼·丽嘉）酒店在为高档次的顾客提供服务方面赢得了很高的赞誉并倍受赞赏；Renaissance（新生）作为间接商务和休闲品牌与 Marriott 在价格上基本相同，但它面对的是不同消费心态的顾客群体——Marriott 吸引的是已经成家立业的人士，而“新生”的目标顾客则是那些职业年轻人；在低端酒店市场上，万豪酒店由 Fairfield Inn（公平客栈）衍生出 Fairfield Suite（公平套房），从而丰富了自己的产品线；位于高端和低端之间的酒店品牌是 TownPlace Suites（城镇套房）、Courtyard 和 Residence Inn（居民客栈）等，他们分别代表着不同的价格水准，并在各自的娱乐和风格上有效进行了区分。

伴随着市场细分的持续进行，万豪又推出了 Springfield Suites（弹性套房）——比 Fairfield Inn 的档次稍高一点，主要面对一晚 75～95 美元的顾客市场。为了获取较高的价格和收益，酒店使 Fairfield Suite 品牌逐步向 Springfield Suites 品牌转化。

经过多年的发展和演化，万豪酒店现在一共管理着八个品牌。

万豪酒店的创新之道

“万豪”会在什么样的情况下推出新品牌或新产品线呢？答案是：当其通过调查发现在旅馆市场上有足够的、尚未填补的“需求空白”或没有被充分满足的顾客需求时，公司就会推出针对这些需求的新产品或服务——这意味着公司需要连续地进行顾客需求调研。通过分析可以发现，“万豪”的核心能力在于她的顾客调查和顾客知识，“万豪”将这一切都应用到了从“公平旅馆”到“丽嘉”所有的旅馆品牌上。从某种意义上说，“万豪”的专长并不是旅馆管理，而是对顾客知识的获取、处理和管理。

“万豪”一直致力于寻找其不同品牌间的空白地带。如果调查显示某细分市场上有足够的目标顾客需要一些新的产品或服务特色，那么“万豪”就会将产品或服务进行提升以满足顾客新的需求；如果调查表明在某一细分目标顾客群中，许多人对一系列不同的特性有需求，“万豪”

就会把这些人作为一个新的“顾客群”并开发出一个新的品牌。

万豪国际公司为品牌开发提供了有益的思路。对于一种现有的产品或服务来说,新的特性增加到什么程度时才需要进行提升？又到什么程度才可以创造一个新的品牌？答案是:当新增加的特性能创造一种新的东西并能吸引不同目标顾客时,就会有产品或服务提升或新品牌诞生。

万豪公司宣布开发“弹性套房”这一品牌的做法是一个很好的案例。当时,万豪将“弹性套房”的价格定在75～95美元之间,并计划至1999年3月1日时建成14家,在随后的两年内再增加55家。“弹性套房”源自“公平套房”,而“公平套房”原来是“公平客栈”的一部分。“公平”始创于1997年,当时,华尔街日报是这样描绘“公平套房”的:宽敞但缺乏装饰,厕所没有门,客厅里铺的是油毡,它的定价是75美元。实际上,对于价格敏感的人来讲,这些套房是“公平旅馆”中比较宽敞的样本房。现在的问题是:“公平套房”的顾客可能不喜欢油毡,并愿意为“装饰得好一点”的房间多花一点钱。于是,万豪通过增加烫衣板和其他令人愉快的东西等来改变“公平套房”的形象,并通过铺设地毯、加装壁炉和早点房来改善客厅条件。通过这些方面的提升,万豪酒店吸引到了一批新的目标顾客——注重价值的购买者。但后来,万豪发现对“公平套房”所做的提升并不总是有效——价格敏感型顾客不想要,而注重价值的顾客对其又不屑一顾。于是,万豪考虑将“公平套房”转换成“弹性套房”,并重新细分了其顾客市场。通过测算,万豪得到了这样的数据:相对于价格敏感型顾客为“公平套房”所带来的收入,那些注重价值的顾客可以为“弹性套房”至少多增加5美元的收入。

在一个有竞争的细分市场中进行产品提升要特别注意获取并维系顾客。对于价格敏感型顾客,你必须进行产品或服务的提升以避免他们转向竞争对手。如果没有竞争或者没有可预见的竞争存在,那么就没有必要进行提升。其实,竞争通常总是存在的,关键是要通过必要的提升来确保竞争优势。面对价格敏感型顾客,过多的房间并不能为“公平旅馆”创造竞争优势。

——摘选自 芮新国.市场细分永不停息——来自万豪酒店的启示.政策与管理,2002:(7).

饭店的顾客群体庞大复杂、需求各异,消费心理各有不同,支付能力参差不齐。在饭店品牌林立的今天,任何一家饭店都无法为所有的消费者提供满意的服务。饭店应该辨认能为之提供有效服务的市场。换句话说,并不是所有的客人都是自己的客人。因此,目标市场营销战略显得尤为重要。

目标市场营销战略的核心称为“STP”营销,即在确定自己的目标市场的过程中,要进行三个阶段的工作:市场细分(segmenting)、选择目标市场(targeting)和市场定位(positioning),如图4-1所示。

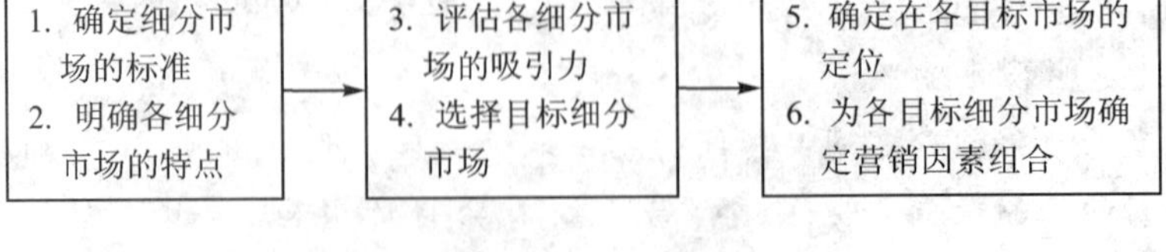

图4-1 STP营销的步骤

实施目标市场营销战略，要求饭店在详细的营销调研基础上细分市场，然后选择适当的目标市场，再根据目标市场的需要，确定营销因素组合，以便有效地为目标市场服务。

第一节 饭店客源市场的细分

在讨论细分市场前，先引出“大众化营销”模式。“大众化营销”是在实施营销活动中，企业对同一产品或服务，向消费者传播同一种信息，以吸引目标消费者购买，从而实现产品的规模市场价值。大众化营销以实现市场需求的一般满足为目标，客户辐射范围广、综合营销成本相对较低，在客户关系维持上存在较大难度。目前，市场正在分裂形成不同特质的小群体，广告媒体和分销渠道的多元化使“所有人使用同一种产品”显得越来越不合时宜。“大众化营销”正在走向衰亡。

饭店客源市场属于由许多具有不同需求的顾客所组成的“异质市场”。在经营过程中，饭店已经放弃“大众化营销”模式，转为细分化、补缺化、本地化和差异化的微观营销。因此，每家饭店都应根据自己的特点，将顾客按其需求的不同细分为若干个群体，然后结合特定的市场环境和资源条件，选择某些特定群体作为自己的目标市场。

一、饭店市场细分的概念

市场细分是指营销者通过市场调研，依据消费者的需要和欲望、购买行为和购买习惯等方面的差异，把某一产品的市场整体划分为若干消费者群的市场分类过程。每一个细分市场都是由具有类似需求倾向的消费者构成的群体。

饭店市场细分是指饭店按照细分变量(即影响顾客需要和消费行为的因素)，把一个错综复杂的整体市场划分成若干个亚市场(即细分市场)，每个亚市场由具有对饭店消费需求相同的顾客组成。市场细分的结果是不同的细分市场具有异质性，而同一细分市场内部具有一定程度的同质性。

饭店根据消费者需求的不同，将整体酒店市场划分为若干不同类别的子市场，选取其中一个或几个子市场作为主要经营对象。如假日、喜莱登和希尔顿这些著名品牌的饭店主要以商务旅游者及豪华观光度假旅游者为目标市场，而一些经济型酒店则常常以团体观光旅游者作为目标市场。

二、饭店市场细分的必要性

饭店细分市场是从顾客的角度进行划分的，即从顾客的需求、动机、购买行为的多元性和差异性来细分的。市场细分对饭店的生产、营销起着极其重要的作用。

(一) 有助于捕捉市场机会和开拓新市场，提高市场占有率

营销成功的起点在于发现具有吸引力的市场机会，通过市场细分可以发现哪些市场过分拥挤、哪些市场还有潜在的需求。通过市场细分，饭店可以对每一个细分市场的购买潜力、满足程度、竞争情况等进行分析对比，探索出有利于本饭店的市场机会，使饭店及时做出适当的销售决策或新品牌拓展计划，开拓新市场，以更好地适应市场的需要。

市场细分对中小饭店至关重要。中小饭店资源薄弱、设施滞后、管理体系相对不严密、竞争能力有限，通过市场细分，可以发现利基(Niche)市场，采取有针对性的营销服务，进行补缺

营销。补缺营销通常是把细分市场再进一步细分。一个有吸引力的利基市场有如下特征:利基市场有明确的顾客需要;顾客愿意为利基服务进行支付;利基市场不会引起其他营销者的注意;利基营销可以通过专门化服务获得理想的经济收益和市场回报;利基市场有足够的规模、利润和成长潜力。一些专注于利基市场的中小饭店已经从更为精巧的细分市场中得到高速成长。这些变化也同时引起一些高档饭店的关注,也主动参与到饭店市场不断细分化的潮流中。于是,市场上一些诸如主题客房、特殊人群客房、绿色客房等纷纷涌现。

(二)有助于有效利用各种营销资源,取得最大的经营效益

饭店的人力、物力、资金都是有限的。通过市场细分,可以更清楚地认识顾客需求;通过市场细分,可以选择适合自己的资源,集中人、财、物及资源,去争取局部市场上的优势,然后再占领自己的目标市场。同时,按照目标市场的需求调整产品结构,安排合理的分销渠道,进行有效的促销宣传,整合自身资源,提高服务人员的劳动熟练程度,提高服务质量,全面提高企业的经济效益,使饭店更准确地适应市场,创造效益。

(三)有利于增强企业的竞争能力

市场细分后的子市场比较具体,饭店比较容易了解顾客的需求,分析某一细分市场的竞争对象的优势和劣势,根据自己的资源、服务能力和营销力量,确定自己的服务对象,即目标市场。针对较小的目标市场,便于制定特殊的营销策略,将资源集中在目标市场上,从而扬长避短、有的放矢地进行管理与开发市场,提高顾客的满意度和提升企业的品牌认知,从而提高市场占有率、增强竞争能力。同时,在细分的市场上,信息容易了解和反馈,一旦顾客需求发生变化,饭店可迅速改变营销策略,制定相应的对策,以适应市场需求的变化,增强饭店的应变能力和竞争力。

三、构成细分市场的标准

饭店进行市场细分的目的是通过对顾客需求差异予以定位,来取得较大的经济效益。差异化营销会导致生产成本和推销费用的相应增长,所以,饭店必须在市场细分所得收益与市场细分所增成本之间做权衡。由此,有效的细分市场必须具备以下特征:

(一)可识别性

首先,用来细分市场的标准是可以识别和衡量的,即有明显的区别,有合理的范围。如果某些细分变数或购买者的需求和特点很难衡量,细分市场后无法界定、难以描述,那么市场细分就失去了意义。其次,具该细分市场特征的有关数据资料必须能够加以衡量和推算。再次,不同的细分市场要有差异性,细分市场在观念上能被区别并对不同的营销组合因素和方案有不同的反应。一些带有客观性的指标,如年龄、性别、收入、地理位置、民族等,都易于确定,并且有关的信息和统计数据也比较容易获得;而一些带有主观性的指标,如心理和性格方面的变数,就比较难以确定。饭店可以取得必需的资料,描述各个细分市场的轮廓,明确细分市场的概貌。将调研资料进行量化是比较复杂的过程,必须运用科学的市场调研方法。

(二)可进入性

即所选择的市场是否易于进入,并能进行有效的促销和分销,能够通过一定的广告媒体把信息传递到顾客中去,能通过一定的销售渠道抵达目标客户。此特征实际上就是考虑营销活动的可行性。饭店可根据目前的人、财、物等资源条件,制定适当的营销组合策略来占领目标

市场。

（三）可盈利性

可盈利性是指选择的细分市场规模要大，有足够的需求量和购买力，饭店有利可图，使饭店值得为它设计一套营销规划方案，以便顺利地实现其营销目标，并且有可拓展的潜力，以保证按计划能获得理想的经济效益和社会服务效益。细分市场能为饭店赢得长期稳定的利润，实现预期的经济效益。

（四）相对稳定性

即细分市场是否具有潜力，能否在一定时间内保持相对稳定，这直接关系到饭店营销的稳定性。

饭店应参照以上标准，比较后选择符合企业目标、资源和能力的目标市场。重点考虑目标市场有无充分的发展余地和空间，企业的竞争优势和市场地位能否保障实现预期销售额。

四、细分市场的变量依据

饭店市场细分可以选择一个或多个变量作为依据。营销人员必须尝试不同的变量或变量组合，以便找到分析市场的最佳途径。

细分变量大致可以分为四类：人口因素、地理因素、心理因素和行为因素。

（一）人口细分

人口统计是区分不同顾客的常用变量。顾客的消费要求、消费偏好、使用产品的频率等均与人口特征因素有关。人口统计变量常用的指标包括：年龄、性别、种族、国籍、婚姻状况、教育、职业、收入、家庭人口数量、家庭生命周期、宗教和社会阶层等。营销调研人员可以从政府部门和市场调研机构获得人口特征方面的统计资料。另外，各种宣传媒介，如报纸、电台等也能提供有关人口特征方面的信息。人口统计变量比较容易衡量，有关数据相对容易获取，由此，饭店经常以它作为市场细分的依据。

1. 性别细分

根据性别因素，饭店市场可细分为男性顾客和女性顾客。由于生理上的差别，男性与女性在饭店产品的需求与偏好上会有一些不同，如吸烟或不吸烟，环境氛围要求等均有差别。现在，随着越来越多的女性参与商务或社会活动，都有在外住宿的需求，不少品牌饭店正在研究市场机会，设计具有吸引女性顾客特点的饭店产品。

【小链接 4-1】

深耕酒店细分市场　女士专属能否持久

在全球旅行者的视野内，高端酒店专为女性住客设立专属楼层早已不是什么新鲜事。但在国内，这样的风潮正在五星级酒店兴起。就在今年开业的厦门艾美酒店成为艾美旗下国内第一个推出性别楼层的五星级酒店的同时，杭州黄龙饭店也以新开设的女性楼层迎来了美国好莱坞明星布莱特·摩根（Brittany Morgan Dengler）和联合国助理秘书长、联合国人居署代理执行主任英格·比约克-克莱弗比的到访。

女性与酒店——这两个名词首次一同出现，要追溯到 20 世纪 30 年代。当时美国女性在职业领域逐步取得了与男人对等的权利，1923 年开业的纽约阿莱顿酒店（The Allerton Hotel）

首推女性专属客房，尚未竣工时便被预订一空。而在印度，由于宗教因素和当地的文化习俗，女性楼层在奢华酒店领域也已是司空见惯的事。但相比过去林林总总的女性客房或女士楼层，如今国内在高端酒店业内兴起的女士楼层，其对“女性专属的定义”，除了用更温和的设计来阐述，还增加了“针对女性的多元化个性服务”这一注解。

“女性商务旅行者的崛起，是女士楼层的催生剂。”洲际酒店集团中国区发展总监张明武说，“女性商务旅行者的关注点主要是隐私与安全，如安全的门窥镜、前台接待的特别程序、水疗与健身及特殊的房间服务。如香港的 Fleming Hotel，迪拜的 Jumeirah Emirates Tower Hotel 和伦敦的 Hilton Park Lane，都提供了女士楼层。”

——摘选自 Mairin. http://travel.chinaluxus.com/Htl/20101125/19589.html.

2. 年龄细分

根据年龄因素，饭店市场可细分为老年顾客、中年顾客及青年顾客等细分市场。不同年龄的饭店顾客有不同的需求特点，如青年人喜欢有朝气、动感、时尚、便捷和经济的饭店产品，而老年人由于身体原因，需要比较安静的空间、一些特殊的设施设备和健康养生方面的服务。

【小链接 4-2】

奥泰利亚饭店的老年人专用客房

法国戛纳的奥泰利亚饭店，为迎合人口老龄化趋势，开设了老年人专用客房，饭店里客人的平均年龄为 83 岁。老年人客房的设计考虑到老人们尤其是 80 岁以上的老人的特殊需要，健康、方便是重点。装饰注重传统的民族风格，配以字画、摆设；色调以暖色为主；摆放有观赏盆景和常绿植物、鲜花；信号显示是大号字；沿墙有扶手；电梯里有座椅；床是坐卧两用的；门把手和开关位置适宜；卫生间是用防滑玻璃纤维修造的，设置防滑把手，并设有软垫长椅，在那里可以安全洗浴；设置多个召唤铃，无论何时，一按铃就有人来查看；经常举办各种适合老人的娱乐活动，而且无需预订，长住短住无妨。但有一点必须特别声明，这里接待的不是病人，而是需要关怀、照顾的老年人。

——摘选自 李学芝，宋素红. 旅游市场营销与策划——理论、实务、案例、实训(学生手册). 大连：东北财经大学出版社，2012.

3. 收入细分

收入决定了顾客的消费能力。高收入顾客与低收入顾客在饭店的品牌、星级、服务等方面的要求都会有所不同。正因为收入是引起需求差别的一个直接而重要的因素，所以饭店在星级与档次的细分上相当普遍。

【小链接 4-3】

华住、7 天等经济型酒店“向下走” 抢占百元市场

新《旅游法》的正式实施，以及席卷全国的勤俭节约之风，不仅给高端酒店带来极大冲击，也波及到了经济型酒店。

日前，华住酒店集团(下称“华住”)表示，今后将力拓非标准化平价酒店“海友”的加盟店，目前海友酒店在全国已开业 76 家店，预计到 2018 年，海友酒店可达约 1000 家。

业界指出，当标准经济型酒店的入住率和房价双降后，越来越多的业者将目光转向开拓非标准连锁酒店，此举虽可扩大市场份额，但非标酒店加盟队伍的迅速扩大也会给企业带来潜在的管理风险。根据相关数据，2013年第二季度，经济型酒店各公司直营店扩张放缓，新直营店占比降低使得净利率和ROE水平全面提升。另一方面，房价基本保持稳定，但入住率下滑，导致RevPAR（每间可借出客房产生的平均实际营业收入）出现下降。

华住CSO兼CFO（首席战略官兼首席财务官）张敏表示，酒店行业的黄金期和饱和期都是相对的，如果投资者只是简单地看到某些短期效应，而忽视市场需求的变化，那很可能就会被“剩”下来，一般定位每晚200元至300元的经济型酒店，在快速发展的近十年里，填补了国内旅游市场很大一块空白。但随着酒店产业发展越发成熟，消费者对于自己的需求也变得越来越清晰，市场需要更细分的平价酒店。所以定价100元至150元一夜的海友酒店将是华住未来重点发展的品牌。

“一家100间客房规模的标准经济型酒店投资需600万到700万元，而海友酒店客房规模可以从几十间到100多间不等，加盟费仅20多万元，投资启动资金只需约180万元，投资回报期约3年，相比之下，海友酒店的投资额远低于标准经济型酒店且运作模式更灵活。”华住相关负责人柳小姐透露。

华住并非唯一采取非标酒店全覆盖市场策略的企业。以前一直强调单一化品牌发展的7天连锁酒店在退市后，改组成立赢商网铂涛酒店集团，策划新增高端“铂涛菲诺”酒店，定位中端酒店“丽枫”、“喆·啡”和个性化酒店“Zmax Hotel”。就连一向保守的“老字号”锦江之星也在近期重新构建了公司架构，新建锦江都城酒店管理有限公司，覆盖中端“锦江都城”、标准经济型“锦江之星”、非标经济型“金广快捷”和百元酒店“百时”等。

——摘选自　乐琰. 华住、7天等经济型酒店“向下走”抢占百元市场. 江苏经济报，2013-12-10.

如果用两个或两个以上的指标进行复合，细分市场会更多。这些细分市场不太可能都是理想的目标市场，饭店可以根据自身的特点选择一个或几个细分市场作为主要经营对象。

（二）地理细分

地理细分是按照消费者所处的行政区划、城市规模、气候、人口密度、地理位置、自然环境等有关因素将市场划分为不同的区域市场。地域之所以用做细分变量，是因为不同地域的消费者对同一类饭店产品往往有不同的需求与偏好，对饭店的营销策略与措施也会有不同的反应。饭店行业面临的顾客来自国内国际不同地域，在饮食、居住、风俗习惯等方面存在巨大差异，有些差异会导致摩擦和冲突的产生。地理变量易于识别，是细分市场应予考虑的重要因素，也是饭店营销中常用的方法。

尽管地理因素能有助于饭店营销人员制定营销决策，但是，只凭地理因素划分市场还不够，处于同一地理位置的消费者需求仍会有很大差异。比如，在我国的一些大城市，如北京、上海，流动人口逾百万，这些流动人口本身就构成了一个很大的市场，很显然，这一市场有许多不同于常住人口市场的需求特点。因为消费者行为、态度、价值观念等不是地理细分所能涵盖的。所以，简单地以某一地理特征区分市场，不一定能真实地反映消费者的需求共性与差异，饭店在选择目标市场时，还需结合其他细分变量予以综合考虑。

【小链接4-4】

大连万达国际饭店的异国特色楼层

大连万达国际饭店是一个四星级酒店。经营管理者褚宝玉在酒店管理方面具有独到、超前的经营理念,率先开辟了酒店的特色楼层。

“槐之轩”和“樱之苑”是专门为日本客人服务的两个楼层,这里的设施具有日本特色,服务员都会讲流利的日语,从入住环境到生活用品,日本客人感受到的是家的温馨和人的亲切。而能流利讲英、日、德语的总经理褚宝玉更是让日本客人惊诧和佩服。

酒店里专为韩国人而设的“济州岛”楼层同样吸引着韩国客人频频入住,地道的韩式服务让韩国客人流连忘返,惊诧称奇。

——摘选自　彭会安,褚宝玉. 服务至上打造品牌. 中国质量万里行,2009(9):85.

(三)心理细分

处于同一人口因素或地理因素群体中的人可能会有不同的心理构成。心理细分是指按社会阶层、生活方式或个性特征等,把消费者分成不同的群体。通常心理细分能产生更好的细分结果。

从需求角度看,客人往返酒店是为了满足不同的需要。有的只是为了解决其生理上的需要问题,如吃、住、休息等;有的是为了满足其社交需要,要求宾馆酒店提供一个合适的社交场合;还有的是要满足其更高层次的需要,如得到别人的尊敬或自我实现等。

近来,以顾客的生活方式作为标准进行市场细分成为人们的生活方式,一般包括其日常活动、兴趣、意见及人口特征四方面内容。现在,各种以心理定位的主题客房成为客人的新宠。主题饭店具有独特性、针对性、浓郁的文化气息等特点,有多种分类方法,比如以某种时尚、兴趣爱好为主题,可分为汽车客房、足球客房、邮票客房、电影客房,等等;还有以某种特定环境为主题的客房,如监狱客房、梦幻客房、海底世界客房、太空客房等。

【小链接4-5】

贵价酒店玩的是设计

什么酒店的房价“胆敢”卖得比丽思·卡尔顿还要贵?说的不是三亚春节期间的酒店,正确答案是设计主题酒店!如今,不少主题鲜明、创意独特的设计酒店频频出现在酒店业中,这些酒店有的联姻知名的奢侈品牌,有的则由著名设计师担纲设计,有的凭借前卫的概念和独特的想法争夺眼球,皆因为有了这些不可复制的设计元素在里面,才能卖得比五星级酒店还贵价。

米兰 Moschino 每晚房价:230～610欧元。

才刚刚开业的意大利米兰 Moschino 首家酒店秉承奢华路线,不过因为这个品牌向来以古灵精怪、天马行空的意念在时尚界立足,其设计的酒店当然也有些让人意想不到的创作。

位于米兰 Viale Monte Grappa 的这家酒店,外貌及构造仍保持了1840年火车站遗留下来的旧古典主义建筑风格,这座大楼是由旧车站改建的,当你进入建筑的内部时,就会立刻被室内奇思幻想的设计所吸引,比如大堂的一盏盏改装自“羊裙”的灯、玫瑰花瓣飞舞的饰物、华美的晚礼服,让你恍如置身在如梦如幻的童话故事中。

——摘选自　陈薇薇. 贵价酒店玩的是设计. 广州日报,2010-3-9.

（四）行为细分

行为细分是指按照顾客对产品的了解程度、购买使用饭店产品的时机、所追求的利益、顾客使用情况、对品牌的忠诚度、待购阶段和对产品的态度等行为变量来细分市场。

顾客选择和使用饭店产品都具有一定的行为动机，无论这种动机是直接的或是间接的，其目的就是追求对自己有某种价值的利益或是身心的满足感。顾客的购买动机、选择过程、使用情况以及对品牌的忠诚度等行为因素，直接影响着饭店的市场营销效果和市场占有率。

许多人认为，行为变数能更直接地反映顾客的需求差异，因而成为市场细分的最佳起点。按行为变量细分市场主要包括：

1. 购买时机细分

根据顾客提出需要、购买和使用饭店产品的不同时机，将他们划分成不同的群体。由于饭店行业有明显的淡、旺季之分，所以饭店可以根据顾客在高峰时期和非高峰时期的需求特点、预定时间的不同，划分不同的细分市场并制定不同的营销策略，如钟点客房是一种按小时收费的经营模式，以其灵活性和便利性受到客人的欢迎，这种经营模式尤其适用于中、低档酒店和位于机场、车站等流动人口较多的酒店。此外，节假日期间调整饭店产品价格、推出钟点房、接受高考预定等就是对时机细分后所采取的营销措施。

【小链接 4－6】

春节出国游价飙升　三亚酒店房价涨幅达 500%

在春节假期、寒假开始和打造“国际旅游岛”的三重利好消息之下，今年春节游海南价格大幅上涨。据了解，近两周以来，三亚旅游报价出现多级跳；业内人士建议，游客也可以选择经济型和家庭旅馆，或者在节前或节后错峰出行，成本可节省一半以上。

记者从多家旅行社了解到，今年春节海南游价格同比上涨两成左右，包含高星级酒店住宿的自由行产品将由 2 月初的三千元左右上涨到七千多元，最高超过一万元。经济型酒店和家庭旅馆住宿的产品价格也将由约两千元上涨超过一倍。以携程网的报价为例，大部分线路报价在 2 月 10 日后开始明显上扬，“一日一价”的特点非常突出，最多差价达到千元以上，2 月 14 日情人节左右达到最高峰。19 日之后，三亚线路迅速回落到三千多元的水平。

春节三亚旅游报价剧烈变动主要受机票和酒店价格大幅上涨，特别是高星级酒店涨价的影响。“春节期间三亚五星级酒店预订价格平均达到每晚 4300 元，上涨两倍左右，最贵的酒店一晚超过万元。”相关负责人表示，今年春节旅游市场异常活跃，热带海岛度假成为最大热门，加上受近期海南国际旅游岛成为社会焦点的刺激，三亚旅游一房难求空前火热，也导致价格直线上升。

“虽然价格同比更贵，但市民出游非常踊跃，目前近六成名额已预订，其中包括五星级酒店住宿的产品最受欢迎，就连报价超过 15000 元的亚龙湾丽思·卡尔顿顶级自由行，预订人数也大大超过我们预料。”携程网相关负责人表示。

——摘选自　窦媛媛. http://travel.sohu.com/20100118/n269652430.shtml.

2. 利益细分

顾客购买饭店产品的主要目的不是为了得到产品本身，而是为了解决某类问题、满足某种需要、获得相应利益。然而，产品提供的利益往往并不是单一的，而是多方面的。消费者对这些利益的追求时有侧重。顾客追求利益不同,购买行为会产生差异。顾客要求是多样化的,有的希望提供良好的服务,有的希望地理位置优越,有的则要求价格实惠。此外替代性产品的存在以及周边同类产品的价格比等因素也影响着顾客的购买行为。价格是利益的核心,用户对价格有了一定的认同度后,相对稳定的价格有助于促进饭店产品的销售。

3. 使用者和使用率细分

营销人员根据购买和使用程度将客人划分为不使用者、潜在使用者、首次使用者和定期使用者。定期使用者又可分成"轻"使用者、"中"使用者和"重"使用者。例如,饭店客房的长包客人(停留时间在六个月以上的客人)属于"重"使用者,一些年轻的背包旅游者和当地的购物者则是餐饮部的"重"使用者。

【小链接4-7】

浅谈饭店营销中的熟关系营销

在中国特定的传统文化背景下,熟人关系对旅游饭店营销的影响不容忽视,因此在旅游饭店营销过程中,应充分运用熟人关系,培养忠诚的客户关系网,以确保本企业的市场占有率。

营销前期,顾客对旅游产品进行选择决策,决策依据中第三者的介绍、熟人关系的重要性不容忽视。熟人往往是忠诚的顾客。经过长期交往,顾客与工作人员之间便成了熟人,对于饭店则有了一种家庭式的感觉,这种关系使得熟人顾客很少更换消费场所,即使有竞争者可能提供更好的商品,他们也不会轻易更换。消费者也一般习惯把熟人的饭店作为首选对象。从这点上说,熟关系可以为饭店节省营销费用。

营销中期,熟人对服务中的事故、失误持宽容态度,增加了服务过程中的随意性,接待熟人时比较容易达到顾客满意,在熟人的环境中比较容易营造愉悦的氛围。此外,熟人对服务价格变动的承受力强,一般能接受和认同企业的价格调整。对于强烈依赖顾客消费的饭店业而言,稳定而忠诚的顾客群无疑是饭店宝贵的财富,忠诚的熟人顾客所给予饭店的利益,即重复消费次数多,可为饭店积累可观的利润。

营销后期,熟人成为饭店潜在的广告业务员,管理者应充分利用社会关系,由熟人为你开路,朋友向朋友宣传,熟人向熟人推荐,来编织一张无形的口头宣传网。熟人关系的存在可以降低饭店的营业成本。据美国的一个商业研究报告指出:多次光顾的顾客比初次登门者可以多为企业带来20%~85%的利润,固定的顾客每增加5%,企业的利润则相应增加25%左右。一个满意的顾客会引发8笔潜在的生意,其中至少有一笔成交,一个不满意的顾客会影响25个人的购买欲,单纯去争取一位新顾客所花的成本是保住老顾客的6倍。由上可知,熟人越多,老顾客也就越多,忠诚的顾客也越多。

——摘选自 王利琴. 商场现代化,2008(8).

4. 忠诚度细分

营销人员可根据客人对饭店产品的忠诚度将顾客细分为优、良、中、差四个等级。忠诚程度优,指客人始终如一地消费某饭店产品;忠诚度良,指客人总是在两种产品中做出选择而不去选择第三种产品;忠诚程度中,指客人会从一种产品转移到另一种产品;忠诚程度差,指客人没有固定的选择对象,有时使用这种产品,有时则使用另外一种产品,他们对产品的态度变化无常。集团用户是忠诚度较高的用户,有针对性地为集团用户提供个性化的服务,可以提高这些客户对饭店的忠诚度。通过了解顾客的品牌忠诚情况和品牌忠诚者与品牌转换者的各种行为与心理特征，不仅可为饭店细分市场提供一个基础，同时也有助于饭店了解为什么有些顾客忠诚本饭店的产品，而另外一些顾客则忠诚于竞争饭店的产品，从而为饭店选择目标市场提供启示。

行为科学家科特·莱文(Kurt Lewin)为了更好描述人类购买行为，提出了购买行为影响函数式：

$$\mathrm{CB}=f(P,S,E)$$

其中，CB 为消费者行为；P 为消费者个人特点；S 为社会影响因素；E 为环境因素。

而饭店产品购买者的行为也是个人特点、社会影响因素及环境因素这三个变量的函数。其中，个人特点可以分为个人因素和心理因素；环境因素可以理解为文化因素对饭店产品购买者行为的影响。这说明行为细分本质上也涵盖其他类型细分。

【小链接 4-8】

银座佳驿连锁酒店创新会员营销——率先引入“会员日”概念

目前，银座佳驿连锁酒店在旗下已开业的 90 余家门店开展“会员日”活动：自 12 月 1 日起，银座佳驿将每周一作为佳驿的固定会员日。在原会员权益基础上，银座佳驿连锁酒店将赠送顾客更超值的优惠服务。

对于经济型连锁酒店，会员就是资源，跟普通顾客相比，会员是相对稳定且优质的客源。银座佳驿连锁酒店向来重视会员体系的建设和会员队伍的发展，这次设立“佳驿会员日”，也是开创行业先河，将原本属于百货、家电、超市等零售企业专利的“会员日”概念首次引入经济型连锁酒店行业。

为了满足会员顾客的需求，银座佳驿曾推出多种卡类，构建起“驿家人”会员俱乐部，诸如 e 会员、普卡、金卡和倍积卡等。加入“驿家人”会员俱乐部，顾客可获得房价折扣、免费早餐、积分兑奖、延时退房、双免服务等专属优惠，并可参与会员活动，享受多元化增值服务。根据计划，“佳驿会员日”将成为银座佳驿连锁酒店会员体系“驿家人”俱乐部中又一新生主力军。会员日当天，银座佳驿将推出诸多重磅优惠政策，对会员顾客进行“答谢和回馈”，以打造具有佳驿特色的会员体系，增强竞争优势。

相对于众多商家内容苍白的“会员日”来讲，“佳驿会员日”好料不少。银座佳驿连锁酒店有关负责人于庆表示，佳驿会员日，就是优惠日。但优惠不局限于打折这一单一形式，银座佳驿连锁酒店将整合更多的资源，以便向商旅顾客提供更多的优惠服务。

于庆表示，“对于顾客而言，出差在外，环境陌生，商旅顾客很多需求都难以得到满足。为尽力填补顾客的需求空白，银座佳驿连锁酒店的会员日频率很高，每周一次，除固定的优惠项目外，周周都有惊喜。这种新颖的搭配方式，也让会员主动关注佳驿最新的优惠政策，增强会员对品牌的粘性，进而稳固并提升会员的忠诚度。”

——摘选自 http://qiye.jinghua.cn/html/yw/2012/1221/30387.html.

五、饭店市场细分的步骤

尽管每家饭店在对市场进行细分的过程中都会有不同的步骤和程序，但根据美国市场营销学家麦卡锡(E. J. McCarthy)的研究结果，市场细分大致有以下重要步骤：

(一) 正确选择市场范围

饭店市场细分必须结合本饭店的发展愿景及内部资源,符合饭店消费市场的发展现状与潜力,在此基础上确定出大致的目标市场范围。例如,某饭店的发展愿景是树立奢华和高品质的饭店形象,则其选择的市场范围就应侧重于社会较高阶层、较高收入的成功人士,而中低层消费者则不应纳入选择范围。

(二) 确定市场范围内消费者的需求

这些需求大多具有与人口细分、地理细分、心理细分和行为细分变量有关的特征,饭店通常依据以往营销的结果与经验进行判断预测,或是通过直接向不同的潜在消费者进行抽样调查的方式,了解潜在消费市场的各种需求。

(三) 筛选细分变量

从不同视角对饭店潜在的消费市场进行细分可以尽可能地将消费需求特征展现出来。同时,还需注意细分变量之间的相互影响,以及有些细分变量虽然能反映饭店消费者的不同特征,但区分不大。为使细分市场特征更鲜明,有必要在大量细分变量中选出几个代表性强、特征鲜明的属性作为细分标准。

(四) 对细分市场的初步确定

根据细分变量,饭店可以将潜在的市场粗略划分为不同的子市场,在此基础上,饭店根据构成饭店细分市场的标准评估子市场,提出那些不合理的细分子市场,形成细分市场的雏形。

(五) 细分市场定名

结合各细分市场中顾客的特征,用形象化、直观化的方法为细分市场命名,如商务型饭店市场、度假型饭店市场、会议型饭店市场等。

(六) 调查、分析、评估各饭店细分子市场

经过初步分析,饭店细分子市场的范围已经清楚,这时就要取得选定变量的相关资料,衡量各细分市场的规模,分析各细分市场的盈利能力,预测未来饭店市场的竞争程度及变化趋势等。

第二节　明确本饭店的真正顾客

在对市场进行细分后,应对细分市场进行评估和优化,然后结合饭店自身资源状况,选取合适的细分市场进行有针对性的服务。这个过程就是目标市场的遴选过程。目标市场是指在若干可进入的细分市场中,选择可以集中进行营销和服务的那部分市场。它可以是某个细分市场,也可以是若干细分市场的集合。

每家饭店所服务的对象只是市场上的部分顾客。善于寻找最有吸引力,并能为之提供最有效服务的特定顾客,能够事半功倍。

一、评估目标市场的原则

每家饭店都有必要将有限的资金和精力集中在招徕最能增加营业额和利润的消费者群体上。饭店通常应选择销售额和市场增长率高、利润幅度大、竞争微弱的细分市场作为目标

市场。

具体来说，饭店目标市场应具备以下条件：

（一）市场空间大

客源市场人数要足够多、消费能力要足够强，并具有适度的规模。要在自身资源和能力许可的范围内，选择足够大的目标市场。这样的市场能够为饭店提供充足的客源，保证其经济利益的获得。同时，不同规模的饭店之间要形成配合和补充，同等规模的饭店之间要形成错位经营。

（二）市场潜力大

有的目标市场虽然目前不算大，但随着时间的推移和相关环境因素的完善，会有较大的发展，给饭店带来更多的销售机会。营销人员应分析本地区具有较大销售潜力的细分市场，研究本饭店的经济资源，以免忽视有潜力的细分市场。

（三）市场未饱和

指该细分市场尚供不应求，竞争尚不激烈或未被竞争对手控制。未饱和的目标市场可以使饭店充分利用其资源，发挥其优势，开发新产品，满足顾客需要。

（四）饭店有经营能力

营销人员应了解本店的资源状况，分析周边同类饭店的设施和服务状况。同时，详细地研究该细分市场的需求，研究消费者对产品和服务的要求。

（五）竞争对手能力偏弱

竞争对手的招徕能力如何，对目标市场的选择有很大的影响。如果某些细分市场十分有潜力，大家同时来招徕这类市场，而且接待能力超过这类细分市场的需求量，这样的营销工作会造成很大的浪费。饭店在选择目标市场时，要考虑竞争对手对其构成的威胁，应避免与竞争对手因选择相同的目标市场而发生直接冲突。

二、进入目标市场的营销战略

饭店目标市场的营销策略是指为了经营好自己的目标市场而制定的各种策略。饭店常用的目标市场营销战略有：

（一）无差异营销战略

无差异营销战略指饭店把整体市场看作是一个大的目标市场，不进行细分，用一种产品、统一的市场营销组合对待整体市场。这种策略在饭店的实际经营中表现为“来的都是客”，不分主次，同等接待。

实行此战略的饭店基于两种不同的指导思想。一种是从传统的产品观念出发，强调需求的共性，漠视需求的差异。因此，饭店为整体市场生产标准化产品，并实行无差异的市场营销战略。另一种思想是在经过市场调查后，认为消费者需求大致相同或差异较小。无差异营销的优点是可以降低饭店的经营成本、广告费用、营销研究和产品管理等费用。

但是，由于饭店市场的需求越来越多样化，忽视市场差异的经营方法只能淡化消费者对饭店的形象认识，因此，对绝大多数饭店已经不再适用。

(二)差异化营销战略

差异化市场营销战略是把整体市场划分为若干需求与愿望大致相同的细分市场,然后根据企业的资源及营销实力选择部分细分市场作为目标市场,并为不同的目标市场制定不同的市场营销组合策略。

采用差别营销策略的饭店选择两个或两个以上的细分市场作为自己的目标市场,并为每个细分市场确定一种营销组合。各种营销组合在产品、价格、促销方法和销售渠道等方面都有所区别,从而提高了产品的针对性,增强了饭店在顾客心目中的形象,提高了顾客忠诚度,增强市场竞争力。

采用差异化市场营销战略的最大优点是可以有针对性地满足具有不同特征的顾客群的需求,提高饭店产品的竞争能力。但是,由于产品品种、销售渠道、广告宣传的扩大化与多样化,市场营销费用也会大幅度增加。因此,经营人员应避免选择过多的细分市场。例如,在全世界酒店行业中,希尔顿酒店是最早注意到单身女性顾客的特殊性的,为此他们早在1974年就在美国阿尔克蒋希尔顿酒店里开辟了女子专用楼层,为旅途中的单身妇女提供一切便利。在希尔顿酒店的女子专用客房里,所有的设施设备和装饰色调都从女子的爱好与实际生活需要出发,女子客房单独辟成楼层,并配有大量的便装女保安人员。

【小链接4-9】

特色客栈异军突起

随着自由行的日渐普及,特色客栈作为特色酒店的一种业态,因其定位明确、特色鲜明,颇受市场青睐。

1. 追寻中国传统的正福草堂客栈

走进位于江苏同里古镇的正福草堂客栈,院内两幢古典建筑以天桥相连,桥下鱼池流水潺潺,大红宫灯在长廊排开,舒缓柔绵的苏州评弹在耳边低回,房内落地雕花门窗、明式家具、百年雕花大床、江南蓝印花布制成的床罩窗帘……处处彰显着复古的中式特色。在同里正福草堂总经理陆誉夫看来,所有的这些只为表达一个主题:追寻中国传统的精致生活方式。

翻看同里正福草堂的网上评论,有客人写道:“在正福草堂住了一晚,主客互不打扰,见面只是微微一笑。即使是早饭,主人家也是帮我们准备好放在门厅旁屋的桌上,有米粥、鸡蛋、包子、咸菜,更有同里特产袜底酥。我们享受服务,却看不到服务员的影子,让你觉得如同在自家一样惬意。”

2. 服务女性顾客的花间堂

无独有偶,这两年发展十分迅速的另一家特色客栈花间堂,已在丽江、束河、香格里拉、周庄等地共拥有12家分店,客房数也从最初的十几间增加到400间左右,有员工约600人,平均每间可售房收益在600～700元。目前,花间堂每年接待游客近一万人次,可以说为特色客栈的连锁经营发展树立了典型。“让在外出差或旅游的女宾客舒适自在是花间堂最初的想法。”上海花间堂投资管理有限公司CEO张蓓将开设花间堂客栈的初衷娓娓道来,“我们的核心目标客户群是有生活品位、追求心灵满足,同时又有支付能力的中高端客户。从最近3年的统计来看,女性住客大概占到57%,这也跟我们最初的设计理念相吻合。”

3. 受驴友欢迎的MyWay水乡音乐客栈

坐落于上海青浦区朱家角古镇的MyWay水乡音乐客栈，则是一家由古朴的木质明清老宅改建得来的客栈，曾被评为“最受驴友欢迎的客栈”。

朱家角MyWay水乡音乐客栈还设立了自己的豆瓣小站，这里是驴友经常汇聚的网络平台。该客栈还会不定期地举办一些小型原生态音乐专场、画展等文艺交流活动。来自不同地域、不同国家的音乐人、手工艺人以及艺术家齐聚这里，分享创作带来的快乐。

“MyWay为宾客们营造出了令人陶醉的艺术空间以及供他们展示自我的舞台。大胆富有创意的设计细节，也同时赋予了这座明清建筑不一样的生命力。”该店的经营者顾建钢说。

——改编自 张斌.特色客栈异军突起[N].中国旅游报，2013-10-30.

（三）密集营销战略

密集营销战略是指在将整体市场分割为若干细分市场后，只选择其中某一细分市场作为目标市场。任何一家饭店都不可能满足所有类型客人的需求，目标市场越多，竞争对手就越多，客人的需求面也就越广，饭店往往会处于穷于应付的被动局面，可能使所有的客人都不满意；而集中选准细分客源市场，就易满足客人需求，使饭店在这个群体心目中处于无可替代的地位。

对于中小型饭店，将有限资源分散在许多细分市场上，会弱化资源优势。因此，它们宁愿将企业的人、财、物集中用于某一个最有潜力且最能适应的细分市场，并在此目标市场上取得绝对优势或建立强大的形象。

集中营销策略对饭店的好处首先在于经营项目专业化。由于饭店全部营销活动都集中于某一细分市场，所以有利于提高资源的利用率，满足特定消费者的需求，强化目标市场的认知。

这一战略的不足之处是企业承担的风险较大，如果目标市场的需求情况突然发生变化，目标消费者的兴趣突然转移，或是市场上出现了更强有力的竞争对手，企业就可能陷入困境。

三、影响饭店目标市场战略选择的因素

（一）饭店的人力、物力、财力资源

如果饭店的资源有限，密集营销战略更为合适。

（二）市场的同质性

如果消费者具有同样的偏好，购买同样数量的产品和对饭店营销努力做出同样的反应，则采用无差异营销战略更合适。

（三）产品的同质性

无差异营销战略更适合具有同质性的产品，差异化营销战略或密集营销战略则适合于有差别的产品。

（四）产品生命周期阶段

当饭店引进一项新产品时，宜采用无差异营销战略或密集营销战略。在产品处于其生命周期的成熟阶段时，差异化营销战略更适合，因为竞争对手较多。

（五）竞争对手的数量及其营销战略

如果竞争对手较多，且积极采用市场细分法，采用无差异营销战略则可能会导致巨大的失误。相反，当竞争对手采用无差异营销战略时，饭店通过差异化营销战略或密集营销战略则能

获得优势和更高的收益。饭店目标市场战略选择的影响因素见表4-1。

表4-1 饭店目标市场战略选择的影响因素

营销战略 / 影响因素	饭店资源（人、物、财）	市场同质性	产品同质性	产品生命周期	竞争对手数目	竞争对手营销战略
无差异营销战略	多	高	高	导入期	少	—
差异化营销战略	多	低	低	成熟期	多	差异化营销战略
密集营销战略	少	低	低	—	多	—

改编自：梭伦.新编酒店营销与公关管理[M].南京：江苏美术出版社，2013：21.

第三节 进行饭店市场定位的依据

饭店市场定位是指饭店为了使自己的产品和服务在公众和目标顾客心目中占据明确的、独特的、深受欢迎的地位而做出的各种产品决策和进行的各种营销活动，从而为饭店的产品和服务在市场上确定适当的位置。

在国际饭店行业中，正确运用市场定位获得巨大成就的饭店(或集团)不乏其例。如希尔顿、喜来登等，他们凭借优势，将其目标定位于豪华或商务市场；又如，圣达特和青年旅舍则将其目标定位于经济类和青年自助类市场。

目前，我国饭店业竞争激烈，机械地采用“硬碰硬”的手段常常导致两败俱伤。因此，不妨采用“田忌赛马”的策略，用自己的优势与别人的劣势竞争。能不能认识并充分发挥自身优势，关键在于饭店市场定位是否准确。

一、市场定位的内容

市场定位包含的内容很多，主要有以下几个方面。

（一）核心价值定位

饭店产品的属性以及顾客能够体会到的核心利益是定位的关键。如希尔顿酒店在顾客认识中意味着“高效率的服务”，假日酒店则给人“廉价、卫生、舒适、整洁”的感觉。

【小链接4-10】

殷勤好客香格里拉情

“殷勤好客香格里拉情”，是香格里拉大饭店的服务宗旨，也是香格里拉的特色。

使客人感到宾至如归是建立良好的宾客关系的前提条件，饭店必须让客人尽情享受酒店殷勤好客的服务。香格里拉大饭店的常客和回头客长期以来一直保持在30%以上，其秘诀有四点：认知、预见、灵活、补救。

在香格里拉大饭店，服务程序永远是以客人为中心。冰岛总统奥拉维尔·拉格纳·格利姆松携夫人及代表团下榻青岛香格里拉大饭店，为此酒店召开了专项会议，从宴会摆台到对客服务，设计了独特的方案。欢迎酒会当晚的主桌是一个30人的大圆桌，为使远方的客人在用餐时能有一个惊喜，宴会部利用白砂糖和色素染色在圆桌的中央部分拼了一幅巨大的冰岛地图，在地图的四周用砂糖、冰糖块、崂山石、萝卜蔬菜雕刻等，做了青岛的五四广场、崂山、栈桥及泰山、曲阜、蓬莱阁六个微型景观。宴会当晚，韩寓群省长陪同冰岛总统及夫人走进宴会大厅，将要落座的时候，总统夫人率先发现了桌子中央的冰岛地图，她惊喜地站了起来，并向总统及其他来宾说她非常吃惊，她参加了无数的宴会，但还是第一次看到宴会摆台是如此的布置，让她有种回家的感觉。总统先生、韩寓群省长以及孙守璞副省长也交口称赞香格里拉的布置及出色的服务。

为确保"殷勤好客香格里拉情"获得成功，了解客人对饭店的满意程度，香格里拉大饭店有效地运用了宾客意见反馈机制———服务质量监测。其内容之一是，饭店每天从当日离店的客人中，用电脑随机选出 20 位客人，分别打电话给他们，询问其住店感受，在征得客人同意后，请客人填写一份饭店入住感受的调查问卷。客人填好后，将此问卷密封，寄往香港的 AMI 公司。该公司每季度对客人的问卷进行汇总分析，列出饭店经营服务的强项以及需要改进的方面，并将最终的分析结果以报表的形式反馈给饭店。服务质量监测为饭店提供了一个连续性的记录，更使饭店清楚地了解到自己各个方面的长处和短处，最终使每一位住店客人能够在此尽情享受香格里拉的殷勤好客。

——摘选自　林兢．
http://www.qingdaonews.com/content/2005-06/02/content_4811935.htm.

（二）饭店形象定位

饭店形象定位即饭店拟将以何种形象面对目标市场，为消费者提供何种产品和服务。饭店形象定位包括饭店规模定位、饭店星级定位和 CIS 视觉定位。

饭店规模的大小是以其拥有的客房数量来衡量的，可以分成大型、中型和小型三类。大型饭店客房数多达两千间，而小型饭店客房数小至几十间。我国大多数饭店属中型，客房数在三百间左右。

饭店星级表明了饭店的档次。按国家旅游局 1998 年制定的《旅游涉外饭店的划分和评定》标准，饭店星级分为一星、二星、三星、四星、五星五个等级。该标准对饭店的建筑、装饰、设施、设备及管理、服务均有不同的规定。

企业形象识别系统即 CIS（Corporate Identity System），是通过对企业的一切可视事物，即其形象中的有形部分进行统筹设计、控制和传播，突出一个一贯化的印象，给目标顾客、公众和社会造成视觉上的冲击，达到强化和识别的目的。CIS 包括建筑外观、饭店名称、饭店标志、标准字体、标准色等视觉因素，直观地勾画出企业的形象和提供的价值，这些是饭店的"身份证"。例如，万豪酒店以其设施豪华而闻名，并以其稳定的产品质量和出色的服务在酒店业享有盛誉。J. W. 万豪酒店品牌是在万豪酒店标准的基础上升级后的超豪华酒店品牌；万丽品牌酒店主要是针对商务客人；丽嘉品牌则代表着非常豪华的超五星级酒店。

（三）顾客群体定位

饭店选择哪些顾客群体作为自己的目标市场是至关重要的。一般来讲，顾客群体分为：商务会展群体、度假娱乐群体、观光旅游群体、修学考察群体和探亲访友群体。不过，饭店通常不是只选择某一类而是选择几类顾客群体作为自己的目标市场。如美国喜达屋酒店集团中，五星级瑞吉品牌被定义为顶级奢华品牌；五星级艾美品牌讲究欧式文化；福朋则定位为简约商务型。圣-瑞吉斯是最高档饭店的标志；至尊金选是集团中为最上层客人提供独出心裁服务的饭店和度假村的独特组合。

（四）饭店产品定位

饭店产品定位包括饭店的地理位置、饭店产品的价格和饭店的服务水准。

按照饭店的地理位置,可以分成城市中心饭店、市郊饭店和景区饭店。不同类型饭店的客源市场不同,经营管理方式也有差异。

饭店的产品价格定位不仅受供求关系、币值汇率、通货膨胀和价格政策等因素的影响,而且受产品质量、利润目标、市场份额、淡季旺季和竞争对手等因素的制约。所以,饭店必须综合以上各种因素,制定切实可行的产品价格定位。

同时,饭店的服务质量标准也是饭店产品定位中需要考虑的主要方面。

饭店营销人员在为产品定位时,应该强调以下三个要点:第一,为产品创造特色;第二,详细说明产品能为目标市场消费者提供的各种利益;第三,强调本饭店产品与竞争对手产品的差异。

如南京市酒店业中长期以来流传着"住'金陵'、食'丁山'、玩'玄武'"的口号,就是对这三家酒店及其产品特色的高度概括,这三家酒店也正是通过强化其各自的产品特征,进而形成一种产品优势,从而依靠这些特色产品在市场中取得竞争的主动权。

(五)销售渠道定位

这是指饭店将其产品和服务销售给顾客的有效途径。饭店常用的销售渠道除直接销售渠道外,间接销售渠道也是非常重要的渠道,它包括旅行社、代理商、联合体、航空公司、GDS等。

二、市场定位的步骤

(一)找准目标客源

饭店在进行市场定位时,要根据目标市场不同层次顾客的不同需求进行有条件的挑选,明白不同层次的顾客的关键利益所在,有针对性地投其所好。

(二)树立市场形象

在选择了具体的目标市场之后,经营者就要考虑饭店应树立什么样的形象来博取客人的好感与信赖。经营中要突出自己的风格与个性,在竞争中独树一帜,让顾客情有独钟。

(三)选择宣传媒介

饭店的市场形象一经确定,就应通过宣传媒介向目标客源市场传递和宣传。宣传要注重简练、具体,强调特色和顾客能获取的好处,与此同时,挑选合适的媒介也是十分必要的。在选择时既要注意媒介在饭店目标市场的影响力,又要注意节约广告开支。

(四)设计饭店产品

饭店产品能否被顾客接受并使客人满意是检验饭店经营质量优劣的标准,也是进行市场定位需最终达到的目的。

三、市场定位的实施与动态调整

市场定位首先要进行详细周密的市场调研,收集饭店所处地区的市场信息、近年的客源类别及数据、周边同行的客源情况和发展变化状况。其次要调查就近大单位的客源潜力,物色足够大的目标市场。再次还要考虑建造饭店对客源的招徕能力。在定位确定后,便拟定可行性营销方案。

饭店营销时建立与市场定位相一致的形象,让目标顾客知道、了解和熟悉企业的定位,并认同、喜欢和偏爱。巩固与市场定位相一致的形象,强化印象,保持了解,稳定态度,加深感情。矫正与市场定位不一致的形象,如定位过低或过高,定位模糊与混乱。

市场定位不是一成不变的。饭店建成经营一段时间后，发现现有的特色吸引力不强，就要未雨绸缪，乘饭店硬件改造之际重新定位；发挥自身的优势，开发新产品满足客人的需求，以与众不同的服务风格来吸引客人。如某客房不多的饭店，将康乐中心改造成当地最佳的减肥、美容场所，为白领提供各种按摩、皮肤护理、美容服务项目，这种独特的市场定位，招徕了众多的客人。

【小链接 4-11】

前门建国饭店的定位调整

前门建国饭店的前身是前门饭店，1956 年正式建成营业。前门建国饭店的历史大致分为两个阶段，第一阶段是 1956 年至 1985 年以政府接待为主，第二阶段是 1985 年至今以市场运作为主。最终，饭店定位于接待大众化的国内外顾客，弘扬京剧文化。这经历了一个漫长的过程，并非一蹴而就。这期间有三个标志性事件，分别是“梨园剧场”开业、总体规划形成、确立饭店主题。

1. “梨园剧场”开业

前门建国饭店中原本有一个专门用于接待中央各部委会议的礼堂。改革开放后，前门饭店转型为接待消费者的住宿设施，礼堂自然失去了意义，被改成了仓库。昔日辉煌的礼堂早已风光不再，大量的物资处于闲置状态。为改变这一状况，避免资源浪费，饭店的领导请来有关人士商量对策。最终决定把这个礼堂改建成高档的剧场，专演京剧，并取“梨园”这一颇具京剧特色的名字。1990 年 10 月，“梨园剧场”开业，正式面向市场经营。

2. 总体规划形成

2003 年，由于“非典”的影响，前门建国饭店的效益严重下滑。正好“梨园剧场”经营 10 多年，取得了不错的成绩，所以饭店的高层领导开始考虑围绕剧场做文章，逐渐形成了总体规划。

3. 确立饭店主题

前门建国饭店经过长时间的努力，终于在 2007 年正式确立京剧文化主题。在饭店确立的 16 字核心价值观中，“京剧立身”列为第一。饭店的硬件设施也围绕这一主题进行了一系列改造，例如中餐厅“兰芳厅”就是那个时期重新装修，以体现该主题的。

——摘选自　秦宇. 旅游饭店经典案例[M].
天津：南开大学出版社，2013：71-77.

四、饭店市场定位的策略

（一）领先定位

领先定位指饭店在目标市场中始终保持第一位的优势，无论在产品质量、规格以及服务上都先声夺人，始终以领袖的地位引领市场消费需求的发展方向。饭店要保持领先地位，需做好几点：第一，扩大市场总需求，寻找新客源；第二，保持优势的市场份额，通过扩大或缩小经营范围来实现；第三，继续提高饭店的市场占有率与接待客人的次数。

（二）对抗定位

贴近竞争者，在与其重合的位置做针锋相对的经营。竞争双方在产品、价格、分销及促销各个方面少有区别。这种方法适用于在市场上占据支配地位、势力较强的饭店。

这种定位有时会产生危险，但不少企业认为能够激励自己奋发上进，一旦成功就会取得巨大的市场优势。可采用正面进攻、侧面进攻、围堵进攻或迂回进攻等方式。

(三)避强定位

这是一种巧妙避开强有力竞争对手、利用竞争对手市场定位的偏差或疏漏对饭店目标市场进行定位的方法。利用这种方法,饭店能迅速在市场上站稳脚跟,并能在消费者心目中迅速树立起一种形象。

由于这种定位方式市场风险较低、成功率较高,常常为多数中小企业所采用。

(四)利基定位

精心服务于那些市场比例较小的专业型饭店要根据市场、消费者的需求而变化,寻找市场空白或薄弱环节,通过专业性的经营占据市场中的有利位置。

与避强定位相比,采取利基定位的饭店将自己的目标市场范围缩至最小,更强调自己在某一特定专业领域的优势。

(五)重新定位

重新定位是企业改变市场对其原有的印象,使目标顾客对其建立新的认识的过程。这种定位方式用于销路少、市场反应差的产品和企业,旨在摆脱困境,重新获得增长与活力。

不过,也有重新定位并非因为已经陷入困境,而是因为产品意外地扩大了销售范围引起的,也就是饭店在确定了某一目标市场之后,由此目标市场给饭店带来了新的目标市场。

(六)蓝海定位

当饭店意识到自己的能力无法与同行强大的竞争对手相抗衡,也未能寻求到合适的市场空缺时,另辟蹊径,突出宣传自己与众不同之处。

【小链接4-12】

蓝海战略

韩国学者W·钱·金和美国学者勒妮·莫博涅合著的《蓝海战略》,为企业指出了一条通向未来增长的新路。

蓝海战略认为,聚焦于传统的红海市场等于接受了商战的限制性因素,即在有限的土地上求胜,却否认了商业世界开创新市场的可能。运用蓝海战略,视线将超越竞争对手转移向买方需求,跨越现有竞争边界,将不同市场买方价值元素筛选并重新排序,从给定结构下的定位选择向改变市场结构本身转变。

蓝海战略的核心是通过产品、服务创新甚至新的商业模式为顾客创造价值。其中,有四个问题对形成新的战略逻辑和商业模式至关重要:

- 哪些被行业认定为理所当然的因素是需要剔除的?
- 哪些因素的标准应该被降低到行业标准以下?
- 哪些因素的标准应该被提升到行业标准以上?
- 哪些从未有过的因素需要重新创造?

——摘选自 吴金希,彭锐等.企业战略管理[M].
上海:华东师范大学出版社,2010:112-113.

市场定位作为一种竞争战略,是企业向社会和公众、顾客做出的承诺,通过这种承诺,使潜在的消费者或用户对饭店产品形成特定的观念和态度。饭店经营者要善于利用这一策略,在市场竞争中获得竞争优势。

第五章　饭店产品策略

【引导案例】

上海精品酒店的成功之道

在上海颇具特色的非星级酒店中，既有10多间客房的袖珍酒店，也有拥有百来间客房的文化特色酒店。它们中的大多数都有着高房价（平均房价千元以上，与五星级饭店不相上下）、高出租率（远高于全市星级饭店55%的出租率）、高复住率（回头客平均50%左右），被誉为行业中的奇葩。

这些酒店通过软件服务的延伸，来弥补硬件上的先天不足，追求的是高满意度和高回头率，将“宾至如归”这一理念贯穿、渗透在酒店的个性化设计和“润物细无声”的日常经营管理之中。可以说，差异化、精细化地分析市场，围绕人性化、特色化统筹策划，满足客人的个性化需求，正是这些酒店的成功之道。

1. 精心打造特色环境

(1) 凸显人文历史

精品酒店往往有浓厚的设计感，古典与时尚相携，以求新求异带来强烈的视觉冲击感。思南公寓酒店由15幢独立花园别墅构成，保持了20世纪二三十年代上海外来建筑文化全盛时期的外观：红瓦屋顶、赭色百叶窗以及卵石饰面的外墙；贝氏大公馆是著名建筑师贝聿铭家族的老宅，旧上海遗韵触目可见，螺旋而上的楼梯用大理石雕刻成双龙盘旋，龙尾直指天花板，龙头聚首在底层，颇具贵族气息；璞丽酒店致力于打造城市度假酒店，大堂地砖采用的是同故宫一样的“金砖”，客房内的桌面采用的是砚台石材；朗廷扬子精品酒店的设计则体现了典型的装饰艺术，从地毯到客房的床头垫、落地灯等都着意修饰；璞邸酒店从公共区域的吊灯到客房的台灯、水龙头、镜框等物件，都以紫金为主色彩，客房内的时钟，不是置于夜卧箱上，而是别出心裁地将时点投影于床上空的天花板；雅悦酒店前身是邮局，设计师在电梯轿厢内将邮政编码图作为装饰张挂，巧妙地揭示了酒店的来历，客房的房号也别致地嵌在门口的地板上；水舍在20世纪三四十年代曾是日本宪兵部的所在地，后来改作仓库，设计师特意保留了斑驳剥落的水泥墙、弹孔和原始的混凝土柱子，路人不经意地进入，往往会说：“哦，还没装修好……”，酒店的墙面或玻璃窗上断断续续出现的字句也成为其设计的一大特色，给客人留下了深刻的印象。

(2) 凸显环保理念

雅悦酒店为国内带来了“碳中性”的概念，并且酒店的室内设计尽可能“回收再利用”，采用本地搜寻来的旧地板、旧墙砖装饰地面和墙面。前台的背景墙是由旧行李箱拼接而成的，既体现了崇尚环保的理念，又散发出浓郁的老上海气息。客房写字椅用废纸制作，沙发靠垫用手工缝制，客房窗外的晾衣竿是特意搜寻来的旧毛竹，不经意间让中老年客人回忆起旧时居家晾衣的情形。

(3) 凸显私密性

绅公馆藏身于华山路和江苏路交界的一条小巷中,是上世纪初建成的花园住宅区的一部分。88 新天地隐藏在一幢现代建筑里,不留神很容易错过。联艺凯文公寓的入口则是由衡山路上的小弄口进入,低调而不张扬。客房里的巨幅老上海街景图片、大量怀旧的物件摆设,呈现出 20 世纪 30 年代的意境。

2. 巧妙提升人性化服务

上海 JIA 酒店着意打造"家"的感觉,设在二楼的大堂提供免费的点心和饮料,让你感觉像在家一样随意和方便。这家酒店意大利餐厅的比萨饼据说是上海唯一用柴火烘制出来的,味道特别好。而一般宾馆客房里司空见惯的"请勿打扫"的挂牌以及电视机旁放置的便签设计都别出心裁,给人一种赏心悦目的快感。

璞邸酒店则重视对客户档案的管理,将入住三次以上的客人列入 VIP 名单,总经理亲自迎候。设备设施力求舒适方便,客房内的迷你吧免费使用,WiFi 全覆盖,连大堂洗手间内安装的都是智能抽水马桶,能自动开启,十分人性化。酒店还重视通过培训和奖赏机制来激励一线员工为宾客提供个性化服务,总经理经常在公共区域巡视,跟客人主动打招呼。

东方商旅客房的智能卡注入了交通卡的储值功能,方便客人外出乘车,此外,酒店还提供了酒店专网手持电话,既为客人创造了全天候的商务环境,也培养了客人对酒店的归属感。

雅悦酒店对入住五次以上的客人会送上绣有客人姓名的浴袍,给客人带来惊喜和温馨。酒店的延伸服务也特别值得称道,客房内放置了精美的服务指南,学汉语、学烧中国菜、学打太极拳等学习项目十分丰富,另外还有趣味项目、体味项目,如徒步或自行车游上海、时尚资讯等,满足客人深度体验上海都市风情的需求。

以上这些精品酒店因为摒弃了大型酒店规模化的简单复制,简化了繁文缛节的操作程序,突出个性化、管家式的服务,所以特别吸引热衷深度游、喜好熟悉当地民风民情的宾客。精品酒店的投资者把对生活、个性的追求倾注在设计、装饰上,既体现了投资者个人的情趣(包括公共区域的一些器具、摆设都是投资者个人的收藏品),也吸引了有相似偏好的房客。他们从设计、摆设的种种细微处向宾客精心传递建筑的气质及酒店的独特性,与宾客一起分享独一无二的品位。这个过程中,投资者也不自觉地实现了对宾客满意度的深度追求。

据了解,入住这些精品酒店的宾客很多都是从事时尚、设计、艺术、写作等领域的外籍人士,他们往往入住时间长,复住次数多,这是住宿业的小众市场。

——摘自　朱承蓉. 上海精品酒店的成功之道[N]. 中国旅游报,2013-01-30.

饭店制定营销战略,首先要明确饭店能提供什么样的产品和服务去满足目标市场宾客的需求,这是市场营销组合策略的基础,从某种意义上说:一个饭店成功发展的关键在于饭店产品能够满足宾客要求的程度以及所采取的产品策略正确与否。本章主要研究饭店产品的内容、如何开发饭店新产品以及如何塑造饭店品牌形象。

第一节　饭店产品的内容

一、饭店产品的概念

饭店产品是指能提供给市场,用于满足客户物质需求的设备设施、实物产品等有形产品和能满足客户心理需求的无形劳动服务的有机结合。从客户的角度而言,即为一次就餐、住宿或消费其他饭店服务的经历。服务作为饭店产品的必要组成部分，在饭店营销组合中的地位越来越重要。饭店产品既有旅游产品的共性，也有其自身的特点，这就决定了饭店营销管理的独特性与复杂性。

饭店的有形产品主要包括饭店的硬件设施与设备。例如，大堂及其设备的实用与豪华程度；饭店的整体装修、客房及其设备、装饰、音响系统等；健身房及其他康乐中心设备等；餐厅及餐厅所提供的各类餐饮食品；商务中心及其他各类设备等。

饭店的无形产品包括可以给客人带来附加利益和心理上的满足感及信任感的售后服务，包括饭店员工的劳动与服务。例如，服务员的仪容、仪表、举止；服务员的礼节、礼貌、礼仪；服务员的服务态度与技能；服务员的服务效率与效果等。

【小链接 5－1】

锦江之星真诚服务感动宾客

近日，锦江之星杨浦大桥店店经理收到了两位花甲客人亲手送来的一面锦旗和一封感谢信。这对年逾六旬的老夫妻紧紧握住店经理的手，谢了再谢，连连说日后还要再来看望像自己子女一样的服务员。

原来，今年6月份，这对上海老夫妻因家里新居装修，临时住进了锦江之星上海杨浦大桥店，店里所有员工都对这队老夫妻特别照顾。除了关照其饮食起居和出行之外，在高温天气，服务员还会送上一碗清热解毒的绿豆米仁汤。两个多月来，酒店员工无微不至的关照让这对老夫妻感动不已，称这里就跟家里一样的温馨舒心。离店时，与大家在笑声与泪水中依依话别。

事实上，杨浦大桥店今年以来已多次收到客人的感谢信。今年4月份，一位南京客人出差住进大桥店，第二天起床时客人旧病复发，便打电话到总台求助。店经理知悉后带了3名员工立即开车把客人送到杨浦区中心医院挂急诊，还送去了午餐，一直守候到傍晚客人亲属到了之后才离开。这让客人相当感激，在病床上就提笔写了感谢信交给店长。

锦江之星高层表示，为客人提供良好的服务是企业的立身之本。锦江之星16年来累计接待客人数以亿计，受到客人最多肯定的就是锦江之星的真诚服务。几乎每一家锦江之星连锁店，都有许多客人与员工之间温暖感人的故事，如送病人去医院，为客人保管遗失的物品，下雨时提供雨伞，制作精美的旅游交通便签等。

——资料来源：丁宁.锦江之星真诚服务感动宾客[N].中国旅游报，2013-11-06.

有形的设施、设备、实物产品和无形的服务产品是饭店产品不可分割的两个重要方面。而饭店优质服务产品的提供，取决于酒店各相关部门科学有效的管理。

二、饭店产品整体概念的三个层次

美国哈佛大学教授西奥多·莱维特率先提出“整体产品”的概念，将整体产品划分为核心产品、形式产品和附加产品三个层次。饭店产品整体概念的具体内容如下：

（一）核心产品

核心产品是指顾客购买某种产品时所追求的基本效用和利益，是宾客真心要买的东西。例如饭店为客人提供良好的休息与睡眠环境。

顾客购买某种产品并不是为了占有或获得产品本身，而是为了获得能满足某种需要的效用或利益。由于每个顾客的需求不同,所以针对其核心产品也不同。对经济型顾客来说,他只需要一些关心、一顿简单的晚餐和在干净舒适的床上睡个好觉,而又无须支付昂贵的费用。对于住世界一流的五星级饭店的豪华宾客来说,是享受全套体面的服务和豪华的设施。因此核心产品是专为满足目标顾客细分市场特定需求设计的基本服务和利益,包含了顾客感受到的基本需求和追求的利益。

(二)形式产品

形式产品是指核心产品借以实现的形式,即饭店向市场提供的实体和服务的形象。产品的基本效用必须通过某些具体的形式才能得以实现,包括饭店的位置、建筑、装潢、设施、设备、服务项目、服务水平和饭店声誉等。它确切地说明了饭店在具体时间以具体价格所提供的产品是什么。

(三)附加产品

附加产品是指顾客购买有形产品时所获得的全部附加服务和利益,包括饭店提供的免费旅游景点咨询、免费往来于购物点和机场的班车、免费订票业务、售后服务、网络接口、鲜花、结账快捷、美味的晚餐、优良的服务等,能给客人带来意外的惊喜。

附加产品体现出了在正式报价之外的附加价值。附加产品可以是有形的,如客人抵达饭店时免费送的果盘,或当地景点的门票;附加产品也可以是无形的,如前台服务人员提供的优质服务和友好的态度。

客人在住店过程中购买的是饭店产品的整体,包括核心产品、形式产品和附加产品,这三部分决定了客人对饭店产品的评价。这种从理论上对饭店产品的界定,对饭店的营销来说具有重要意义,饭店经营者在进行饭店产品营销时,应关注客人对核心产品的要求,并在形式产品和附加产品上形成自身产品的差异化,以赢得竞争优势。

【小链接5-2】

菲利普·科特勒的整体产品概念

在规划市场供应物时,营销人员需要考虑五个产品层次。每个层次都增加了更多的顾客价值。这五个层次构成了顾客价值层级:

- 最基本的层次是核心利益,即顾客真正购买的服务或利益。酒店顾客购买的是休息和睡眠,钻床的采购者购买的是洞。营销人员必须将自己看成是利益的提供者。
- 在第二层次,营销人员必须把核心利益转化成基本产品。这样,一家酒店的房间就包括床、盥洗间、毛巾、写字台、梳妆台和衣橱。
- 在第三层次,营销人员要预备期望产品,即顾客在购买这种产品时一般会期望得到一组特性和条件。酒店的顾客最低期望要有一张干净的床、新的毛巾、可以正常使用的台灯,以及相对安静。
- 在第四层次,营销人员要预备附加产品,以超过顾客的期望。在发达国家,品牌定位和竞争发生在这个层次。但在发展中的新兴市场,如印度和巴西,竞争大多发生在期望产品层次。
- 第五层次是潜在产品,包含产品或供应物所有在未来可能产生的改进和变革。公司应从中寻找新的方式来满足顾客,让自己的供应物脱颖而出。

——资料来源:[美]科特勒,等.营销管理[M].上海:格致出版社,2012:314.

三、饭店产品的基本构成

（一）标准品

即饭店为客人提供的标准产品和服务。如标准间、团体会议套餐、自助餐等。

（二）选购品

即饭店提供的可供客人选择的产品和服务。如其他类型客房、零点餐饮、送餐服务、车辆服务、洗衣服务、付费电视节目等，客人可根据实际需要自由选择。客人选择这类产品的比例越大，饭店的收入就会越高。

（三）精 品

即为客人提供的 VIP 设施及服务项目。包括房、餐、车及配套服务人员等。例如，20 世纪 80 年代末，北京王府饭店为接待 VIP 顾客专门购置了两辆银色的劳斯莱斯轿车，车牌号分别为“8888”和“6666”，为北京当时 VIP 接待豪华规格之最。

（四）附加品

即饭店给客人带来的附加利益和享受，属于非必需品。如全价房附带早餐、附加人身保险、馈赠商品与纪念品等。这部分产品的提供能给客人带来更多的利益和更大的满足。

四、饭店产品组合

（一）饭店产品组合的含义

饭店产品组合是指饭店为顾客提供的各种设施的种类和服务的质量水平。产品组合由饭店产品的宽度、长度、深度和相关性所决定。产品线指一组作用和功能相似的产品，即饭店的业务经营范围。例如，大部分饭店一般会有 3 个主要产品线，即客房、餐饮和娱乐。

1. 产品组合的宽度

产品组合的宽度是指饭店能提供多少条产品线，即产品组合的宽度取决于一家饭店提供多少产品线，如客房、餐饮、商品部、休闲设施、邮电等。有些饭店有很宽的产品线，能提供广泛的服务，而有些饭店只提供简单和较廉价的服务。

2. 产品组合的长度

产品组合的长度是指每一项分类产品中可以提供多少种不同的服务项目。例如，一家饭店有中餐厅、西餐厅、日式餐厅和韩式餐厅 4 个风味特色餐厅可供客人选择。

3. 产品组合的深度

产品组合的深度是指每一项目中又能提供多少个品种。例如，上述各餐厅能提供的各类菜肴、酒类和饮料的品种。如表 5－1 所列，某酒店的产品组合宽度是 3，总长度为 9，每条产品线的平均长度为 9÷3＝3；商务活动类的产品深度为 4＋4＝8。

表 5－1 某酒店产品组合的长度和宽度

饮食类	客房类	商务活动类
粤菜	豪华客房	综合性商务（4 类）
川菜	商务客房	小型会务（4 类）
大众菜	经济客房	—
—	钟点客房	—

4. 相关性

相关性是指各条产品线在最终用途、生产条件、分配渠道或其他方面的关联程度,即各条产品线在吸引顾客组合上的相似性。例如,饭店客房与餐饮在销售渠道上有较好的相关性。

一家饭店的性质和规模,决定了其产品组合的宽度、长度、深度和相关性。任何饭店的基本作用都在于为客人提供一个可以睡觉、吃饭的地方。除此之外,几乎人的全部经历都可能在饭店发生,当然没有人会想在饭店做所有事情。因此,饭店决策者就要选择为客人提供哪些产品和服务。例如,一家大饭店可能会有游泳池,因为大部分饭店经理认为这是他们休闲产品线中的必要组成部分。然而,如果这个游泳池每星期只有几个客人使用,并且修建和维修游泳池的费用很高,占有很大的空间,就可以考虑将这些空间用于其他更有经济效益的用途。虽然一家饭店因为没有游泳池可能会失去一部分客人,但会因为把空间用于其他用途而吸引更多的客人。

正如一位饭店经理所说:"有时候你必须准备放弃一些生意。"因为有些客人不值得争取,给他们提供服务不大可能得到相应的投资回报。试图以多功能的产品组合方式来使每个客人满意的做法,其结果可能会使大部分客人失望。因此,要根据顾客的需求有针对性地开发产品,使产品组合适应目标市场的需求。

(二)产品组合策略在实践中的应用

1. 明确的市场定位是策划饭店产品组合的必要前提

位于海淀体育中心内的北京锡华俱乐部,地处中关村科技园的核心地带,位置优越,交通便利,集运动、娱乐、保健、住宿、餐饮、会议于一体,是北京市首屈一指的大型综合性俱乐部。锡华俱乐部根据其所处的地理位置、规模和档次对客源市场进行了细分:以国内客为主→本市客人→海淀区客人→中关村的企事业单位→年收入5万元左右的消费者。此类消费者或潜在消费者在中关村及周边地区约有10多万人。锡华俱乐部主要以娱乐健身经营为主。据统计,中关村地区上万家公司从业者及周边大专院校、科研机构工作人员用于健身娱乐的支出占其收入的30%左右。周边单位以健身娱乐方式进行交际应酬的每年少则数万元,多则几百万元。因此,健身娱乐市场有巨大的潜力。

2. 饭店产品组合要突出特色化和针对性

(1) 产品组合的针对性设计

锡华俱乐部为不同的客人设计不同的产品,绝不让其流失:为年轻人设计运动型项目,如保龄球、迪厅、游泳、室内狩猎场等;为中年人设计享受型项目,如水健身、桑拿、KTV、影视厅等;为老年人设计养生型项目,如山珍滋补火锅、茶艺室、棋牌室、药浴等;为儿童设计趣味型项目,如嬉水乐园、游艺厅、口腔保健等;为女士设计健美型项目,如美容、瘦身运动、牛奶浴、水中健美操等。无论男女老少,只要具有一定的消费能力,在此均能各取所需,各得其乐。

(2) 产品组合的特色化设计

饭店产品组合设计要有独到之处,即为客人提供在别的地方享受不到的产品和服务。例如,美国拉斯维加斯各酒店为客人提供以下独门绝技:全声控的顶级客房,水火交融的喷泉,饲养16只珍奇白老虎的动物园,展示世界上最大天然金块的珍宝馆,世界最新款的名车展示,一年一度的世界重量级拳王争霸赛等;新加坡五星级文华大酒店为客人提供具有各国不同民族风味上千个品种菜肴的大型自助餐,在新加坡可谓首屈一指,吸引了众多客人;澳门富豪酒店为住店客人提供自驾车观光服务;扬州宾馆安排住店客人乘宾馆专用龙舟畅游瘦西湖;北京保利大厦陈列国宝级文物,独此一家。正是由于上述酒店为客人提供了独特的产品组合,才能对客人有如此大的吸引力。

【小链接 5-3】

独一无二的盐宫旅馆

在南美洲玻利维亚，有一个著名的景点，叫乌尤尼盐滩，它位于海拔 3700 米的山区，是世界上最大的盐滩。白茫茫的盐和蓝天相映成趣，壮观而简洁的美，让各国游客流连忘返。给人印象最深刻的，是盐滩中矗立的一座"盐宫旅馆"，它雄伟壮观，墙白胜雪，是世界上唯一一个用盐建造的旅馆。

当初，乌尤尼盐滩的美景吸引了世界各国的游客前往，但因为附近没有旅馆，很多人都居住在当地居民家里。随着游客数量逐年增加，居民的房子已无法满足需求。当地政府决定盖一幢旅馆，考虑到普通的旅馆会破坏天然盐滩的美丽，所以它必须是一个奇特的建筑，不但要与自然完美结合，最好还能成为玻利维亚的另一个景点。年轻的建筑师胡安克萨达揽过了这个"瓷器活"，他决定不费一砖一瓦，用当地天然的盐块堆出一座独一无二的旅馆。

乌尤尼盐滩的储量有 650 亿吨，够全世界吃几千年，可谓取之不尽。很多地方的盐层甚至超过了 10 米深，雨水一淋，它们就变成了坚固的盐块，其坚韧程度，丝毫不比建筑用的砖块水泥差，于是，胡安克萨达决定用这些盐块当砖瓦，水则成了最好的"黏合剂"，可以将盐块牢牢地粘在一起。

旅馆总共有 28 个标准间，两个套房，还有桑拿室、按摩房、理疗泳池等，和那些国际化的豪华大酒店一样，什么都不差，甚至，还多了一个独特的盐博物馆。除了门窗和屋顶，旅馆里的墙壁和地面全是纯盐铺就，家具也全是盐做的，宽大的沙发，复古的大床，典雅的餐桌，简洁的坐椅，就连墙上挂着的装饰画都是盐做的。最让人欣喜的是，盐做的家具非常舒适，往盐床上一躺，小小的盐粒紧贴在皮肤上，酥酥麻麻，像做了一个全身按摩，一天的疲劳顿时全消。还可以光着脚踩在地面上，松松软软的盐粒让你仿佛跌入云朵中。而且，室内非常温暖，因为盐的保温性能超强；白天吸收的热量在夜间慢慢散发，像安了一个天然的大空调。还有，你永远不用担心它的安全性，雨水不会将盐淋化，反而会让整个建筑更加牢固。

这个奇特的旅馆一经面世，就吸引了无数的目光，游客蜂拥而至，都想体验一把住在盐里的感觉。只需几十美元，顾客便可在盐做的床上睡一晚，旅馆提供咸鱼和肉类，如果你有时间，还可以到博物馆里看看关于盐的各种小知识，既有了非凡的体验，又长了见识。

——资料来源：汤园林. 独一无二的盐宫旅馆[N]. 中国旅游报，2013-11-08.

3. 饭店调整产品组合

饭店对其产品应不断地进行审核，当需要对某个产品线的项目进行变更时，有四种基本的决策可供选择：

(1) 扩大饭店产品组合

如果一项饭店产品的市场需求正在不断增大，而且产品可通过扩展来满足增加的需求，那么就应该扩大这一产品。这样做的依据是市场、经济、环境和行业指标表明这种增长趋势会持续。例如，饭店扩增休闲设施，在原有的高尔夫项目上增加壁球场，从而提供了更加全面的运动休闲组合。

饭店为扩展经营范围，可以扩大产品组合的宽度。它有利于充分利用饭店资源，适应多层次的消费需求。例如，锡华俱乐部对保龄球等候大厅空间进行了综合开发利用，成功引进模拟健身游艺机、电子飞镖、射弩、台球、三维立体影院等合作项目,在不增加投资的前提下既解决了客人排队等候的难题,每年又增收纯利300多万元。

另外,还可以扩大产品组合的长度或深度。例如,增加饭店高档产品项目,提高现有产品档次,以促进销售;或增加低档产品项目,借高档产品声望吸引客人,提高市场占有率;或利用现有产品的声望填补产品的空缺市场。

(2) 保持饭店产品组合

如果由于经济、政策或其他方面的原因,饭店做任何的变更都不能带来更大的收益,那么保持和维持现状是明智的。

但可以采取一些改进措施以增加赢利。例如,饭店内一个餐厅总是客满,那么可以考虑在一个时期内将价格提高一点,这样也不会使顾客觉得不满而离去。

(3) 简化饭店产品组合

当一个设施正在亏本,没有了优势时,那就可以放弃。例如,饭店美容美发室自己经营不善,就可以把设施特许给其他经营者经营。另外,亏本饭店还可以采取翻修、再定位和重新命名等措施,把目标锁定在新的顾客组合上。

总之,对饭店管理者来说,饭店行业、外部环境在不断变化,重要的是要认识变化意味着什么,然后根据顾客的需求来设计产品组合,使其能更适应消费者需求。

【小链接5-4】

饭店产品组合的创新发展

1. 饭店发展为娱乐中心

饭店内除了通常所见的娱乐休闲公共设施以外,还放映室内电影,使顾客在室内可观看电影、体育比赛、听音乐会。饭店不仅有闭路电视系统,还有卫星转发系统,举办交响音乐会、民乐演奏会、通俗音乐会,使饭店成为一流的娱乐中心。

2. 饭店发展为信息中心

为适应公务顾客的需要,在饭店客房安装数据显示终端,同电视屏幕、电话相连,获得储存在计算机中的信息,如旅行时刻、最新股票价格、最新的新闻报导等信息。住店顾客也可通过终端预订机票、车票、宴席,通过饭店的卫星转发系统,在饭店举行电话会议、电视会议。

3. 饭店发展为保健中心

在饭店建造康复室、健身房,提供各种健身设施和场所。在保健中心,住店顾客可戒烟、减肥、松弛神经,中心还包括温泉、海水、泥疗中心等。

4. 饭店发展为教育中心

为适应发展成人教育的需要,接待短期培训和修学旅游。让住店顾客在饭店学习计算机、财务管理、艺术、保健等知识。

5. 饭店发展为会议中心

提供举办国际性会议、博览会、展销会需要的各种设施条件,如多种规格的会议室及设备、服务设施、翻译、电信、出版发行、交通便利等条件,特别是国际航空联络。

——改编自:李丽霞.新编饭店营销管理[M].
武汉:华中科技大学出版社,2011:139-140.

五、饭店产品策略

饭店产品的显著特点是有形设施与无形服务相结合。饭店产品策略实际上就是用哪些产品和服务满足市场需求。从不同的角度，可将饭店产品策略划分为以下几类。

（一）单一产品策略和多样化产品策略

饭店可以将经营集中于较小范围内，如传统的食和宿两个方面，甚至仅提供住宿，配以必要而简单的服务，这称为单一产品策略。而有些企业，则倾向于扩大经营范围，以食宿为基础，提供康乐设施与购物中心，经营与旅游有关的各种业务，如出租汽车、导游服务等，这称为多样化产品策略。

一般饭店在创建之初采取单一产品策略，随着企业资源的积累，会逐步涉足多个业务领域，采取多样化产品策略，只要定位恰当，经营范围有限的饭店同样能创造良好的经济效益。例如，美国亚特兰大市的 Econo Lodge 连锁酒店，规模仅数十间客房，设施简单，不设餐厅。但它独具的优势，如地处机场与城市之间，提供客人往返酒店与机场的用车，费用低廉、预订方便等，使该酒店的客房出租率一直较高。

究竟该采用单一产品策略还是多元化产品策略，饭店应结合自己的人力、物力、财力，以及市场定位和市场需求来定。

（二）高档产品策略和低档产品策略

为了适应市场需求，增加销售量，创造更多的利润，在现有产品的基础上增加高档高价产品，称为高档产品策略；而在高价产品中增加廉价产品，称为低档产品策略。

全球闻名的美国假日酒店集团，在全球 2700 多家酒店中，多是三星级酒店。然而，自 20 世纪 80 年代以来，假日酒店发现高档旅游市场需求不断增长，进入这一细分市场将会有很高的收益，所以决定采取高档产品策略，即在保持原有特色的同时，在一些旅游地兴建四星级、五星级酒店。现今北京的假日酒店就有三星级的金都假日、四星级的丽都假日和五星级的皇冠假日等，用于满足不同档次消费者的需求。这就是高档产品策略。

而如果发现市场对高档产品需求下滑，或竞争过于激烈，则应在高价产品中增加廉价产品，即实行低档产品策略。例如，杭州香格里拉饭店作为一家高档饭店，在 1988 年经市场调研发现，全市没有一家像样的快餐店，而访问杭州的游客则每年高达 2000 万，该饭店又地处杭州著名景点周边，于是决定临街开设一家快餐店，提供中西结合的各类快餐，让顾客仅花十几元便可享受到泰国炒饭等异国风味的饭菜，加之环境优雅、服务良好，很快便受到顾客的青睐。

【小链接 5－5】

荣誉酒店的“高星级服务，大众化消费”

2013 年以来，在相关政策及大环境的影响下，不少星级酒店均业绩下滑。困境面前，荣誉酒店集团适时调整了集团发展战略，勾勒了一幅面向商务化和大众化消费发展的新蓝图，以一张全新的平民面孔迎接消费者。

荣誉酒店、餐饮早已发展成为国内影响力较大、福建地区民众认知度超高的酒店连锁品牌，先后荣获中国驰名商标、国家特级酒家、中国鲍鱼名店、全国优秀餐饮企业、中国金叶级绿色饭店、国际餐饮名店、中华十佳餐饮连锁品牌、世界金钥匙酒店联盟成员等诸多荣誉。

2013年12月,总投资耗费近3亿元、占地近20亩、建筑面积4万多平方米的荣誉酒店集团旗下的第21家酒店——永春荣誉国际酒店正式开业,其将秉承"高星级服务,大众化消费"的经营理念,高贵不贵,配套齐全。永春荣誉,规划设计超前。按照五星级标准建设的永春荣誉国际酒店整体设施恢弘大气,这或许会让你觉得这是个奢侈昂贵的地方,然而大众餐厅起家的荣誉集团自是更懂民心的酒店品牌。在永春,宴席每桌688元起,客房每间268元起,KTV388元起,港式午茶任意散点,自助晚餐每位108元,品种繁多,色香味美,真正做到了"高星级服务,大众化消费"。

——改编自 陈尚军.荣誉酒店集团:成功转型,逆势上扬[N].中国旅游报,2014-01-10.

(三)标准化产品策略和差异化产品策略

标准化产品策略是指饭店经营的产品品种不一定要多,但在加工制作、销售和服务上一律采取标准化操作。饭店除了要建立各种规章制度,加强培训与质量控制,以保证自己提供的产品与服务达到一定的标准与水平外,更重要的是饭店提供的产品与服务能为顾客所接受。

差异化产品策略是指饭店在市场竞争中不断开发与提供新产品、新服务,强调自己的产品与服务不同于竞争者,优于竞争者,进而使客人偏爱自己的饭店。这需要饭店具有自己的"独特销售点"。所谓独特销售点,指的是一家饭店在同质市场上提供不同于其他饭店的产品与服务,即差异点。就产品与服务而言,这种差异可以是有形的,也可以是无形的;可以是真实的,也可以是消费者想象中的。但无论是哪种差异,对客人而言必须是重要的,且能为消费者所感知。例如,北京王府饭店与中国大饭店均为五星级饭店,前者位于北京繁华的王府井大街附近,地理位置优越;后者则与国贸中心相得益彰,可为大型会议和展览提供场所与设备,或为常驻外商及家属提供住处。两者都具有商务旅行者的同类客源,而后者则突出了可安排大型会议和展览的特点。

六、饭店产品的生命周期

(一)饭店产品生命周期的含义

产品生命周期与产品使用寿命是两个截然不同的概念。产品使用寿命是指产品的耐用程度,是产品从开始使用到损失报废的时间间隔;而产品生命周期则与消费者和新产品的推出速度有关。一般来说,产品生命周期包括四个阶段,分别是投入期、成长期、成熟期和衰退期(如图5-1所示)。产品生命周期的长度各不相同,有些产品会比别的产品更具生命力。

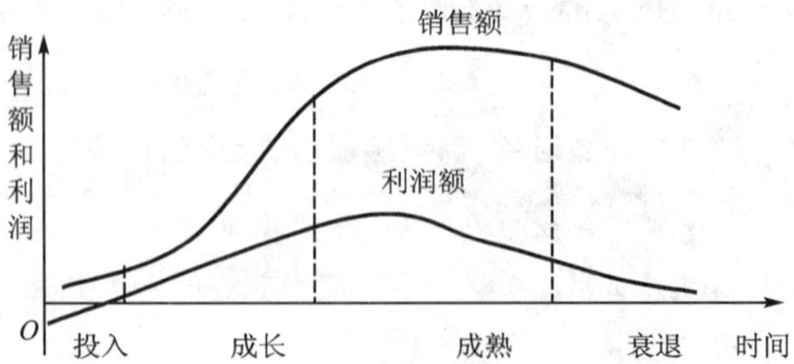

图5-1 饭店产品生命周期示意图

饭店产品同样也具有限的生命周期。饭店产品生命周期是指某种产品从投放市场，经过成长、成熟到最后被淘汰的整个市场过程。在生命周期的不同阶段，对营销者都会提出不同的要求，利润有高有低，企业必须制定相应的营销策略以促使企业达到利润最大化的经营目标。饭店产品生命周期的市场变化情况见表 5－2。

表 5－2　饭店产品生命周期市场变化情况表

市场情况	产品生命周期			
	投入期	成长期	成熟期	衰退期
市场增长	慢	加速	平级	下降
市场渗透率	低	高	更高	最高
市场细分程度	针对冒险客人	整体市场	细分程度最高，确定目标市场	不再有目标市场，获利可能最小
产品差异程度	独一无二或差别大	竞争者加入，差别减小	产品改造、调整，但本质上无很大差别	竞争者部分退出，市场上出现新的产品，但只是尝试性的
产品种类	很少	增多	最多	减少的速度很快
竞争者数目	几乎无竞争对手	增多	增多	减少很快
行业接待能力	低	随利润机会增多而增强	最强	过量，迫使某些竞争者退出

资料来源：李丽霞．新编饭店营销管理[M]．武汉：华中科技大学出版社，2011：121．

（二）饭店产品生命周期各阶段的主要特征及营销策略

1．饭店产品的投入期

这个阶段，饭店产品是全新的，在经过初期的市场调查和可行性分析后，开始投入运营并通过促销手段吸引目标顾客的注意，饭店面临的竞争压力较小，但市场内无论是饭店的客人还是中间商还未完全了解饭店产品，销售缓慢增长。在这一阶段，因为产品引入市场所支付的巨额费用所致，利润几乎没有。

饭店产品投入期的营销策略应突出一个“短”字，即以最短的时间进入和迅速占领市场，为进入成长期打好基础。

2．饭店产品的成长期

如果饭店和它的产品可以被客人接受，那么它就会成长，而且有希望获得一定程度的成功。成长期是饭店产品被市场迅速接受和利润大量增加的时期。

在这一阶段的营销策略应突出一个“快”字，以便迅速抓住市场机会，取得最大的经济效益。

3．饭店产品的成熟期

在成熟阶段，饭店达到了它的最高增长点并稳定下来。因为产品已被大多数的潜在购买者所接受而造成销售增长减慢。为了对抗竞争，维持产品的地位，营销费用日益增加，利润稳定或下降。

这一阶段的营销策略突出一个“长”字，因为这个阶段产品的销售量达到顶峰，给饭店带来了巨额利润，所以饭店的营销策略要着重于延长产品的成熟期。

4. 饭店产品的衰退期

此时饭店的产品开始老化并需要更新改造,或被更适合客人需求的新产品所替代,市场的需求开始变化或饭店周围的环境发生了变化,饭店销售下降的趋势增强,利润不断下降。

饭店产品进入了衰退期后,在市场上失去了吸引力,饭店需要成立一个由各个管理部门代表组成的审查委员会,根据市场大小、市场占有率、价格、成本利润等做出评估。如果确实进入衰退期,则饭店应尽早开发新产品,因此在此阶段,营销策略应突出一个"转"字。

第二节 饭店新产品的开发

一、新产品概念

产品生命周期理论给我们提供了一个重要启示,由于当代科学技术水平的迅速发展,产品生命周期迅速缩短,这已成为当代饭店所面临的现实。这种现实迫使每个饭店不得不把开发新产品作为关系其生存兴亡的战略重点。

新产品指与原有产品在技术、功能、结构、形态和服务等方面都有显著差异的产品。它是与新技术、新设计、新潮流和新需求相联系的产品。新产品是相对于老产品而言的且具有新的特色,并且能适应消费者新的文化和精神需求及其他需求的产品,即本企业从没有生产、销售过的产品,都可以认为是新产品;或者说只要是产品整体概念中任何一部分的创新或改革,都属于新产品之列。

新产品开发,无论通过改进还是改变,其目的都是为了保留现有顾客,吸引新顾客。对产品开发的重视是一个不能间断的连续过程。饭店经营者要提高销售额,可以通过为顾客增加新体验以改善产品或开发新产品等措施来保持其竞争力,增加或维持饭店的利润水平。

【小链接5-6】

酒店新产品技术

酒店技术进步的生命力在于提升服务和管理水平,降低人工和能耗成本。随着移动互联网的持续发展和智能手机的普及,谁能洞察消费趋势,及时满足消费者需求,谁就能赢得更多的客人和更高的客户满意度。

部分酒店将小型无线射频识别标签缝入那些物品当中,洗衣房车子经过感应器的时候,里面的物品名称和数量都会显示出来。这种方法节省了清点物品的时间,同时也降低了失窃率。美国一家绿色酒店大堂里设置了一台电脑,消费者结账的时候,通过这台电脑可以查询他在客房里面使用过多少水、多少电,和平均消费做出一个比较,并对于消费者的节约部分在结账时现金返还。

香港半岛酒店床边和书桌的平板可以控制房间内所有的按钮开关及电视机,可以选择显示餐厅菜单、酒店服务、阅读天气资讯、调节客房温度及勿打扰指示。

东京柏悦酒店可以在智能手机或者平板电脑上免费阅读超过2300份国际报刊。酒店为客人提供口袋大小的移动WiFi连接器,让用户在酒店逗留期间,不管去到哪里,都可以用iPhone、iPad、黑莓或者笔记本电脑打国际长途电话或者上网。连接器每天的使用费用为2500日元(约合25美元),可以最多连接10部设备,顾客可以节省打国际长途电话的费用。

拉斯维加斯的阿利亚赌场酒店客房会写上客人的名字，灯光、电视、窗帘都会打开，让您欣赏壮丽的景色。通过一个控制面板，客人就可以个性化房间内的每个细节，“晚安”按钮可以减弱灯光、关闭窗帘并激活门外“请勿打扰”的牌子。可以自定义灯光强度、温度和歌曲闹钟。RFID 卡（无线射频识别数据）取代了传统的钥匙卡，当客人接近房间的时候会自动打开房门。

——资料来源 赵焕焱. 海外酒店发展新动向[N]. 中国旅游报，2013-10-30.

二、饭店新产品类型

（一）全新产品

为满足消费者的新需求，运用现代科学技术或手段创造的整体更新的产品。这种新产品对饭店和市场来说都是全新的。如新建设的饭店、新的饭店娱乐场所等。全新的饭店产品开发周期长，且投资较大，风险也较大。

（二）换代新产品

对现有产品进行较大改革后生成的产品。饭店定期进行的更新改造就属于此类新产品。如饭店客房室内用分体式空调，改为中央空调；餐厅由提供纯粹的餐饮产品，发展为饮食兼娱乐的综合产品。

（三）仿制新产品

市场已存在，饭店对其进行模仿后经营的产品，即其他饭店已经使用而本饭店还未开发和应用的产品。因为全新产品投资大，面临的风险也高，因而许多饭店往往不会首当其冲，而是静观其变，待看到其他饭店的全新产品推出后有很大的市场潜力，才迅速模仿该产品。

上述几种新产品尽管新的程度不同，但都有一个显著特色，就是消费者认为其具有同其他类产品不同的特点，因而承认它是新产品。如果消费者认为这种产品没有任何新的特点，没有给其带来任何新的利益，它就不称其为新产品了。

三、饭店新产品开发策略

饭店投入大量资源开发新产品，就是为了更好地满足客户需求，获取更大的利润，但新产品开发必然存在风险。不同饭店所具备的资源不同，在新产品开发上的能力也各不相同，应根据具体情况，选择恰当的新产品开发策略。从新产品进入市场的时机看，可分为抢先策略和仿制策略；从新产品的市场定位看，可分为增值策略、低价策略和新市场策略。

（一）抢先策略

抢先策略指饭店在老一代产品衰退前，率先推出新产品，使其占领市场的新产品开发策略。采用此种策略，要求饭店随时关注市场上消费者的需求动向，同时掌握竞争对手的状况和变化，这需要饭店具有较强的技术和管理实力，并有一套灵敏的市场处理和反馈系统。当消费者需求发生变化时，及时推出新产品，始终占领市场领先地位。例如，设立专业的菜品研究机构，组织专业的研究和试吃人员。

（二）仿制策略

仿制策略是饭店将市场上已经存在且竞争者很少的其他饭店产品，仿制成自己的新产品的开发策略。采用此种策略，要求饭店随时关注市场上的新产品动向，包括餐饮形式、装修风略、经营模式等,经过吸收、改良,成为自己饭店的新产品。多数中小型饭店倾向于采用此种策略,能在减少投入的同时推出新产品,提高竞争力。例如,试菜、体验入住等都是进行仿制时常见的方法。

(三)增值策略

增值策略是在原有产品的基础上,通过提供附加产品内容,增加产品的让渡价值,从而进一步吸引原有客户的新产品开发策略。此种策略提供的新产品实质属于改进产品,是基于原有产品不完善的地方,增加附加产品。饭店要在充分调研的基础上,观察消费者尚有哪些需求未得到满足,改善原有产品提供的服务,提高消费者购买产品后的效用,以取得更多收益。

(四)低价策略

低价策略是指在新产品开发时力求降低成本,以低价渗透方式进入市场,扩大市场占有率的新产品开发策略。通常新产品开发由于投入较大,加之市场上尚无竞争产品,企业会选择以撇脂方式推入市场。但如果能采用低价策略,以较低的价格吸引消费者尝试新产品,则会提高新产品投放市场的成功率。当然,采用低价策略必须处理好近期与远期的关系,在未来辅以增值策略提高价格来提高收益。

(五)新市场策略

新市场策略是指饭店寻找新的市场或客户群,按新市场的特点推出新产品的开发策略。这实质是产品组合的扩展策略。例如,高星级饭店针对普通大众开发的大众菜品等。

新市场策略的另一层含义也可以理解为饭店将原有产品按新市场的特点进行适当调整后推入新市场。只要消费者认为此产品较以往是不同的即可视同为新产品。很多企业在原有产品进入衰退期后,希望将产品引入新市场从而开始新的产品生命周期,这也是企业积极开拓国际市场的重要动机之一。新市场或新客户群不一定必是国外客户,现有地区的不同客户群也可以作为新市场策略进入市场。例如,饭店希望进入自助游市场,只需在原有客房服务中增加旅游景区安全指导等内容即可。

四、饭店新产品开发的程序

彼得·德鲁克提出创新是当代企业的特征之一,创新活动的成败直接关系到企业的成败。为了提高新产品开发的成功率,必须建立科学的新产品开发管理程序。一般企业研制新产品的管理程序大致如下:调查分析→构思→筛选→产品概念形成与测试→初拟营销规划→商业分析→产品研制→市场试销→正式上市→产品评估。

(一)调查分析

开发出的饭店新产品是否符合客人需要,能否获得较好的经济效益,市场最有发言权。只有符合市场需求和社会需求的饭店产品,才会获得广阔的市场发展前景和强大的生命力。因此,在开发新产品之前,要做好详细周密的市场调研工作,了解市场的需求,进行新产品开发可行性研究,再根据调研结果做出新产品开发决策。

(二)新产品构思

1. 饭店新产品构思的概念

指对饭店未来新产品而提出的设想。根据调查分析掌握的市场需求情况,以及消费者对老产品的意见和企业资源，提出开发新产品的初步设想和构思。再通过对有代表性的种种设想加以分析、综合，就逐渐形成了比较系统的新产品概念。

在产品构思阶段，决策者应积极在不同环境中寻找好的产品构思，集思广益，鼓励员工、科技人员和消费者发展产品构思，收集创意方案，以便从中选择最佳的构思方案，并将所汇集的构思转送公司有关部门，征求修正意见，使其内容更加充实。

2. 饭店新产品构思的来源

(1) 饭店内部

饭店内部的管理者和员工，这是构思的主要来源。员工直接与客人接触，可以及时得到客人反馈的意见，了解客人的需求。饭店高层管理者和饭店所有者的构思有时会起决定性作用。饭店应建立制度化的合理化建议处理体系，包括对合理化建议的有效奖励。

(2) 客　人

客人的需求和欲望是寻找新产品构思的起点。饭店可以通过对客人采取问卷调查、客人建议和客人投诉意见来确定客人的需求和欲望。一般情况下，分析顾客问题和投诉是获得新产品构思的重要来源。

(3) 竞争者

了解同行竞争者的特点和状况，以及客人对竞争对手产品的评价来获得新产品构思。有时也可通过竞争对手的广告和其他促销信息来获得有关新产品的线索，进而对竞争对手的产品进行借鉴来开发新产品。

(4) 分销商和供应商

他们掌握着客人的需求，对全国各地饭店产品的类型和特色了如指掌，有助于启发新产品构思。

(5) 调查与考察

通过对经常性客户、大型团队的调查以及出国考察，可以开拓思路，增长见识，产生新产品构思。

(6)其他来源

从有关杂志、报纸、讲座、营销调研公司、广告公司、行业协会和专业人士的建议等来源获得新产品构思。

只有有了新产品构思，才可能把这种构思付诸新产品的实际开发中去。因此，饭店要运用各种手段获取信息，促使新产品构思的产生。

(三) 筛　选

1. 筛选的含义

筛选是看构思是否符合饭店发展的目标和长远利益，即对所收集的方案进行取舍。筛选的主要目的是选出那些符合本饭店发展的目标和长远利益，并与饭店资源相协调的产品构思，摒弃那些可行性小或获利较少的产品构思。

2. 筛选过程应遵循的标准

(1) 市场成功的条件

市场成功的条件主要包括新产品的市场潜力、市场竞争程度、营销环境及前景估计，是否能获得较高的经济效益。

(2) 饭店内部条件

饭店内部条件主要包括进行资源总体评价,判断饭店的人、财、物资源,饭店的技术条件,及管理水平是否适合生产这种产品。

(3) 产品销售条件

即饭店现有的销售结构是否适合销售这种产品。

(4) 利润收益条件

利润收益条件包括产品是否符合饭店的营销目标,获利水平,及新产品对企业原有产品销售的影响。

这一阶段主要是剔除那些明显不适当的产品构思。筛选流程如下:某产品构思是否符合饭店目标、利润目标、销售稳定目标、销售增长目标、饭店总体营销目标→是否符合饭店资源→饭店是否有所需资源设施→是否能以合理的成本向外获得→饭店是否有所需技术→是否能以合理成本获得→是否符合饭店管理水平→能否以合理成本获得→经营效益分析→决定是否保留或取消该产品构思。

3. 新产品构思评判表

对于通过初步筛选后保留下来的产品构思,还应当进一步进行更为系统的审查,一般通过新产品构思评判表进行评判,划分出等级,然后再决定取舍,表5-3是较典型的新产品构思评判表。

表5-3　新产品构思评判表

产品成功的必要条件	权数(A)	饭店能力水平(B)											得分表(A)×(B)
		0.0	0.1	0.2	0.3	0.4	0.5	0.6	0.7	0.8	0.9	1.0	
公司信誉	0.20							√					0.120
市场营销	0.20										√		0.180
研究与开发	0.20								√				0.140
人员	0.15							√					0.090
财务	0.10										√		0.090
生产	0.50									√			0.040
销售地点	0.50				√								0.015
采购与供应	0.50										√		0.045
总计	1.00												0.720

分数等级0.00～0.40为劣,0.41～0.75为中,0.76～1.00为良。目前可以接受的最低分数为0.70。

表5-3的第一栏是某新产品成功的条件;第二栏是按照这些条件在进入市场中的不同重要程度分别给出的不同权数;第三栏是对某新产品成功打入市场是否符合本饭店的目标和战略的综合评分。

在筛选阶段,应力求避免两种偏差。一种是漏选良好的产品构思,对其潜在价值估计不足,草率剔除,失去发展机会;另一种是采纳了错误的产品构思,仓促投产,造成失败。后者有三种情况,第一种情况称为"绝对性产品失败",饭店不仅无利可图,甚至连成本都收不回来;第二种是"一般性产品失败",虽然没有利润,但饭店通过销售,可以收回开发成本;第三种为"相对性产品失败",即饭店虽可产生利润,但低于饭店正常产品利润水平。

（四）产品概念形成

新产品构思经过上述筛选后，需进一步发展成为具体、明确的产品概念。产品概念是指已经成型的产品构思，要经过产品设计与鉴定两个步骤完成和实现。

产品设计的基本任务是将产品构思发展成几种产品设计方案，以文字、图形、模型描述出比较明确的产品概念。设计鉴定的基本任务是对每一个具体设计方案加以具体的评价。

设计鉴定首先在饭店开发部门进行，可以根据未来市场的潜在容量、投资盈利率、生产能力以及对企业设备、资源的充分利用等标准权衡，衡量出每个产品设计方案的潜在价值。然后将设计方案提交给未来目标市场上有代表性的顾客群体进行测试，听取他们的意见。最后，经过综合分析，选定一种最佳的设计方案。至此，饭店不仅可以得到较清晰的产品概念，而且能够了解新产品概念的潜在价值，使其趋于完善。另外，要为每一个产品概念定位。

（五）初拟营销规划

第一，描述目标市场的规模、结构及消费者的购买行为，新产品的市场位置，产品销售最初几年的销售量、利润、市场占有率等。

第二，规划新产品的预期价格、分销渠道以及第一年以促销（尤其是广告）为重点的营销预算费用。

第三，阐述较长期的销售额和利润目标，以及不同时期的营销组合策略等。

（六）商业分析

商业分析实际上就是经济效益分析。其任务是在初步拟定营销规划的基础上，对新产品的概念，从财务上进一步判断它是否符合饭店目标。

1. 预测销售额

预测新产品销售额可参照市场上类似产品的销售发展历史，并考虑各种竞争因素，分析新产品的市场地位及市场占有率，以此来推测销售额。

2. 推算成本和利润

在完成一定时期内新产品销售额预测之后，接下来可以推算出这个时期的产品成本和利润收益。成本预算主要通过市场营销部门和财务部门综合预测各个时期的营销费用及各项开支，如新产品研制开发费用、销售推广费用、市场调研费用等，根据成本预测和销售额预测，企业即可以预测出各年度的销售额和净利润。审核分析该项产品的财务收益，可以采用盈亏平衡分析法、投资回收率分析法、资金利润率分析法等。

（七）新产品研制

新产品研制是将通过效益分析即商业分析后的新产品概念交送研究开发部门或技术工艺部门研制成为产品模型或样品，同时进行包装的研制和品牌的设计。这是新产品开发的一个重要步骤。只有通过产品研制，投入资金、设备和劳务才能使产品概念实体化，才能发现产品概念的不足与问题，继续改进设计，也才能证明这种产品概念在技术、商业上的可行性如何。如果因技术上不过关或成本过高等遭否定，这项产品的开发过程即会终止。

应当强调，新产品研制应使模型或样品具备产品概念所规定的特征，并进行严格的测试和检查，包括专业人员的功能测试和消费者测试。功能测试是在实验室测试新产品是否安全可靠，性能质量是否达到规定的标准等；消费者测试主要指试用样品，以利于发现使用中的问题，进一步修改计划。

(八) 市场试销

市场试销指把根据选定的产品概念制成的产品,投放到经过挑选的有代表性的小范围市场上进行试销,旨在检查这种新产品的市场效应,然后再决定是否大批量生产。但是由于饭店的产品多为服务产品,想要试销服务产品就存在着一定的困难。这是因为服务产品具有不可感知性,必须亲身体验才能对产品进行评价,但饭店产品作为一种服务产品没有实体产品可供试验。所以,只有实际的市场销售才能检验出服务是否适销对路,是否适应消费者需求。

(九) 商业投放

新产品试销成功后,即可正式投放市场。这时,企业就要动用大量的资金,支付大量的费用,而新产品投放市场的初期往往利润微小,甚至亏损,因此企业在此阶段应在以下方面慎重决策。

1. 投放时机

如果新产品是用来代替本饭店其他产品的,那么投入市场的时机应是在原有产品库存较少的情况下上市;如果新产品的需求具有较强的季节性,那么应在最恰当的季节投放,以争取最大销量;如果新产品需要改进,则应等到产品进一步完善后再投放,切忌仓促上市。

2. 投放地区

投放地区是在城市还是在乡村? 是在国内市场还是在国际市场? 一般情况下,应集中在某一地区市场开展广告和促销活动,取得一定的市场份额后,再向全国各地市场扩展。但是,资金雄厚并拥有完备、顺畅的国内、国际销售网络的大企业,有时也可以直接将新产品推向全国或国际市场。

为了科学决策投放区域,饭店应对不同地区市场的吸引力做出全面评价,主要评价标准是:市场潜力、企业在这一市场的信誉、营销费用和该地区对其他地域市场的影响以及市场竞争情况,等等。

3. 目标市场

目标市场的选择可以依据产品开发以来所收集到的资料。最理想的目标市场应具有最有潜力的消费者群,通常具备以下特征:最早采用新产品的市场,大量购买新产品的市场,该市场的购买者具有一定的传播影响力,该市场的购买者对价格比较敏感等。

4. 营销组合

要在新产品投放前制订尽可能完备的营销组合方案,新产品营销预算要合理地分配到各营销组合因素,要根据主次轻重有计划地安排各种营销活动。

(十) 新产品投放市场后的评价

新产品投放市场后,还要进行最终评价。其目的是收集消费者的反映,检查产品的使用效果,掌握市场动态,为进一步改进产品设计和市场营销策略提供依据,或据以决定对现有企业的发展规模加以扩大、缩小或维持现状,抑或停止经营。

评价项目包括六个方面:

(1) 市场销售情况

主要检查销售量的变化情况,如购买对象、重复购买者、潜在购买者和现有销售渠道是否合理等。

（2）新产品预测

检查新产品何时进入成长期、成熟期的销售量、市场占有率，以及成熟期的维持时间等。

（3）市场竞争情况

新产品进入市场后，必然引起竞争，因此企业必须掌握有多少竞争对手参与角逐，这些竞争对手的条件、策略，各自具有何种特点，以便于企业采取有针对性的经营策略，扬长避短，发挥优势。

（4）经济效益情况

要追踪检查新产品开发的投资回收期。如果比预测的投资回收期短，则效益性较好；如果有超过预定回收期的迹象，则要采取措施，增加销售量，降低生产成本。还要检查经营安全率。若经营安全率较高，则可以大力发展这种产品的生产规模；若经营安全率低于15%，则要采取紧急措施；若经营安全率低于10%，则要停止生产。此外还要检查新产品价格是否偏高或偏低，降价能否给企业带来实际利益等问题。

（5）社会环境

开发新产品一定要符合环境保护的要求。

（6）产品构成分析

要对产品构成的各要素进行分析。例如，企业可以运用价值分析寻求进一步降低成本的可能性等。

在上述六个方面因素评价的基础上，进行系统分析，综合评价，同时还要同原定目标进行比较。当然，并不是每家饭店的任何一种新产品上市都要采取上述步骤，要根据饭店自身和产品的特点，采取相应的步骤，使产品能适应市场的需要，为消费者所接受，为饭店带来最大的收益。

第三节　饭店品牌策略

当今，品牌已不仅仅是一家饭店的核心竞争力之一，而是成为一个国家、地区经济实力的重要标志。对于我国饭店业而言，随着经济市场开放程度和市场化进程的日益深化，竞争已成为饭店生存和发展的主体环境，成为饭店生存和成长的基础与前提。我国饭店业虽然已出现了锦江等国内品牌，但相对于国际饭店品牌，如马里奥特国际（Marriott International）、雅高集团（Accor Group）、希尔顿饭店集团（Hilton Hotel Corp）、美国凯悦酒店集团（Hyatt Hotels Corp/Hyatt International，USA）、喜达屋全球饭店和度假村（Starwood Hotels & Resorts Worldwide，USA）等，无论是品牌数量还是知名度都相差甚远，仍然是“小舢板”与“航空母舰”的较量。所以，品牌已绝非一个战役、战术性的任务，而是一个事关饭店发展前途和命运的战略性命题。国际知名的饭店集团之所以能在全球市场到处扩张，不仅仅是因为其有雄厚的经济实力和人才优势作后盾，同时也因为它们手中有两件市场竞争的法宝，即连锁经营和饭店品牌。

【小链接5-7】

快速扩张须双管齐下:多品牌战略与特许经营模式

温德姆酒店集团近日宣布中国第500家速8酒店开业,温德姆酒店集团在华开业的酒店数量已超过了657家。"温德姆进入中国市场不是最早的,但发展速度却是相当快的,从50多家酒店发展到了目前的657家酒店仅用了8年多时间。"温德姆酒店集团中国区业务发展副总裁刘岩表示,温德姆酒店集团旗下品牌快速发展,除了中国繁荣向好的经济发展环境、快速增长的商务及旅游需求外,还得益于温德姆自身灵活的多品牌战略和成功引入的特许经营模式。

"一提起温德姆酒店集团,很多人都说它旗下品牌体系庞大、酒店数量众多。的确,以旗下酒店数目计算,温德姆酒店集团是全球最大的酒店集团,在68个国家和地区拥有15个酒店品牌,超过7440家酒店,品牌从高端至低端全线覆盖。正是基于丰富多样的品牌体系,在中国,无论业主的项目处于什么样的城市、当地有什么样的经济发展水平,都能在温德姆找到相契合的品牌。更重要的是,温德姆不仅像其他国际酒店品牌那样发展全权委托管理,还发展特许经营。这是温德姆在华得以快速发展的重要原因。"刘岩表示,截至第三季度,温德姆在华开业的657家酒店中含戴斯53家、豪生38家、华美达51家、温德姆7家以及速8 508家。"目前温德姆在华拥有的酒店数量仅次于在美国的酒店数量,中国是美国以外最大的市场,也是今后发展最重要的市场之一。"

"据全球商务旅行协会预测,中国最早有望于2016年超越美国,成为全球最大的商务旅游市场,结合每年中国快速增长的旅游需求,中国的酒店市场仍将会保持较好的发展势头。"刘岩认为,即便近段时间某些城市豪华高端品牌酒店因政务消费收紧,业绩方面受到了一些影响,但只能说是酒店市场的消费结构在短时间内发生了改变。"这并不能影响中国酒店市场整体的发展,畸形的消费得以修正反而有利于中国酒店市场的健康发展。温德姆酒店集团品牌众多,低、中、高端品牌都能在中国找到合适的发展空间。"刘岩说,"目前温德姆在华已开业的酒店品牌有温德姆酒店及度假酒店、华美达酒店、戴斯酒店、豪生酒店及速8酒店。最新引进并已经签约的有星球好莱屋品牌和华美达品牌旗下的华美达安可系列,今后还将根据市场需要引入更多的酒店品牌。"

刘岩说,温德姆强调与投资者灵活合作。"除了全权委托管理高端品牌以外,部分中端、中高端、中低端品牌还可以发展特许经营。比如,华美达品牌,既可以做全权委托管理,也可以发展特许经营。"刘岩说:"对业主而言,全权委托管理'你'来管,特许经营'我'来管。两种方式由业主根据自己的意愿和实力去选择,选择余地很大。"

"对特许经营者,温德姆会提供相对成熟的管理系统、培训系统和检验机制来保证品质。举个例子,客人现在入住任何一家华美达,根本觉察不出哪一家是全权管理的,哪一家是特许经营的,这是因为他们感受到的品质是一致的。温德姆酒店集团在交给业主方管理后,还要在不同时期做明查暗访、邀请第三方去做质检。质检人员会列出一个很长的表格,列出哪些合格、哪些不合格,在规定时期内让酒店去整改,以保证品牌的品质统一。"

刘岩说,特许经营这种模式在欧美等成熟市场发展得非常好,只要做好培训和管控,该模式在中国的发展空间很大。"相信全权委托管理和特许经营模式双管齐下,温德姆在华酒店发展前景非常乐观。"

——资料来源:陈静.快速扩张须双管齐下:多品牌战略与特许经营模式[N].中国旅游报,2013-11-06.

塑造成功的饭店品牌是个复杂的过程，不仅涉及许多塑造品牌方面的理论，而且取决于饭店的经营、产品、服务和文化；不仅是品牌的创建，更重要的是创建品牌后的管理；不仅饭店的主要经营者要重视，而且要有相应的组织机构；不仅要抓一个阶段，而且要常抓不懈。可见，饭店的品牌建设是一个系统工程，是企业的战略目标。

一、饭店品牌的内涵

（一）饭店品牌的含义

品牌是一种名称、术语、标记、符号或设计，或是它们的组合使用，其目的是借以辨识某个销售者或某群销售者的产品或服务，并使之同竞争对手的产品和服务区别开来。品牌包括品牌名称（brand name）和品牌标志（brand mark）两部分。品牌名称指品牌中可以用语言称呼的部分，也称品名，如雅高、假日、香格里拉等；品牌标志指品牌中可以被认出、易于记忆但不能用言语称呼的部分，通常用图案、符号或特殊颜色等构成。

冯颖如在其编著的《全球化视角饭店经营与管理》中指出，一般来说饭店品牌至少包括以下三方面的内容：第一，饭店品牌是以一定的饭店产品和服务的功能质量为基础的；第二，饭店品牌能带来额外的情感上的满足；第三，饭店品牌具有特定的名称、文学、符号、图案和语音等特征。饭店产品和服务是饭店品牌的物质载体，名称是饭店品牌的形象符号，商标是饭店品牌的法律界定。只有当一个名称与饭店品牌特定内涵即所能提供的现实产品、服务、情感体验等建立联系和品牌认同时，该名称对饭店品牌才有速记作用，才能形成一个品牌。

（二）饭店品牌的本质

品牌的本质从不同角度出发，有不同的概括。从品牌体现的关系上说，品牌是一种复杂的关系符号，它包括了产品、消费者与企业之间的关系总和。品牌是这三种关系属性在一定时期的商业整合与互动过程中形成的相对统一的关系模式，并为三者创造和带来价值的一种商业行为。品牌的本质表现为，产品的利益点、企业的核心价值和消费者的体验与感觉，是三种属性的独特组合。世界营销权威科特勒从品牌的内在含义上去分析，认为：品牌是生产经营者向购买者长期提供的一组特定的属性、利益和价值。

一个强势品牌可以表达以下六种含义：

①属性。一个品牌给消费者带来特定的属性。

②利益。品牌反映消费者的利益。消费者购买的是产品所带来的利益。这就需要把品牌的属性转化为功能型或情感型利益。比如，在海南入住海景大酒店、燕泰大酒店这些高档次的饭店，就能给消费者带来超值的、个性化的服务，从而给消费者带来利益。

③价值。品牌能体现出饭店的某些价值观。

④文化。品牌可能代表了饭店一定的文化内涵。

⑤个性。例如，香格里拉饭店表现出的“殷勤好客亚洲情”的理念，反映出了品牌的价值、服务文化和服务个性。

⑥品牌使用者。使用者是品牌建议购买或使用该产品的消费者类型。它反映出品牌的用户形象，即体现购买和使用这种产品和服务的是哪一类消费者。例如，青年旅馆的消费者多数是青年旅游者，高星级酒店的消费者主要是从事公务、商务的人员和成功人士。

品牌六个层次的含义告诉我们，饭店营销品牌的决策不应当局限于建立品牌、使用品牌，更应着重于深层次开发品牌。如此,才能使品牌给饭店带来巨大的效益。

（三）饭店品牌的功能

品牌的功能用一句话来概括就是能给饭店带来的好处,不然为什么那么多的企业不惜代价,冒着失败的风险创建品牌。品牌带给饭店的作用具体表现在:

1. 识别功能

品牌可以暗示一些产品特性,使顾客易于辨认,更利于满意者的重复购买,顾客记住品牌,能保持忠诚;饭店能掌握顾客的意见和要求;各饭店产品能区别开来。例如,国内品牌中,在广州一看到白天鹅宾馆、花园酒店人们就知道是高档饭店;南京的金陵饭店、北京的建国饭店忠诚顾客也非常多。

2. 市场分隔功能

品牌构成产品的一部分,有助于创造产品印象,譬如青春、华贵、健康、权威等,使顾客在获得实质满足之外,还可获得心理上的满足。利用品牌所建立的知名度与所赋予的产品特色,可以在顾客心目中产生“产品差异化”的效果,创造了差别定价的机会,避免价格竞争。饭店适应不同顾客的需要,开发多种产品推向特定的细分市场,不同的品牌就起到了分隔的作用。例如,北京东方君悦大酒店定位于高档饭店,而上海锦江之星则是定位于大众群体,对顾客起到分隔作用。再比如马里奥特下属的万怡饭店(Courtyard by Marriott),它主要定位于商务客人,那么无论商务客人入住全球哪一家万怡饭店,都可以享受到免费的宽带上网接口、人类工程学的工作空间、商务图书馆、商务中心服务、24小时餐饮服务等一系列必要的生活设施和娱乐设施,这些服务项目无时无刻不在为商旅客人的商务旅途提供方便。在这些服务项目的支撑下,品牌定位在消费者的心目中实现了强化,这就使万怡饭店那些目标顾客相信,无论从经济性还是从舒适性来讲,万怡饭店都是最棒的选择。

3. 促销功能

品牌是广告的基础,透过品牌,可以使产品在推广和广告宣传中传递给消费者的印象凝结为实在、活生生的标志。

4. 价值凝聚功能

许多公司、饭店品牌的价值大大高于有形资产的价值,强势品牌价值有多大？1989年美国假日公司将假日品牌以19.8亿美元的价格卖给巴斯公司。一个牌子价值近20亿美元,而2003年我国北京拍卖的中国银行所有的奥林匹克饭店的价值才2亿多一点儿人民币,一个假日的牌子就可以换80个奥林匹克饭店。

5. 效益功能

品牌能带来效益,强力品牌带来的利润有多少？据统计,全球16个著名国际酒店管理集团进驻上海,仅2002年,30家国外品牌酒店人均利润2.57万元人民币,是其他酒店平均水平的9倍多。再比如,上海金茂君悦大酒店2002年最低房价每间178美元,比同类饭店高出20～50美元。

（四）品牌与相关概念的关系

把握品牌的概念、本质和功能,要处理好品牌与相关概念的关系。

1. 品牌与商标的关系

品牌与商标之间有着十分密切的关系,因此不少人把品牌与商标混同起来,看成是相同的概念，其实，二者既有联系又有区别。

二者的联系表现为：品牌与商标都是用以识别不同生产经营者的不同种类、不同品质的商业名称及其标志。先有品牌，后有商标。商标是在品牌基础上发展起来的，经过法律程序确认的品牌，受法律保护。

二者的区别表现为：品牌是市场概念，是产品和服务在市场上通行的牌子，它强调与产品及其相关的质量、服务等之间的关系，品牌实质上是品牌使用者对顾客在产品特征、服务和利益等方面做出的承诺。

商标是法律概念，它是已获得专利权并受法律保护的品牌，是品牌的一部分。商标无论其是否标在商品上被使用，也不管商标所标定的商品是否有市场，只要采用成本法对其评估，它就必然有商标价值；而品牌则不同，不使用的品牌自然没有价值，品牌的价值是其使用中通过品牌标定的产品或服务在市场上的表现来进行评估的；而商标是经过注册获得商标专用权从而受到法律保护的品牌。品牌使用无国界，商标权有国界。品牌世界通用，比如巴斯饭店、喜来登饭店。而商标只有在注册国有效，超越注册国就不受保护。品牌的使用由企业自己决定，商标需经法律程序审批才有效。品牌可以延伸，而商标变化则需要重新注册。

2. 品牌与名牌的关系

名牌是驰名品牌的简称。国外更多地称为强力品牌或强势品牌。强势品牌特征包括市场占有率较高、支持高价出售、产品性能卓越、顾客忠诚度高、品质认知度高、创新比竞争对手快等。品牌是名牌的基础，名牌是品牌的提升，名牌是品牌中的佼佼者。

David A. Aaker 在其所著的《如何创建强势品牌》一书中提到，强势品牌的资产包括品牌知名度、对该品牌的肯定、品牌忠诚度、品牌联想等。

名牌饭店比一般品牌具有更大的价值。饭店在不断强化品牌的基础上，创造名牌饭店具有更重要的意义。对于名牌饭店来说，可以用知名度、美誉度和顾客忠诚度作标准，因此，塑造名牌应在知名度、美誉度和忠诚度上下功夫。实力强大的饭店公司还可以通过收购名牌饭店实现品牌兼并，也可以利用名人带动名牌来实现。

二、饭店品牌的设计和创意

品牌的设计和创意是运用品牌理论，对饭店进行品牌创建的活动，是品牌成功的关键环节和创造性思维的过程。品牌设计的技巧在于抓住品牌特点，起个好名字，提炼核心价值。

（一）饭店品牌的特点

设计品牌，首先要分析饭店行业与其他行业的不同特点，创建具有饭店特色的品牌。由于饭店产品和服务的行业特点，饭店品牌具有以下几个特征：

第一，产品和服务高度同质化，决定了饭店品牌个性化的重要性。饭店的设施相近、服务程序相仿、产品功能相同，所能区分的只有品牌。因此，提炼品牌的个性特征更显重要，没有个性特征就没有饭店品牌。

第二，由于饭店的产品和服务是设施与人的结合，人的因素具有决定性因素，所以更多的是塑造情感品牌，体现人性化特征和人文关怀。

第三，饭店产品直接体现了饭店的建筑文化、装饰文化和服务文化。因此，文化在饭店品牌中具有更突出、更直接、更重要的作用。

(二)饭店品牌命名策略

在品牌诸要素中,品牌名称是最重要的组成项目之一,因为它是最直接、最有效的信息传播工具,往往能迅速准确地表达出品牌的中心内涵和关键联想。因此品牌名称在确定之前往往要经过深思熟虑和调查研究。著名营销家麦卡锡认为好的品牌应具有十二大特征,例如简短、易拼易念、易识易记、适用于各种广告媒体等。

纵观世界上获得成功的饭店品牌,都曾经进行过品牌名称的设计,它们的名称各具特色,包容着精彩的创意,这就成为品牌营销和产品促销成功的必要条件。从这个意义上说,品牌命名是建立强势品牌的第一步。一般来说,品牌在命名设计中应掌握以下策略:

1. 简短明了,易读易记

品牌名称是要让消费者掌握和熟悉的。只有消费者能很快地熟悉品牌名称,才能进一步产生联想和购买欲望。因此,品牌命名的第一个原则是可记忆性,只有品牌名称从本质上是可记忆的,并且是便于记忆的,才可以促进消费者对品牌的回忆。品牌名称切忌复杂繁琐、难读、难记,应该简单明了,易读易记,才能使消费者很快识别和掌握。

2. 个性突出,风格独特

品牌名称贵在标新立异,不落俗套,有独特的个性和风格,不与其他品牌名称相混淆,这样才有利于发挥品牌名称独到的魅力,给消费者以鲜明的印象和感受,经久难忘。

突出个性和独到风格的方式很多,有采用人名作为品牌名称的,如 Marriott Hotel & Resort 采用的就是其创始人 J. Willard Marriott 先生的名字来为酒店命名的;有以企业的名称作为品牌名称的,如 Grand Hyatt Hotel Beijing;有用数字的巧妙组合形成的品牌名称,如 Accor 下属的 Formule 1、Studio 6、Motel 6;有以花草树木动物命名的,如花园酒店、白天鹅宾馆;有以引起美好联想的名称命名的,如香格里拉饭店;有以象征地位的名称命名的,如豪门大酒店、帝都饭店;有以历史典故命名的,如金银岛饭店、昆仑饭店。此外,还有以产品功能、投资者简化名称或谐音作名称命名的等。

总之,品牌命名策略,不仅仅是一个简单的语言技巧问题,而是在对文化背景、民族心理、消费心理等方面深刻把握的基础上,才有可能找到一个令人称心如意的响亮名称。

【小链接 5-8】

酒店集团更名的战略考量

2012 年末,汉庭酒店集团宣布更名为华住酒店集团。同时,旗下的"汉庭快捷酒店"、"汉庭·海友客栈"和"汉庭·全季酒店"分别更名为"汉庭酒店"、"海友酒店"和"全季酒店",再加之收购的星程酒店和新推出的禧玥酒店,从而形成了囊括高、中、低不同档次酒店的全新酒店集团。我们自然要问:为什么要更名?

1. 已有集团名称与旗下品牌不匹配

对汉庭酒店集团更名而言,其母品牌"汉庭"在消费者心目中的定位为中低端形象,起步较低,随着集团的发展,子品牌提升空间受到压制。集团要想成功进入中高端市场,必须突破"汉庭"长期以来带给消费者的品牌联想,而通过更改集团名称以适应其多元化战略,满足其在高中低端市场全方位发展需要是较优的选择。

2. 借更名来实现集团的战略调整

酒店集团更名事关全局，尤其是对已经有一定知名度、辨识度和影响力的企业来讲，更名更是一项需慎重考虑的战略决策。集团更名的动因可能有多种，如因并购重组、业务结构调整、品牌重塑、摆脱地域限制、商标侵权或避免其他法律纠纷以及迎合消费者文化理念和价值取向的变化等。汉庭酒店集团是希望借助更名来实现其品牌重塑和业务结构调整，预示着集团未来发展战略的改变和核心竞争能力的改变，比如在继续致力于发展经济型酒店的同时，将加大中高档酒店市场的开拓力度。

3. 借更名搭建更为合理的品牌架构

从酒店集团的企业品牌与产品品牌的品牌结构类型看，有以下几种常见形式：一是集团品牌直接用作酒店品牌，如四季、半岛、安缦等都是单一品牌。二是背书品牌结构，是以公司能力作为消费者信任的基础，所属的品牌使用不同的名称进行发展。以万豪国际集团为例，旗下的万丽、万怡等品牌凭借着自己独特的主权身份和品牌体验吸引着各自的顾客，但作为背书者的"万豪"也提供了识别支持、信誉担保和常客计划等保障，以确保能够实现所承诺的价值主张和功能优势。三是主副品牌结构，是在使用公司品牌的同时，赋予单个产品或某一类产品人格化的品牌名称或者标记，使之在顾客心目中产生该公司产品共同特点之外的个性和气质。国际上采用类似模式的有凯悦酒店集团，旗下三个主打品牌为标准五星酒店凯悦品牌、奢华商务酒店君悦品牌和奢华精品酒店柏悦品牌。此外，还有一类为隐身品牌结构，像华尔道夫、丽思·卡尔顿这样的顶级酒店品牌，很多时候不必借助或提及其酒店集团的品牌。汉庭酒店集团旗下的汉庭全季、汉庭海友和汉庭快捷品牌就属于主副品牌结构模式，集团和产品品牌更名后品牌架构将转变为背书品牌结构，可能与集团的发展战略更为协调。

4. 权衡集团更名与品牌更名的利弊而为之

为什么更改酒店集团名称，而对酒店品牌名称只是进行微调？从国际酒店集团发展的历史看，雅高集团、洲际酒店集团、喜达屋酒店集团等都经历过集团名称变更，但旗下的酒店品牌名称，无论是自有的还是并购的，对于知名酒店品牌一般都予以保留，即使需更名也只是进行微调。更改酒店集团名称还是品牌名称关键在于对更名代价的权衡。其实，汉庭集团旗下的品牌区隔不甚明显，存在品牌同类相食现象，品牌名称微调就能达到品牌定位更为清晰的目的。但要想保留"汉庭"这一集团名称，让消费者对"汉庭"的根深蒂固的认知发生较大的改变以适应集团新的战略却非常困难。显然，微调消费者接触更多、更为熟悉的集团产品品牌，更改集团名称，更容易为市场和消费者所接受。而且新名称"华住酒店集团"与美国上市的英文名称(China Lodging Group Ltd.)仍然一致。从这个意义上说，更换集团名称比更换品牌名称对企业冲击要小得多。

——资料来源：杨宏浩. 酒店集团更名的战略考量[N]. 中国旅游报，2013-01-30.

(三) 品牌的标识策略

众所周知，品牌都是由独特的名称和新颖的标识、符号或设计所组成的，纵观世界著名的饭店品牌，每一个品牌的设计都有其独特的内涵，各不相同。设计标识应尽可能体现其定位、特征、个性，形式上尽可能简单、直观、美观。我国的花园、建国、新锦江等饭店都体现了这些特征。具体来说有以下几点设计原则：

1. 简洁鲜明原则

设计品牌标志时,首先应遵循简洁鲜明的原则。品牌标志物不仅仅是消费者辨认企业的途径,也是提高企业知名度的一种手段。品牌标志在设计上其图案与名称应简洁醒目、新颖,使标志具有独特的面貌和出奇制胜的视觉效果,从而产生强烈的感染力,使其易于捕捉消费者的视觉,吸引消费者的注意力。

2. 独特新颖原则

品牌标志既表达了企业或产品的独特性,又作为独特的标记,让消费者能识别出其独特的品质、风格和经营理念。因此,在品牌标志设计上必须别出心裁,使其富有特色,个性显著,让消费者看后能留下耳目一新的感觉。

3. 准确相符原则

准确相符是指品牌标志的寓意要准确,品牌名称与标志要相符。品牌标志要被巧妙地赋予寓意,形象地暗示,耐人寻味,这样才有利于扩大企业的知名度。

4. 优美精致原则

优美精致原则是指品牌标志造型要符合美学原理,注意造型的均衡性,使图形给人以一种整体优美、精致的感觉,以保持视觉上的均衡。

(四) 品牌的核心价值

品牌建设过程中,明确品牌的核心价值是最基本、最重要的工作。温馨、舒适、便捷、创新应是饭店服务品牌核心价值的基本层面,而鲜明个性则是其核心价值的特色所在。

提炼的品牌核心价值是品牌的精髓,是生命点,必须能够形象地描述出来。这种描述必须具有鲜明、独特、相关和强效的特性,能够体现品牌在不同阶段、以不同的方式与消费者进行持续和统一的沟通。比如,希尔顿饭店的"为我们的顾客提供最好的住宿和服务"、假日饭店的"把顾客当朋友"、卡尔顿饭店的"使宾客得到真实的关怀和舒适是最高使命"、凯悦饭店的"时刻关心你"等都是饭店的核心价值。

三、饭店品牌定位

品牌定位、品牌识别和品牌形象,是塑造品牌的三个基本概念。20世纪60年代是品牌形象时期,强调品牌形象对消费者的影响力,品牌的核心是在消费者心中建立美好的形象。到了20世纪70、80年代,品牌理论又有了新发展,特别是艾·里斯和杰克·特劳特提出的"定位"理论,强调任何品牌必须有一个独特的定位,此阶段品牌定位成了品牌的核心。20世纪90年代后,又提出了品牌识别的理论,强调品牌不止是外显在消费者心目中的形象和独特的位置,而是内外统一的有机体;强调品牌长期的一贯性和恒定性,突出品牌的长久品性和特点。从品牌形象,品牌定位到品牌识别,反映了品牌不断完善的过程,它们是塑造品牌的核心和重点。

(一) 品牌定位理论的内容

品牌定位是创造品牌的核心。品牌定位是指在市场调研和细分的基础上,发现或创造出品牌独特的差异,并与目标消费者心智模式中的空白点进行匹配择优,从而确定出一个独特的位置,借助传播手段在消费者心中打上深深的印记,建立起强有力的联想和独特印象的策略性行为。特劳特认为,任何一个成功的品牌,都必须蕴含有一个定位。品牌定位的实质,就是为品牌树立一定的形象和特色,以求在顾客心目中得到认可,形成一种特殊的品牌偏爱。

按照定位理论，第一，品牌定位要有针对性，要切中目标市场；第二，品牌定位必须有独特的差异点；第三，品牌定位要靠沟通传播；第四，品牌定位的目的是在消费者心目中留下一个经营者期望的、独特的、有利的形象和品牌位置。

（二）消费者的心智模式理论

消费者是如何感知品牌、接受和理解信息模式的呢？在“新定位”中，作者认为消费者心智模式有五大特点：一是消费者只能记忆有限信息，不能指望他们对品牌有一个全面的了解，所以定位要抓住要点和关键点；二是简单易记，言简意赅；三是消费者因缺乏安全感而跟随，因此，品牌定位要消除不安全感；四是消费者对品牌印象不会轻易改变，因此改变品牌形象要慎重；五是消费者的想法容易因品牌延伸或修改而改变，因此品牌延伸和再定位要慎重。

（三）品牌定位的分析

分析消费者选择品牌会想哪些问题：如这个品牌能为我做什么？和我有哪些共同点？是否符合我的个性等。分析竞争者的实力、战略、市场定位、优势、劣势，实现差异化。自我分析资源、实力、优势、劣势、与竞争对手的差别。通过三者分析，必须找出品牌定位的差异、个性和优势。

（四）饭店有效的品牌定位策略

第一，以产品特色和属性定位，突出与众不同是最常用的一种策略；第二，以产品效用定位，突出消费者从中受益；第三，以公司信誉和形象定位；第四，以目标客户定位；第五，以事业或追求定位；第六，以价值或价格定位，突出性价比、情感价值；第七，以解决问题定位；第八，以产品、服务个性定位；第九，以消费者使用产品的用途、方式和时间定位；第十，以竞争定位；第十一，以调动消费者情绪定位。

无论采取哪种定位策略都要对目标消费者做到特色突出，用语言引起他们的兴趣，否则很快会被忘记。另外，定位必须依靠实力，光说不做或做不到，信誉就会丧失。除此之外，必须能反映品牌某一方面的竞争优势，要与众不同。

【小链接 5-9】

布丁新品牌“智尚”受市场青睐

以时尚、环保、平价为特质，定位于年轻群体的布丁酒店今年 7 月新推出的 Zhotels 智尚酒店品牌，经过两个多月的运营，入住率已高达百分之九十。

据介绍，Zhotels 智尚酒店品牌主打科技、时尚、健康概念。智能化是智尚酒店客房的最大亮点。客人通过手机、PAD 等移动设备扫描房间内的二维码进入 Zontrol 客户端，照明、温度、窗帘控制、无线网络和娱乐中心屏幕尽可一手掌握。而且其客房内的传感器能在 15 厘米内跟踪到人的足迹，在感应到人来时会自动打开照明系统，在离去时自动关闭。更有趣的是，浴室里 LED 灯光也可以通过手机智能控制，可调节情绪模式灯光，例如浪漫、神秘等，在水流的映衬下会有一种特别奇幻的效果。

布丁酒店的负责人表示，布丁一直在用一种互联网精神去探索、改变传统的酒店行业。如果说布丁酒店是从客户群体定位来细分市场，那么 Zhotels 智尚酒店就是从酒店功能体验上定义了又一细分市场。“行业发展到一定阶段，细分化是必然的趋势之一，在客人的基本需求被满足后，通过产品创新满足客人更深层次的需求，将是酒店业又一片蓝海。”该负责人表示。

——资料来源：张宇. 布丁新品牌“智尚”受市场青睐[N]. 中国旅游报，2013-10-09.

四、饭店品牌传播

品牌确立后,就要借助各种沟通工具,包括广告、公关活动、营销渠道、价格信息和售后服务等全方位向消费者传递这一品牌。

(一)广告是各种沟通方式中最主要的手段

广告通过图文并茂的形式,立体地层现品牌,是最有效的表达方式。消费者的感知绝大部分是通过广告获得的。在我国,随着国外饭店的进入,饭店业广告支出也开始增加。国内许多饭店开始用广告扩大品牌的传播。应该说,合理地运用广告塑造品牌,作用是显著的。我国饭店业已进入微利时期,塑造品牌要本着量力而行的原则,注重提高广告效益。

(二)公关活动

开展各种公关活动,与本地区政府各部门、行政单位、行业内、新闻媒体、客户、目标消费群体建立广泛的联系,树立良好的公众形象,对于塑造品牌形象具有重要的作用。

(三)整合传播

把品牌传播贯穿在产品营销、促销活动和售后服务等活动中,用营销活动深化品牌传播、用品牌传播推动营销活动,相互促进,溶为一体。

在广告、赞助、活动、营销和售后服务中的传播要始终真实地反映品牌的价值和个性,贯穿一个统一的品牌核心价值信息,塑造统一的、一贯的品牌形象。

通过品牌传播实现提高饭店品牌的知名度、美誉度、忠诚度、强化饭店品牌联想度的目标。

五、饭店品牌管理

在市场经济中,一方面大量的品牌不断涌现,又不断消亡;另一方面一些品牌又健康长寿。如国外的万豪饭店、假日饭店、希尔顿饭店,我国的北京建国饭店、广州白天鹅宾馆、南京金陵饭店等品牌几十年都经久不衰。如何延长品牌的寿命,是品牌管理的根本任务和课题。

品牌建立后,随着时间的推移,由于受企业内部和外部诸多因素的影响,品牌的地位随时可能发生变化,有三种情况:一是品牌地位不变,保持在同一水平;二是品牌地位不断提升和增强;三是品牌地位削弱,品牌影响下降。针对这三种情况,应采取不同的策略,加强品牌管理。

(一)保持品牌强势地位的策略

要保持品牌强势的地位,第一,加强营销支持。品牌是一种承诺、一种契约,是一种与消费者的关系。维持这种关系要靠各种营销手段,强势品牌要保持强势地位,必须一贯地给予营销支持。第二,提高产品的质量。不断运用新技术提升产品的质量和服务,使品牌跟上时代要求、具有现代形象,让消费者屡试不爽而忠诚于品牌,从而巩固品牌的地位。第三,坚持品牌识别和品牌定位的策略。品牌识别和品牌定位不能轻易改变,忠实于品牌识别和品牌定位,就是忠实于消费者。因此,要保持一贯的忠实于品牌识别和品牌定位的策略,牢牢地吸引顾客。例如,假日饭店就是靠"把顾客当朋友","朴实无华、诚实可靠、坚持不懈、乐观大度、加之以一种复兴者的激情的综合体"来建立品牌的忠诚度的。

(二)重新定位的策略

品牌定位在品牌强势时不宜改变,但当品牌地位发生变化,出现以下情况时,往往要考虑品牌重新定位。第一，公司或产品出现形象不佳；第二，品牌形象模糊，不鲜明；第三，竞争者抢占了品牌地位；第四，消费者偏好发生了变化；第五，公司转向新的战略方向；第六，公司转向新的目标顾客群。重新定位时要考虑成本费用和收益，同时要考虑成功和失败的各种因素。

（三）品牌衰退及激活策略

对于多数品牌来说，品牌衰退是必然现象。品牌管理的任务是在发现品牌衰退苗头时，采取适当的措施，激活品牌。品牌衰退有内部原因，比如产品质量下降、价格策略不当等；也有外部原因，比如消费者的偏好和价值观发生改变、政府政策发生变化等原因。

根据品牌衰退的不同原因，采取不同的策略激活品牌：

① 创新激活品牌。对饭店的经营服务进行改变。

② 延伸激活品牌。改变形象，向高档或低档次延伸。

③ 调整部分要素激活品牌。比如，有些饭店通过装修提高硬件设施；通过计算机、通讯自动化提高科技含量等方式提高品牌价值。

④ 品牌重新定位，激活品牌。

（四）品牌危机管理

品牌危机关系到品牌的生死存亡。品牌危机就是在品牌运作过程中，出现了品牌信任危机，如果不能有效地处理，品牌很有可能就会退出市场。危机管理要坚持以下几条原则：

1. 应付品牌危机随时发生的原则

饭店是公共场所，火灾、食物中毒、失窃等意外事件随时都有可能发生。因此在思想上必须有随时发生的准备，要有一套行之有效的应对办法。

2. 顾客利益的原则

危机发生后，要关注消费者最关心的问题，重点是消除顾客对品牌的怀疑和担心。目标是恢复消费者的信心和信任。

3. 迅速行动的原则

面对危机，企业不能无动于衷，必须迅速行动，制订一系列行动方案。

4. 实事求是的原则

对待危机事件，要实事求是地表述事件的严重程度及事故原因，并采取一切措施，全力解决这一危机。

5. 沟通的原则

危机发生后，要利用各种沟通手段和方式，进行充分沟通，让社会舆论和消费者充分感知到企业的真诚，在行动上体现出对消费者的极大关心。

（五）品牌组织管理系统

目前，我国品牌创建发展缓慢、影响小，重要原因之一就在于没有建立组织管理系统。许多饭店的品牌建设没有摆上日程，有的企业把品牌建设放在企业的一个部门或委托广告公司全权负责。同时，企业的营销、业务、经营活动同传播部门各行其是，没有统一的管理。因此，创建品牌，首先要建立品牌管理的组织系统，明确职责和任务，建立协调、统一的品牌运作机制。组织系统包括：

1. 成立品牌管理委员会，建立品牌创建的领导机构

由企业总经理或副总经理任主任，各部门负责人任成员，可聘请专家担任顾问，形成领导亲自抓,企业各业务部门都能理解、沟通、统一认识、统一目标的品牌运作体系。委员会的职责是:第一,确定品牌发展战略;第二,批准年度品牌推广计划方案;第三,检查品牌管理组织的工作,提出要求和工作目标;第四,听取、研究品牌管理组织阶段性或重要问题的汇报,并做出指示。

2. 建立品牌管理组织,制定职责

设立品牌管理工作机构,由品牌经理负责品牌的创建工作和管理工作。工作职责是:第一,拟定品牌发展战略规划;第二,制定全年品牌推广计划;第三,研究目标消费群,确定市场细分和品牌定位;第四,品牌策划;第五,品牌理论培训和成功品牌介绍;第六,品牌传播方案及费用预算;第七,品牌的整合延伸和改造;第八,品牌的监测;第九,品牌价值的评估;第十,年度品牌工作总结。

3. 坚持"两个"结合,保证品牌健康长寿

品牌管理要坚持创建品牌与提高产品、服务质量相结合。创建品牌不能离开产品和服务另搞一套,要从产品和服务中去提炼、概括品牌的核心价值,而不是从品牌技巧出发,去杜撰品牌的个性和精髓,否则名不符实,消费者使用后,砸了品牌。企业创建品牌,首先要在产品和服务上下功夫,要切切实实地搞品牌战略规划,要和企业文化、价值观相融合。产品、品牌都要体现文化和价值观,这样创建的品牌才有生命力。

品牌管理要坚持内外结合。一方面要由企业品牌管理组织认真工作,另一方面又要聘请专业人士参与指导,按照品牌要求帮助策划和创意。由企业独自创建或者全部委托给广告策划部门去搞,都是不可取的。

许多企业把品牌创建委托给广告策划公司去做,一些广告人对消费者投其所好、随心所欲、虚构品牌形象、无限夸大和过度宣传。品牌创建后靠巨额的广告费,铺天盖地地宣传,于是品牌树立了,销售上去了。可是没过多久,人们发现产品并不优秀,随着广告的减少,品牌也消亡了。因此,只有产品质量支撑品牌核心价值,品牌核心价值反映产品特征,才能造就健康长寿的品牌。

六、品牌国际化

品牌国际化是通过品牌的区域延伸,把某一个国家的知名品牌推向另一个国家的行为。一个饭店或饭店集团创建品牌,不仅要考虑国内市场,而且要考虑全球市场。

中国加入 WTO 为饭店品牌走向世界创造了条件,但也带来了一些弊端,如中国品牌在国际化进程中遇到一些障碍,以环境方面为例,障碍表现为:各国的法律不同,品牌进入要符合该国的法律规定;竞争结构不同,要根据竞争格局适当调整品牌定位、品牌认知和消费模式,要适应该国消费者的购买习惯。在语言和文化方面的障碍表现为:第一,国外对中国历史和文化了解较少,给品牌国际化带来困难。第二,字母与文字的差异,给识记带来困难。拼音字母组合与英语字母的组合,代表的意思不同。例如,中国的新锦江饭店、金陵饭店、建国饭店等,译成英语就失去了原来的意思。第三,中国品牌进入国际,品牌联想丧失。例如,白天鹅宾馆能给人带来美好的联想,可是译成英文,就失去了生动性。

中国饭店品牌国际化可采用以下方法:①新创建的品牌,在创建时就要考虑国际性;②已形成的品牌,要做适当的调整;③对品牌的图案、标识做适当的调整,使之适合国际化;④品牌国际化要做国际注册,以得到保护;⑤进入国际市场应选择先易后难,有效突破。

【小链接 5-10】

并购重组是酒店集团实施国际化战略的有效途径

2010 年 3 月，锦江酒店联合美国德尔集团，收购了美国州际酒店集团，首创中国酒店集团参与并购国际酒店集团的成功案例。2013 年 4 月，锦江股份收购时尚之旅酒店管理有限公司100%股权。并购后，锦江在中国境内外的酒店超过 1100 家，海外酒店总数近 370 家，分布于美国、英国、俄罗斯、印度、加拿大、比利时、爱尔兰及荷兰等国家。

通过并购重组，锦江酒店集团的主业规模及网络布局快速拓展，有效推进了集团战略的实施。今年上半年，上海锦江投资成立上海锦江都城酒店管理有限公司，重点发展有限服务商务酒店品牌“锦江都城”，集团旗下三星级酒店新亚大酒店、新城饭店、白玉兰宾馆、金沙江大酒店、南华亭酒店以及时尚之旅酒店都将整合并入。锦江酒店作为投资控股型的酒店集团，母公司将专注于高星级全服务酒店业务；控股的锦江股份将专注于有限服务酒店业务。

饭店集团在实施并购战略时，首先需要考虑为何要并购，自己是做财务投资者，还是品牌投资者？需要考虑通过并购是否可以获得先进的管理理念、系统、专业人才等各类资源；是否能既扩大规模，又可通过协同降本增效；是否能提升行业内战略地位；能否有效实施品牌战略，提高企业知名度，最终取得超额利润。

应当看到，“走出去、引进来”是集团发展的内在需求。并购是手段，不是目的，并购后的整合更加关键，尤其是文化整合。饭店集团的并购发展可在国内与国际两大市场齐头并进：国内中端市场潜力大，境外欧洲是机会；同时应把握好轻、重资产策略，投资、管理可适当分离。

——资料来源：陈静. 并购重组是酒店集团实施国际化战略的有效途径[N]. 中国旅游报，2013-09-18.

第六章　饭店定价策略

【引导案例】

春节临近酒店定价策略

临近春节黄金周，酒店市场异常活跃。由于虎年的大年初一与情人节恰好是同一天，这一难得的巧合，让春节的酒店市场平添了几许浪漫和甜蜜。

1. 三亚酒店"一日一价"

每年春节都是三亚酒店的黄金季，今年由于春节旅游市场异常活跃，热带海岛度假成为最大热门，再加上受海南国际旅游岛成为社会焦点的刺激，三亚旅游更是一房难求，空前火热，这也导致价格直线上升。三亚2月初的包含高星级酒店住宿的自由行产品已由3000多元上涨到7000多元。经济型酒店和家庭旅馆住宿的产品价格也由2000元左右上涨超过一倍。大部分线路报价在2月10日后开始明显上扬，"一日一价"的特点非常突出，最多的差价达到千元以上，2月14日情人节左右达到最高峰。

携程网的信息显示，春节期间三亚五星级酒店预订价格平均达到每晚4300元，上涨两倍左右，最贵的酒店一晚超过万元。

2. 酒店打出特惠牌

相比三亚的一房难求，春节对于众多城市的高星级酒店而言，商务客人减少，是入住的淡季。不过，由于近几年春节黄金周旅游热度逐年升温，一些高星级酒店也纷纷推出春节特惠，以吸引高档旅游客人。香格里拉集团旗下32家酒店联手，将于2月10日至28日献上"新春赠礼"。预订"新春赠礼"的客人将享受到诸多优惠：每日免费享用双人自助早餐；下榻期间，同行的18岁以下儿童在家长的陪同下可免费享用早中晚自助餐；每位儿童将获赠一份酒店纪念品或新年礼物；免收加床费及第三人费用；延迟至晚上6点退房。

经济型酒店也开始推出促销计划，锦江之星日前宣布从即日起到3月10日，锦江之星全国300多家连锁店共同推出"千万(奖品)别错过"的主题优惠活动。与锦江之星其他优惠活动不同的是，本次优惠采取"兑奖券"的形式，凡在活动期间入住锦江之星任何一家连锁旅馆，每间夜都可得到一张"兑奖券"，现场开奖，当场登记兑换，即开即中，100%的中奖率。奖品从价值5000元的旅游度假券、世博门票，到会员卡、礼品毛巾、浴巾、品牌被芯、自助早餐券、房价折扣券等，十分丰富，让春节有出行计划的人们有了不错的选择。

汉庭酒店集团也宣布，1月25日至2月28日，其旗下汉庭酒店、汉庭快捷两个品牌的产品再次推出新春百元房活动。消费者通过汉庭网站预订并且全额预付房费，即可享受超低房价，除了北京、上海、杭州等城市部分门店的价格为200元外，其他门店房间价格均为100元，此外，入住完成后还能获得每间夜10元的电子优惠券。

——资料来源　李玲. 春节临近酒店打响营销战，三亚酒店"一日一价"[N]. 中国旅游报，2010-01-27.

价格是调节市场的重要手段，也是营销人员应掌握的平衡市场的措施。饭店既不能简单强调创收而忽视市场和竞争形势，又不能为追求市场份额而陷入价格战。饭店可以通过采取适合的定价策略和方法，赢得市场竞争优势，最终实现既定的饭店定价目标。

第一节　饭店产品标准价格及策略

一、饭店产品价格概述

《旅游饭店星级的划分与评定》标准版中，在原有设定的五个星级基础上，增加和包含了一个新的等级——白金五星级。除了提供客房服务以外，一般四星以上的高星级饭店均配有设施齐全的桑拿、健身等。在行业内有一种说法，健身、娱乐设施是作为高星级饭店的配套产品来增加核心产品——客房的附加值。可见，饭店的主要收入来自于客房，特别是对于三星级、经济型饭店而言，制定合理的客房价格是关系到饭店经济效益的关键。因此，主要以客房的定价问题作为讨论的重点。

饭店的客房价格依其接待对象、时间等的不同，分为多种价格类型。

（一）标准价

标准价是常用的房价术语，也称为"门市价"，即在饭店价目表上明码公布的各类客房的销售价格。标准价是一种基准价格，其他各种折扣价都是在此基础上打折形成的。标准价应当用作定位价，它能够使消费者和旅游中间商在将本饭店同其竞争者，以及同给定市场上所有其他饭店进行比较后，对饭店产生某种认知与评判。

（二）奖励价

为了争取潜在业务，此价格给予那些有业务往来的机构客人，如旅行社和航空公司的客人。还常常用于为激励未来业务，而向领队、会议策划人、旅游安排人以及其他能给饭店增加客房销售的人员提供的价格。

（三）合同价

经常为饭店提供客源的公司或机构，饭店与其签订房价合同，并按合同规定向对方客人以优惠价格出租客房，以求双方长期合作。房价优惠的幅度视对方能够提供的客源量及客人在饭店的消费水平而定。

（四）团队价

主要是针对旅行社的团队客人、大型会议制定的折扣价格，其目的是与旅行社建立长期良好的业务关系，确保饭店长期、稳定的客源，提高客房利用率。团队价格可根据旅行社或会议的重要性和所能组织客源的多少以及饭店淡、旺季客房利用率的不同加以确定。

（五）小包价

饭店为客人提供的一揽子报价，除了房费以外，还可能包括餐费、高尔夫球、网球等，以方便客人。

（六）家庭租用价

为携带儿童的家庭提供的优惠房价。

（七）淡季价

在营业淡季，为了刺激需求，提高客房利用率，而为客人提供的折扣价。通常是在标准价的基础上，下浮一定的百分比。

（八）旺季价

在营业旺季，为了更大程度地提高饭店的经济效益，而将房价在标准价的基础上，上浮一定的百分比。

（九）赠送价或免费

赠送价通常指客人住店期间免收房费，一般是给特殊客人或重要行业巨头的房价，但客人用餐、打电话等其他消费需要付款。

（十）日　价

为白天下榻饭店的客人(会议类客户、误机客户等)所订的房价。日价最长时限为6小时。这类房价可使饭店客房在一天内租出两次，因此旺季出租率可超过100％。

（十一）等待价

这类房价通常比标准价低30％左右，服务对象为未预订而需要等待空房的客人。除此之外，夜晚10点以后要求入住的客人也可以享受这种优惠。

（十二）预付价

饭店为鼓励尽早付款、加快现金流动而采用的一种奖励性价格。凡预付房租者，可享受一定的优惠。如果客人取消预付，则不会收到退款。这种形式虽然保证了饭店不会因客人取消预订而遭受经济损失，但却给客人带来了一定的风险。

二、饭店产品定价的原则

饭店是通过物质性的载体来出售非物质性的服务，同其他商品的价格一样，价值决定是定价的一个重要科学依据。同时，季节因素、旅游资源、饭店定位等因素会影响饭店的经营。因此，饭店定价既要以价值为定价基础，又要考虑饭店所处的宏观与微观环境。一般来讲，在制定饭店价格时，一般应遵循如下原则：

（一）能反映饭店本身质量

俗话说“一分价钱一分货”，消费者选择一家饭店，最为关注的是其能否满足自己的要求，饭店的物业与服务是饭店质量的综合反映，也是饭店满足消费者需求的基本保障。

饭店价格并不是越便宜越好，消费者并不完全反对高价，也希望能够通过付出高价换来优质的服务。因此，饭店在经营过程中一定要注重服务质量。世界著名的饭店集团还通过提供特色服务，以满足不同消费者的个性化需求，这些个性化服务成为其成功的法宝之一。例如假日集团的“热情式”服务、香格里拉的“亚洲式”亲情服务等，这些个性化的服务因其具有明显的差异性，使饭店在定价中具有一定的优势。

（二）具有相对的稳定性

饭店行业与其他行业一样，其收益与投入基本稳定，因此饭店定价时也需要具有一定的稳定性和连续性。饭店产品的价格政策代表该饭店在市场中的形象与声誉，如果变化过于频繁，就会给现实消费者带来饭店经营不稳定的感受，甚至还会挫伤市场潜在消费者的积极性，导致本饭店产品的需求量大幅下降。

（三）具有相对的灵活性

饭店行业面向各种类型的消费者为其提供服务，很多饭店将客人分为商务客人和散客。由于入住饭店客人的目的及身份的区别，其对饭店价格的要求也是千差万别，这就需要饭店在定价时能够具有相对的灵活性。饭店在标准价的基础上，应该根据旅游季节、所处地区、服务质量的不同，为饭店制定比较灵活而富有弹性的价格，使饭店达到最佳的经济效益。

（四）服从国家政策

制定饭店的价格要根据国家的政策、法令和有关规定，特别是要服从国家旅游发展的总方针。此外，饭店产品价格的制定还要遵循饭店业的一些协会或是国家旅游主管部门制定的相关法规和规定。

【小链接 6－1】

高星级酒店推低价菜的是与非

目前，为了开发大众市场，不少高星级酒店都调低了餐饮价格。除了降低自助餐售价，有些酒店还推出了10元以下的低价菜，比社会餐馆还要便宜。高星级酒店调整经营策略，从侧重政务接待到面向大众市场的做法值得肯定，但此做法，一时间在业界引起了不少争议。

1. 低价菜是促销噱头

“推出低价菜只能作为一种促销手段。”济南舜耕山庄总经理郑军表示，市场变化了，高星级酒店转型调整客源市场和经营策略必然经历一个阶段。失去原有市场、没客人的时期，酒店的日子相当难熬。员工闲着，固定费用照样支出，这时怎么办？“酒店需要推低价产品提升一下人气。但要考虑酒店的收入结构，譬如有一些酒店的餐饮原来占总收入的3～4成，此时，餐饮下降了，可以暂时由客房收入或其他产品收入补贴一下。餐饮部推出几道低价菜品，吸引人过来，也是想让客人消费时购买其他的产品，但不可能所有的菜都这么便宜。”

山东颐正大厦总经理何庄龙认为，“如果一桌饭一个低价菜作为促销手段是可以的，但如果一桌饭都是这样的话，那就是炒作了。在五星级酒店吃个菜10元左右，是对资源的浪费，也是对五星级酒店的亵渎，毕竟光成本就要10元以上。”何庄龙指出，高星级酒店的餐饮应该挤掉水分，适当降低毛利率，开拓大众市场，但不能不计成本，哗众取宠。“譬如老百姓在超市买个饼要5元，在酒店可能要7元，多出的2元，是顾客享受高星级酒店的环境与服务而产生的费用。要是高星级酒店的饼也卖5元，那就不符合基本的经济规律了。”何庄龙说。

也有酒店总经理担心低价菜的做法会“引发价格战，扰乱市场秩序，导致恶性竞争”。一些三星级酒店的总经理也明确对笔者表示，高星级酒店的这一做法可能会进一步压缩低星级酒店的生存空间。

2. 并非长久之策

何庄龙表示，长期推行低价菜，星级酒店的客源肯定要流失。比如，吃早餐，在济南小摊上花5元钱就可以了，但在高星级酒店，有好的环境和好的服务，就要花50元。“如果花5元钱的客人和花50元的客人一起在酒店吃，花50元的客人肯定不会再来消费了。”在何庄龙看来，高星级酒店面向大众无可厚非，但大众消费市场也有细分，高星级酒店必须坚持自身定位和服务价值。

"普通顾客不能取代中高端客户。"济南胜利石油大厦总经理姚宝恩说:"一些五星级酒店为吸引大众消费推出很便宜的特价菜,收效不一定明显。因为普通顾客去吃是抱着一种尝试的心理,看看高星级酒店和社会餐饮或者酒楼有什么区别。一旦高星级酒店价格上调,他们必然不会再去。因此,这样的举措是不会长久的。"

——改编自:郭旗.高星级酒店推低价菜的是与非[N].中国旅游报,2013-07-03.

三、饭店产品定价的目标

所谓定价目标就是产品价格在实现之后应达到的目的,它规定了企业定价的目的与水平。饭店产品定价的目标是饭店营销目标的基础,是饭店选择定价策略及定价方法的依据。

(一) 以维持生存为目标

同其他企业一样,饭店经营中的最低目标就是在市场竞争中维持生存。基于这一最基本的考虑,饭店定价有其保本点,这一价格可以使饭店处于不亏和不盈的状态。但由于饭店产品具有不可储存性,因此,饭店产品不存在最低价格。如房价为100元/天,保本点为60元/天,降低为50元/天。卖不出去每天亏60元,卖出去每天只亏10元。于是在产品供过于求时,许多饭店采取这项目标,削价竞争便是典型的反映。

(二) 以获取利润为目标

饭店主要通过高价格获得高利润,以增强饭店的生存力和竞争力,使其能在市场中较好地实现产品的价值,取得尽可能多的利益。由于消费者的拒绝、竞争者的增加、替代品的产生等因素,使用这种定价目标应注意,饭店需要结合内外部环境,选择一种适合的具体目标。

(三) 以保持和扩大市场占有率为目标

这里所说的市场占有率是指饭店销售额或营业收入在同行业中,市场销售总额或营业总收入中所占的比重。一般来说,市场占有率是企业发展的基础,从一定程度上代表了潜在的利润率和发展潜力。在竞争激烈的市场中,饭店为了保持或扩大市场占有率,经常采用的是低价渗透策略。

(四) 以稳定市场价格为目标

为了增加市场的稳定性,实现整个行业的稳定健康发展,拥有充分后备资源且打算长期经营的企业,在市场竞争和供求关系较为正常的情况下,往往将价格稳定在一定水平上,不轻易加以变动。

四、饭店产品定价的策略

(一) 新产品上市定价策略

1. 撇脂定价

撇脂定价策略是在新产品刚刚进入市场时的从优采取高价投放策略,以便迅速收回投资,取得丰厚利润。这种定价策略适用于特色鲜明、垄断性强、其他企业难以仿制或开发的饭店产品。

撇脂定价策略的优点:第一,可以使饭店前期投资迅速收回;第二,为后期产品降价创造了条件;第三,提高自身的身价,树立企业的良好形象。

不足之处:第一,高价一旦被消费者抵制,则难以打开市场,导致投资难以收回;第二,高价厚利容易导致竞争对手增多,加剧市场竞争。

因此,这种价格策略一般不宜长期使用,只能是一种短期的价格策略。

2. 渗透定价

渗透定价策略是指企业在推出新产品时,在产品价格的可行范围内尽可能地制定低价,吸引大量的消费者,利用价廉物美迅速占领市场,取得较高的市场占有率。

渗透定价策略的优点:饭店的渗透价格策略是以较低的价格渗透市场,这样一来,就有利于增加饭店产品的销售量,尽快地为饭店获得较大的市场占有率。同时,使用这种办法的饭店也便于阻止竞争对手的介入,并有利于自己对市场的控制。

不足之处:第一,较低的定价,在短期内可能无法获得足够的利润;第二,价格变动余地小,不利于新产品后期降价;第三,价格较低,有可能被认定为不正当竞争,影响企业的形象与发展。

3. 满意定价

满意定价策略介于撇脂定价策略与渗透定价策略之间,价格水平适中,同时兼顾企业、旅游中间商及消费者利益,使各方面皆能顺利接受。这种定价策略价格比较稳定,在正常情况下盈利目标可按期实现,但相对而言,这种定价策略也比较保守,不适于需求复杂多变或竞争激烈的环境。

(二)心理定价策略

心理定价是指企业在定价时利用消费者的心理有意识地确定不同的价格,以扩大销售。

1. 尾数定价

尾数定价策略是指饭店在定价时有意保留产品价格的角分尾数,一般消费者往往认为尾数价格是经过精密计算的,因而会产生一种真实感和信任感,从而有利于扩大销售。

2. 整数定价

整数定价与尾数定价策略相反,是指饭店有意识地将产品价格制定出整数。在整数定价方法下,饭店凭借整数价格给客人造成高价的印象。整数定价常常以偶数,特别是“0”作尾数。例如,饭店客房可以定价为 1000 元,而不必定为 998 元。这样定价的好处表现为:第一,可以满足顾客炫耀富有、显示地位、崇尚名牌、购买精品的虚荣心;第二,方便饭店和客人的价格结算;第三,利用产品的高价效应,在消费者心目中树立高档、高价、优质的产品形象。

3. 声望定价

饭店针对具有较高知名度和较高信誉的产品制定高价,这种策略满足了消费者求名、求胜的心理需要,既补偿了提供产品或劳务的饭店的必要耗费,也有利于满足不同层次的消费需求。

4. 招徕定价

招徕定价策略是指饭店有意识地将某些产品价格定得很低,发挥其促销导向作用,吸引潜在的旅游消费者,从整体上提高企业的销售收入。例如,饭店特别设置几种低价畅销商品,以招徕顾客。顾客多了,不仅卖出了低价商品,也带动和扩大了其他一般商品和高价商品的销售。

【小链接6-2】

顾客价值判断的基本机制

1. 参考效应(Referencing Effect)

人们对于价值的判断往往并没有绝对的标准。也就是说,如果消费对象是唯一存在时,你很难确定它的价值,必须依赖一定的参考标准作为判断依据。类似物理学中,动与静是相对而言,取决于采用的参照物。在营销中也一样,消费者会寻找各式各样的参照物,这一现象称为消费参考效应。

2. 标杆价格(Benchmarking Price)

消费者不可能熟悉每一种商品的价格范围,但对于蔬菜、水果、洗发水、牛奶等高频率购买的商品在多次购买过程中有机会充分了解替代品信息,所以消费者对这些商品的价值和价格有较清晰的认识,这些商品称为标杆商品,其价格称为标杆价格。在某商店一次性购买多种商品时,消费者不会清楚地记得每件商品的价格,往往会以标杆产品价格的高低作为判断商店价位的依据。如果标杆商品便宜,就认为这家店便宜;否则,相反。这是一种典型的参考效应,标杆价格就是消费者判断价格时依赖的参照物。

——改编自 李丽霞.新编饭店营销管理[M].武汉:华中科技大学出版社,2011:151-152.

(三)折扣定价策略

1. 数量折扣

即根据购买数量或金额总数的差异而给予不同的价格折扣。购买数量越大、金额越多、折扣率就越高,这种策略是一种鼓励消费者大量购买和频繁购买的一种定价策略,也是使顾客保持忠诚度的一种有效的方法。数量折扣分为两种:

① 非累计数量折扣,是指消费者一次购买的数量或金额达到或超过一定标准时就给予一定的价格折扣,以鼓励消费者一次性大量购买。

② 累计数量折扣,是指一定时期内,消费者购买的数量可以相加,当购买数量或金额达到一定量后,可以享受一定比例的价格折扣。在实际运用中,饭店也可以并不给予消费者低价,而是给予一定数量的免费品。

国际饭店集团的客户忠诚计划具体内容见表6-1。

表6-1 国际饭店集团的"客户忠诚计划"

饭店集团	客户忠诚计划内容
HowardJohnson 酒店与度假酒店	成员入住所有的HowardJohnson的合格消费均可获得超级里程点数可折合为免费或折扣房间,Avis租车,航空里程数
凯悦饭店集团	以合格房价的每元消费计5分,可折合为免费房间、免费机票
泛太平洋酒店与度假酒店	包括升档、公司价、免费报纸和延时离店
Wingatge 饭店集团	成员入住9晚可获得1晚免费住房、AAdvantage等级2500英里里程数或大陆等级2500英里里程数

资料来源:卢强.定价[M].北京:机械工业出版社,2006:95.

2. 现金折扣

现金折扣是饭店对现金交易或按期付款的消费者给予价格折扣。饭店之所以经常采用这种策略的原因是为了鼓励消费者提前付款，以便尽快收回现金，改善饭店资金的周转状况，同时降低自己收款时所产生的费用。

3. 季节折扣

在饭店淡季给消费者的季节折扣。饭店可以根据自身的类型，推出不同形式的促销与优惠活动。比如，商务酒店为提高商务饭店的周末客房出租率可以实行周末促销活动。

4. 实物折扣

实物折扣是指饭店对于购买者以实物形式给予激励的一种折扣策略。这种折扣适用于关联性较强的饭店产品，如饭店为入住客人免费提供早餐、免费接送等。

（四）产品组合定价策略

1. 产品线定价

指饭店就同一系列产品的不同质量、不同服务标准，按照相近原则，将之划分为若干个档次，不同档次制定不同价格。

2. 选择品定价

许多饭店在提供主要产品的同时，还会提供与主产品密切相关，但又可独立使用的产品。选择品定价有两种主要策略：一是将选择品的价格定得较高，使其成为饭店盈利的一个来源；二是将选择品价格定得较低或免费提供，以吸引消费者购买。

3. 补充品定价

如果一种产品的销售会促进另一种产品的销售，则这两种产品互为补充品。饭店通常情况下会为主要产品制定较低的价格，而为附属产品制定较高的价格。

4. 两段定价

在服务业中，两段定价法是经常采用的方法，即饭店先收取一定的固定费用，然后在此基础上加收一定的可变费用。

5. 副产品定价

如果副产品对某一消费群体具有价值，能带来收入，饭店可在必要时将主产品价格制定得较低，以提高竞争力。

6. 产品系列定价

饭店把相关产品组合在一起，为其制定一个比分别购买更低的价格，进行一揽子销售。

第二节　饭店产品定价技术

【小链接 6－3】

广州周边城市酒店“冷热不均”

2013 年 10 月 15 日开幕的第 114 届中国进出口商品交易会（简称“广交会”）11 月 4 日在广州落下帷幕。

一直以来，参加广交会的约 20 万人次的海内外客商都是广州乃至东莞、佛山、中山等周边城市酒店争抢的“蛋糕”。本届广交会期间，不少酒店客房价格出现不同程度的上浮，但也出现了"冷热不均"的情况,有的酒店入住率超90%,有的酒店入住率却较往年有所下降。从区域情况来看,中山市酒店价格上升但入住客商较少,佛山市酒店接待广交会客商的情况整体不如往年,而东莞市多家酒店的房价和入住率均有所上升。

1. 广州涨幅收窄

据了解,广交会展馆所在的琶洲区域到东莞、佛山、中山等广州周边城市均在"1小时生活圈"范围内。广州与东莞、中山、佛山之间均有多条高速或城际轻轨连通,佛山与广州还实现了地铁互通,使得广交会客商"城内参展、城外居住"成为可能。

广之旅订房数据显示,今年广交会期间,广州各星级酒店房价平均涨幅多在20%~100%之间,涨幅较去年收窄两成以上,无法与前几年房价狂涨2~3倍时期相比,仅有广交会展馆琶洲区域酒店的房价涨幅超过2倍。

2. 东莞"一枝独秀"

为了争取客源,东莞多家酒店提供了免费的穿梭巴士送住店客人直达会场。东莞不少酒店在房价比平日上升5成左右的情况下,入住率突破了8成,松山湖凯悦酒店和富盈美爵酒店部分时期的客房更是出现了爆满情形。

东莞塘厦三正半山酒店执行周末价,不打折;东莞嘉华大酒店的标间平日为500元左右,广交会期间涨到了800多元;松山湖凯悦酒店广交会期间房价比去年相比提升,标间价格为1000元;富盈美爵酒店标间房价调到了500元左右。价格的上涨丝毫未影响入住率。例如,东莞塘厦三正半山酒店入住率增长了20%左右;富盈美爵酒店的入住率增加了二至三成。

在东莞塘厦三正半山酒店市场商务部副经理黄泽敏看来,毗邻广州的东莞市,在广交会期间能分得市场的一杯羹,有一定道理可寻。"价格比广州普遍便宜一半,交通便捷,1个小时之内能通达。更主要的是,东莞作为制造业基地,很多客商在东莞均有合作厂家。这样既方便参展,又能兼顾商务洽谈",黄泽敏分析。

3. 多城市"未解渴"

与东莞酒店普遍"价升客增"不同,佛山与中山酒店的战绩却不那么理想。

佛山的9家五星级酒店中,只有佛山皇冠假日酒店在广交会期间的业绩较为理想。佛山皇冠假日酒店市场销售总监张倩菁介绍,该酒店面向广交会客商推出6种类型客房,订房价与去年同比基本持平,广交会一期订房率接近100%。

与位于市中心的佛山皇冠假日酒店相比,禅城南庄的华夏新中源大酒店、南海桂城的佛山保利洲际酒店、南海大沥的名都大酒店、顺德容桂的哥顿酒店等五星级酒店,在本届广交会期间的业绩上却表现得较为逊色。据悉,佛山保利洲际酒店在广交会期间的订房率为65%,与去年同比略有下降。其间该酒店曾因应客商需要配套服务而将客房价格上调30%。名都大酒店的综合订房率为六七成,同比也有所下降。此外,远离市区的三水金太阳酒店、三水花园酒店和高明碧桂园凤凰酒店则由于较远,未能获得广交会客商的青睐。

对于佛山酒店在今年广交会市场份额的下滑,佛山名都大酒店营销经理黎绍辉表示,与去年同期相比,今年广交会的佛山五星级酒店订房情况不尽如人意,是因为广交会尚且喂不饱广州各大酒店,对佛山酒店的辐射力自然较弱。黎绍辉分析认为,一方面国内各地每年举行的各种各样细分主题展会太多,对参加广交会的客源有分流影响;另一方面,广州及周边城市的酒店越来越多,也分流了佛山酒店的广交会客源。

——改编自 郭光明. 广州周边城市酒店"冷热不均"[N].
中国旅游报,2013-11-06.

一、饭店定价的影响因素

由解放初期的政府发文定价，到现在的在政府指导下的市场定价，饭店拥有了很大的自由定价权利，可以为自己寻求最合适的价格，争取最好的经济效益。然而，由于饭店所处宏观环境的变化，以及饭店自身因素的影响，饭店在制定价格时，受到许多因素的制约。归纳来讲，影响房价制定的因素可以分为两大类：一类是外部影响因素，另一类是内部影响因素。

（一）外部影响因素

1. 供求关系的影响

需求量、供给量和成本在饭店产品定价中起着重要的作用。假定其他因素不变，价格上升，需求量就会降低；价格下降，需求量就会上升，即价格与需求量之间呈反比变化。假定其他因素不变，价格上升，供给就会上升；价格下降，供给量就会下降，即价格与供给量之间呈正比变化（如图 6－1）。

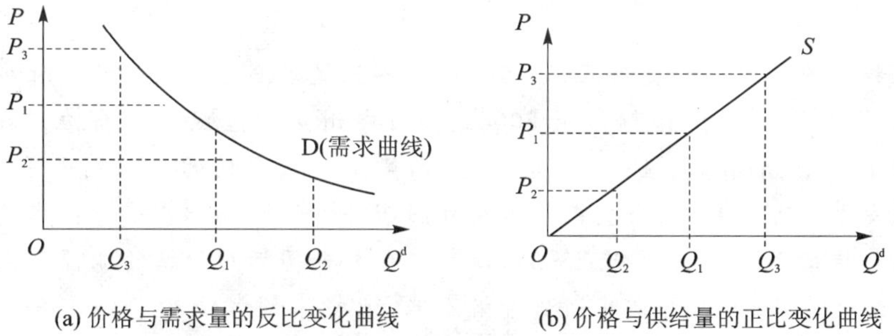

图 6－1　价格对需求量与供给量的影响曲线

饭店商品的价格随供求关系的变化而不断调整，当供过于求时，饭店业需要考虑降低价格；当供不应求时，饭店要考虑适当提高价格，见表 6－2。影响客房供给量上升或下降的因素见表 6－3。

表 6－2　影响顾客需求量的因素分析

需求上升的因素	需求下降的因素
竞争对手房价上升	竞争对手房价下降
顾客经济收入增长较大	顾客经济收入下降
饭店产品对顾客偏好的满足	客源市场的偏好发生转移
饭店内互补产品质量的提升	饭店内互补产品质量降低
客源国经济状况好转	客源国经济萧条
政府鼓励消费，银行利率下调	政府鼓励储蓄，银行利率上升
通货膨胀	经济衰退或萧条
旅游旺季来临	旅游淡季来临
大型节庆活动、国际会议、展览在本地举行	失业

表 6-3 影响客房供给量的因素分析

客房供给量上升的因素	客房供给量下降的因素
国家或地方政策明显对饭店有利	国家或地方政策明显对饭店不利
政局稳定	政局动荡
经济增长	经济萧条
生产成本和经营费用大幅度下降	生产成本和经营费用上升
投资者预测未来的旅游需求会有很大增长	投资者无法预测未来旅游需求是否会增长

改编自 刘晓琳,曲春蕾.酒店市场营销[M].北京:中国旅游出版社,2012:113.

【小链接 6-4】

广交会酒店价格全线上涨 2～3 倍

在 10 月举行的秋季广交会期间,广州酒店价格节节攀升,各星级酒店房价较平时都有 2～3 倍的涨幅。

记者从携程网国内酒店的页面上查询到,广州某五星级酒店标准房的平时房价在 1000 元左右,而在广交会开幕当天价格翻倍至 2000 多元;广州某四星级酒店标准房平时的房价在 450 元左右,而广交会期间涨至 1300 元左右;广州某三星级宾馆的房价则由平时的 300 元左右涨至 700 元左右。可以看出,高星级和低星级酒店房价的涨幅都在平时价格的 2～3 倍。

记者从携程旅行网酒店业务部了解到,今年广交会期间酒店价格的涨幅与去年基本持平。从去年的预订情况看,虽然展会期间酒店价格高涨,但整体预订情况十分火爆,一些热门酒店一般在开展前一周就已满房。在高星级酒店和低星级酒店的选择上,商务客人更偏好高星级酒店,所以一般情况下,会场附近的高星级酒店预订比较紧张。

——资料来源:肖阳.广交会酒店价格全线上涨 2～3 倍[N].南方都市报,2013-09-09.

2. 社会政治、经济形势的影响

旅游经济具有脆弱性,一旦出现负面的影响,就会使旅游行业出现不稳定性和波动性。美国"911"恐怖袭击事件后,纽约麦迪逊大道的纽约宾馆超过 3/4 的客房被闲置,美国旅游业曾一度陷入困境。可见,稳定、繁荣的社会政治及经济环境,对饭店来讲是至关重要的。

3. 季节性影响

季节性强是旅游业的一大特点,有些地区甚至由于自然气候这一因素的制约,在旅游淡季景区放假休息,直接影响饭店经营的好坏,饭店需要提供优惠的房价等措施来维持正常的生存。

例如,据云南网报道,斯里兰卡西南部拥有美丽的沙滩和纯净的海水,并云集了众多五星级度假酒店。酒店价格便宜,每年 4 月份,开始进入淡季,住房价格几乎可以下降一半。

【小链接 6-5】

国庆期间柳州酒店客房费普涨

9 月 25 日,有网友在网上发帖称,柳州市区一些酒店借国庆假期和柳州举办水上狂欢节的契机,提高客房住宿费,有个别连锁酒店标间客房费从平时的每晚100元涨价至219元,直让远方来柳州玩的亲友“住不起”。记者就此调查发现，柳州部分酒店国庆期间确实上调了客房费，上调幅度一般在10%～30%之间，但也有少数酒店维持原价。

在八一路柳州沃顿连锁酒店，酒店工作人员称，现在商务标间每天的客房费是289元，国庆期间会恢复至349元，相比现有价格会提高60元。该工作人员称，这不是涨价，而是恢复至原价，平时入住率低一些，到了旺季，价格略微提高也是正常的。据其称，国庆节酒店客房费提价，这是“行规”。随后，记者走访柳州市北站路汉庭、城市便捷、如家等连锁酒店，证实了国庆客房费提价的说法，均称是接到连锁总部的指令，每间客房费提价30～100元不等。

——资料来源：王小丁. 国庆期间柳州酒店客房费普涨[N]. 南国今报，2013-09-27.

4. 政府或行业组织的价格约束

政府为了维护经济秩序，或为了其他目的，可能通过立法或者其他途径对饭店行业的价格进行干预。政府价格干预行为主要能够起到两方面的作用：一是维护消费者的利益，防止价格过高形成饭店价格的暴利；二是保障企业的利益，避免恶性价格竞争。

例如，2013年海南省儋州市根据省相关通知的规定，市物价部门决定对全市“十一”期间旅游饭店客房价格实行政府指导价管理。“十一”期间，各类旅游饭店标准间客房备案价格根据2012年“十一”期间旅游饭店经市物价局核准备案的各类客房价格下浮不低于10%，制定具体的客房销售价格。

5. 消费心理

客人的消费心理是进行定价时应重点考虑的因素。例如，中国消费者会在面子心理的驱动下，消费超过自己购买或者支付能力的商品。饭店可以利用这种心理，进行定价，获取溢价。

【小链接6-6】

顾客对饭店产品的内在价值感知

顾客感知价值(CPV，Customer Perceived Value)指预期顾客评估和感知一个供应品的所有价值与所有成本之差。饭店顾客感知价值的衡量内容主要包括：

1. 饭店产品和服务质量

饭店产品和服务质量是顾客关注的最根本问题。顾客通过各种途径获得饭店产品和服务质量的信息，包括饭店所提供的服务产品的数量、服务人员的素质与服务技能、饭店硬件设备设施等方面，从而获得一个期望价值，之后再将该期望价值与所应付出的全部成本相比较，最终形成感知结果。

2. 饭店的品牌知名度和公众形象

品牌知名度表明了饭店在市场上的竞争力状况，公众形象体现了饭店在公众心目中的地位。实力强大的饭店往往有深厚的企业文化根基，因此会有很高的品牌知名度和非常良好的公众形象，因而消费者对此类饭店通常有较高的期望价值，而这类饭店也往往会为消费者提供“物有所值”或“物超所值”的产品和服务，顾客对其的感知价值也会偏高。

3. 顾客的个人情感因素

顾客的个人情感因素指顾客在与饭店具体接触的过程中会形成一定的情感倾向。例如，在了解饭店过程中所感受到的服务是否尽善尽美，是否得到了饭店相关人员的尊重，整个接触过程是否愉快等，这些都会使顾客形成一定的情感反应。这种主观上的个人情感在很大程度上会左右顾客对饭店的价值感知结果。

——改编自 李丽霞.新编饭店营销管理[M].
武汉:华中科技大学出版社,2011:153-154.

(二)内部影响因素

1. 饭店选址

据有关数据显示,饭店的地址对饭店成功运营的直接和间接影响在众多相关因素中占到60%左右。选址不仅关系到市场的开发能力和对消费者的吸引力的大小,更重要的是对长期效益的取得具有战略性的影响。

2. 投资成本

根据国际酒店业的一般标准,五星级酒店的投资成本,换算成每间客房为单位来计算,为15～20万美元,四星级酒店为10～14万美元,而经济型酒店则为1.5～4万美元。因此,饭店的投资大小是影响客房价格水平的基本因素。此外,投资成本回收期的长短,以及目标利润率的高低,都会对房价的制定产生影响。

【小链接6-7】

易捷酒店如何降低成本

1. 缩小房间面积

在占地面积相同的楼面上,缩小每个房间的面积就能够增加房间的数量。易捷酒店的房间面积大都在10平方米左右,最小的房间只有6平方米,除了床和卫生间之外几无容身之处,非常狭小。整体卫浴非常紧凑,马桶、洗脸池和沐浴三个区域的位置相互重叠,卫生间只能容纳一人。

2. 降低人力成本

为了控制各个门店的人工成本,保持低房价,在顾客停留期间,饭店并不每天打扫房间,也不更换床上用品。当然,如果你希望你的房间被清扫或者希望更换床上用品,酒店也随时能够提供该项服务,只不过顾客需要额外花10英镑并需要提前预订。为了降低总部的运营成本,目前该公司的所有预订都必须通过网络进行,公司不提供呼叫中心预订。

3. 鼓励顾客采用自助服务

该公司重视各种类型的自助服务的提供。每一家易捷酒店都没有留下电话信息,顾客要查找的所有与酒店有关的信息(包括各种交通设施、到景点和工商业设施的方式、路线和时间)都可以通过网站查询到,减少了员工的工作负担。此外,饭店销售小商品、冷热饮料,但都是通过自动售卖机的形式。当然,饭店中24小时都有人值守,当顾客遇到问题的时候,可以在前台找到员工。

4. 减少维护费用

酒店的的设施和房间经过了精心设计,在力求具有美学效果的同时采用了耐用耐损耗的建材进行建筑和装饰,大幅度减少了后期的维护费用。

——改编自 秦宇.旅游饭店经典案例[M].
天津:南开大学出版社,2013:31-32.

3. 服务质量

被誉为"美国酒店大王"的斯坦特说过，"酒店业就是凭借酒店来出售服务的行业"，可见饭店业就是与"情感"关系密切的行业，优质的服务是酒店生存的基础。酒店作为典型的服务行业，每天要接待来自四面八方的消费者，优质的服务有助于发现并留住具有消费能力的回头客，为酒店创造稳定的收入。国际知名的希尔顿酒店认为，只要每年有十分之一的老顾客光顾，饭店就会永远客满。

4. 行业内竞争

据国家旅游局发布的《2012 年中国星级饭店统计公报》表明，到 2012 年年末，全国共有星级饭店 12807 家，仅五星级饭店就有 640 家，占全国星级饭店客房总数的 5.4%。由于饭店数量的不断增加，行业内竞争日益加剧，为了获得高客房出租率，削减房价成为一种常用的竞争定价方法，竞争的后果会导致房价偏低。

二、常用的饭店定价方法

（一）成本导向定价法

1. 盈亏平衡定价法

该定价法是指旅游企业在既定的固定成本、平均变动成本和旅游产品估计销量的条件下，实现销售收入与总成本相等时的价格。这种定价方法一般与客房出租率有关系，按国际惯例一般要求客房出租率超过 65%～67%，低于这个数值则难以实现盈亏平衡（见图 6－2）。盈亏平衡定价法常用作对饭店各种定价方案进行比较和选择的依据。

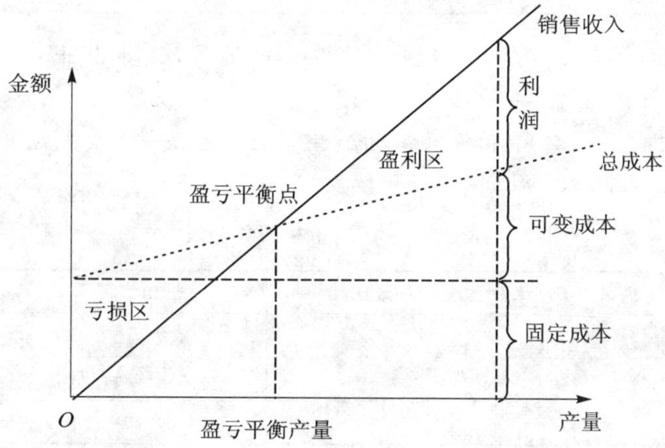

图 6－2 盈亏平衡定价法

2. 客房面积定价法

客房面积定价法是通过确定客房预算总收入来计算单位面积的客房应取得的收入，进而确定每间客房应取得的收入来进行定价的一种方法。

这种定价方法主要受客房预算收入的影响，房价制定是否科学合理，主要取决于经营者预算收入的准确度是否符合实际。如果预算收入较高，则客房价格也较高，但如果市场不接受或预算收入偏低，则会给饭店经营和预期利润率带来负面影响。

3. 赫伯特公式定价法

赫伯特公式定价法又称目标利润定价法,由美国饭店和汽车旅馆协会主席罗伊·赫伯特主持发明。它是以目标收益率为定价的出发点,要求在客房成本计算的基础上,并在保证实现目标利润的前提下,根据计划的营业量,各项费用支出及所需得到的利润计算确定客房价格。

【小链接 6-8】

赫伯特公式定价法在饭店客房定价中的应用

丽都假日饭店有 800 间客房,具体情况如表 6-4 所列,我们可用赫伯特公式计算出该饭店的平均价格。

表 6-4 平均价格计算表

元

项　目	数　值	项　目	数　值
总投资额	776660000	饭店经营收入	43326500
目标利润(目标收益年 18%)	13798800	其他部门利润	1408000
折旧、税金、保险费等	11324600	客房经营费用	14427300
折旧	8540000	客房所得收入	56345800
税金	2292400	客房年出租间天数	233600
保险费(间天/年)	492200	平均房价	214.21
行政管理和营销等费用	18203100	行政管理费	6916000
营销费用	1462500	能源费	2675700
维修保养费	3280400	其他费用	3868500

表 6-4 说明了赫伯特公式计算客房平均房价的过程,但其中并未考虑手续费和折旧因素,并且其折扣率会因顾客种类的不同而不同。

下面介绍折扣之前每一目标市场价格的制定方法,见表 6-5,先计算折扣前要达到的平均房价:

表 6-5 饭店价格折扣情况

目标市场	租用各房间天数	百分比/%	折扣率/%	每间房均人数
定期住店客人	11680	5	5	1
商务客人	11680	5	12.5	1
会议团体	93440	40	20	1.5
旅游团体	35040	15	25	2
观光旅游者	81760	35	15	2.5
合计	233600	100	—	—

则饭店进行价格折扣之前要达到的平均房价为:

$$\left(\frac{56345800}{11680\times95\%+11680\times87.5\%+93440\times80\%+35040\times75\%+81760\times85\%}\right)\text{元}=$$

$$\frac{56345800}{191844}\text{元}=293.7\text{ 元}$$

再计算每一目标市场的具体房价,见表 6-6:

表 6-6　每一目标市场的具体房价

元

各目标市场要求平均房价	折扣前要达到的平均房价	折扣率/%	平均房价	单人房价格	双人房价格
定期住店客人	293.7	5	279.0	279.0	—
商务客人	293.7	12.5	257.0	257.0	—
会计团体	293.7	20	235.0	215.0	255.0
旅游团体	293.7	25	220.3	—	220.3
观光旅游者	293.7	15	249.6	—	249.6

这样，就大致计算出了针对不同目标市场的房价，当然，具体的价格还需要饭店根据市场形势做出适当调整，前面已经提到，这一定价方法的一个缺陷是未考虑价格与需求之间的关系，因此，客房出租率的确定也就直接决定了定价的可靠程度，饭店应根据市场趋势以及以往经验做出合理的估算。

——摘选自　刘德光，陈凯，许杭军. 旅游业营销[M]. 北京：清华大学出版社，2005：202-204.

4. 千分之一法

千分之一法亦称建造成本法，以饭店投资额的千分之一作为定价基础。由于饭店房屋及其附属设施通常占饭店投资的70%左右，所以客房造价与房价有着直接的联系。千分之一定价法对不同饭店的设备、设施、服务条件等各种差异进行了取舍，用简洁统一的价值尺度来表述饭店水平和房价的关系。饭店建造过程中需要投入土地、建筑实体、家具物品等，计算中所采用的成本应包括饭店占用的土地使用费、建造费及设施设备成本。具体公式如下：

$$平均每间客房租价=\frac{土地使用费+造价+设施设备成本}{客户总数}\times 0.1\%$$

使用千分之一法定价，饭店管理者可以迅速做出价格决策。如某饭店有客房500间，总投资为5 000万元，平均每间客房的造价为100000元，按千分之一定价法，每间客房标准房价就应定为100元。千分之一定价法适用于以住宿为主、膳食为辅的饭店，但由于现在饭店的经营结构发生了一些变化，许多饭店除了客房还包括餐厅、酒吧、康乐中心等建筑投资，因此，在正式的定价过程中，应考虑到饭店的实际情况。

（二）需求导向定价法

需求导向定价法以消费者对饭店产品的理解和认识为依据，是市场导向观念的产物，它主要包括弹性盈亏分析法、理解价值定价法和需求差异定价法。

1. 弹性盈亏分析法

这种分析方法对原始盈亏平衡分析做了两处改动。首先，在图表上出现了数条反映不同价格的总营业收入曲线；其次，根据不同价格预测出不同的需求量。从图 6-3 中可以看出，每条总营业收入曲线上都标有该价格水平可以获取的销售量，将这些点连接起来，就形成了不同价格的获利区域。

当饭店的定价目标不是获取最大利润时，就可以利用这种方法算得最佳获利价格及其他获利价格。例如，饭店经营季节反差较大，在淡季饭店面临需求不足，而在旺季又出现超量需求。在旺季，饭店可以提高价格，因为通常需求量越大，供给量就相对较小，而价格也就越高；

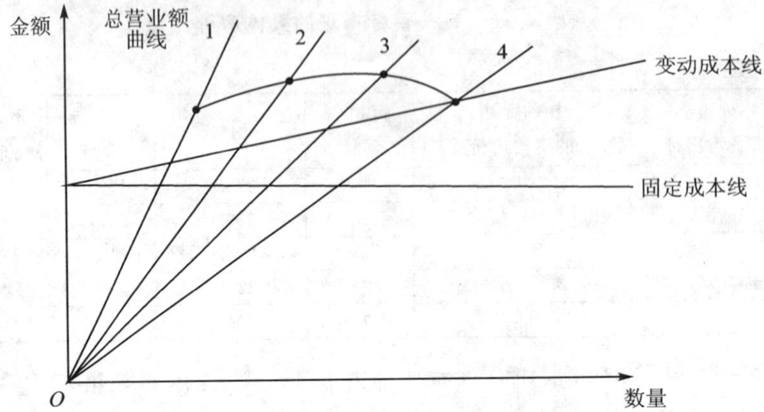

图6-3 弹性盈亏分析中不同价格的获利区域

在淡季,饭店需要客源,就可以降低价格来吸引生意。饭店淡旺季的需求波动如图6-4所示。

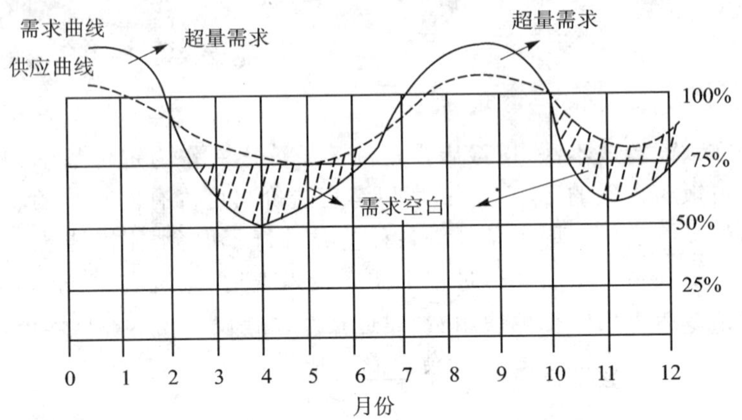

图6-4 饭店淡旺季的需求波动

2. 理解价值定价法

这种方法是以消费者对产品的认识程度为依据而制定价格的方法,消费者的主观感受和评价是制定价格的基础,而不是产品的成本。每家饭店的价值在顾客心目中都有特定的位置,顾客会将其备选的饭店相互比较,通过权衡相对价值的高低而决定其最终选择。因此,饭店首先需要为其产品在目标市场上"定位",并运用各种营销手段来影响消费者的价值观念,使消费者感到选择的产品能比其他产品获得更多的相对利益。然后,企业就可根据消费者所形成的价值观念大体确定客房价格。运用理解定价法的关键,是把自己的产品同竞争者的产品相比较,准确估计消费者对本产品的理解价值。

3. 差异定价法

这种定价方法是将同一饭店产品订出多种价格,以便运用在不同的细分市场上。制定出不同价格的依据主要有以下三种情况:

第一,顾客不同。饭店不同的客人类型会给饭店带来不同的利益,针对不同的客人实施不同的价格可以增加饭店的营业额。如果一个无预订的散客进店,饭店给出的是门市价;而业务单位介绍来的客人,由于业务单位能给饭店带来持续而稳定的客源,所以饭店给客人的就是优惠价或折扣价。

第二,地点不同。同一集团的饭店,因其所在的地理位置不同,定价会有所差异。

第三,时间不同。例如,佛山市物价局规定,旅游业客房旺季价格,“按星级(相当类型)允许企业在标准双人房协调价的基础上上浮50%以内自行确定房价;淡季,按星级(相当类型)允许企业在标准双人房协调价的基础上下浮20%以内自行制定最低限价”。

(三)竞争导向定价法

这种定价方法通过研究竞争对手的产品价格和服务质量,以竞争者的价格为基准点,确定同类产品价格的方法。这种定价方法的特点是,竞争是定价考虑的中心,除非市场需求或成本因素的变化引起了竞争者价格的调整,否则不对其做出反应。

1. 率先定价法

饭店根据市场竞争及自身的市场定位,率先制定具有竞争性的价格,以吸引并拥有占领市场的优先权。若价格符合市场的供求需要,则能够在竞争中获取较大收益。例如,厦门翔鹭国际大酒店率先将客房降价为一间498元,这一价格的推出反响不错,这种针对团队客的定价方式会对厦门高星级酒店的整体价格产生影响。

2. 随行就市定价法

饭店根据同一行业的平均价格或其直接竞争对手的平均价格来制定自己的价格,可以较好地避免出现正面价格竞争。在竞争对手众多的饭店产品市场,价格稍有出入,消费者便会涌向价廉饭店。因此,随行就市定价法在竞争态势不明朗、饭店缺乏较强竞争力的情况下利于避免竞争,帮助饭店保持市场份额。

三、增加营业收入和利润的定价策略

(一)细分目标客源,制定差别价格

广州、北京、上海是我国经济发展、对外交往的三个重要“窗口”,是拥有五星级酒店最多的三个城市。一般来说,同等级饭店为相互的竞争对象。然而,长城饭店、凯宾斯基饭店、昆仑饭店等五星级酒店“扎堆”出现在北京“燕莎圈”,这些地理位置、硬件设施均相似的酒店却能够“和平共处”,关键原因是:准确定位,细分客源。

美国哈佛大学迈克尔·波特教授认为,差异化是企业的竞争策略之一,可做到密集化营销。面对激烈的市场竞争,饭店的首要任务是对自身进行明确的市场定位,找准目标客源,实现小市场、大份额。如果市场定位不清、忽视自身层次,追求出租率、忽视营业额,很有可能就会陷入盲目降价、越层竞争的境地。

在饭店市场营销中,选择目标市场也就是其目标客源是非常重要的一项工作。饭店应结合自身的星级或档次,寻求最合适的客源,争取最大的经济效益。以上海新锦江大酒店为例,这是一座大型豪华五星级酒店,是国内外商务、旅游客人在上海的首选,数百位各国元首、首脑、政要及国际知名人士曾下榻于此。新锦江大酒店确定了主、次、辅三个层次的目标客源:第一层次目标客源是国家首脑、政府官员、大型国际会议和科技、经济、文化艺术、教育、体育等各界人士、世界各国贸易商人;第二层次是普通的散客和一些较豪华的旅游团队;第三层次是国内社会各界人士。对目标客源分类定价是国际上饭店业的通常做法,饭店可以根据客人类别的不同,评估其为饭店带来的利益,给予不同的定价。

（二）保持高品位，维持高价位

从1987年开始，我国与世界各国一样，采用了酒店评级分类制度，分为五个星级。随着星级不断增加，饭店的硬件设施和软件标准不断提升，饭店的平均房价也就越高(见表6-7)。

表6-7 2013年第一季度中国星级饭店经营情况统计表

项目 星级	饭店数量/家	平均房价 /[元·(间·夜)$^{-1}$]	营业收入 /亿元	餐饮收入 比重/%	客房收入 比重/%
合计	12038	322.75	536.28	45.72	40.33
一星级	165	239.31	1.98	47.88	45.05
二星级	3174	191.86	42.99	41.82	44.22
三星级	5722	220.20	166.58	45.46	36.36
四星级	2275	348.65	169.23	48.29	39.35
五星级	702	683.72	155.50	44.26	44.51

数据来源：2013年第一季度中国星级饭店经营情况统计表[OL]. 中商情报，2013/06/04. http://www.askci.com/news/201306/04/041428090126.shtml.

2013年第一季度中国星级饭店经营情况平均指标统计[OL]. 中商情报，2013/06/04. http://www.askci.com/news/201306/04/0414284690127.shtml.

一般来说，高星级饭店就意味着高品位、高质量，消费者可以直接依据星级的高低来选择其能够并愿意购买的饭店品位和服务。因此，作为数量较少、品牌声誉极高、特色鲜明的高星级酒店可以采用高价位的策略。首先，在保持高出租率的情况下，可以增加其营业收入和利润；其次，也可以防止出现"先降价格，再降服务"的恶性循环；再次，还可以保持高星级特别是五星级酒店高品位的对外形象与声誉。

【小链接6-9】

高端酒店放下身段打"亲民牌"

今年年初以来，一场自上而下刮起的"节俭风"让不少消费领域出现巨变，尤其是"三公"消费的遏制更让高端酒店行业遭遇了"寒冬"。在"节俭风"劲吹将近一年之际，记者近日走访省城市场发现，不少原本"高高在上"的星级宾馆、酒店已纷纷转型升级，放下身段猛打"亲民牌"，通过更加低廉的价格和更多的增值服务来赢得市场。

1. 宾馆入住率猛降

"营业额下滑得厉害，起码下降了三成！"昨日，新建南路一家高端商务酒店负责人这样跟记者透露："酒店生意旺不旺，看看停车场就知道。在以前，我们酒店门口的停车场停满了各种汽车，有的时候还会堵住宽敞的马路。而现在，停在酒店门口的车辆少多了。"昨日，记者走访了桃园北路、府西街、新建南路、五一路等多家高端酒店，发现比起去年经常车满为患的景象，如今这些酒店停车场内却显得十分宽松。

"一直以来，作为政府的定点接待酒店，有关部门举办会议或者公务接待都比较喜欢来我们宾馆。光凭这一块，我们的业务一直都不发愁。但从今年以来，全国上下都在厉行节约，我们一直红火的业务也开始走下坡路了。"昨日，迎泽宾馆客房部张经理这样告诉记者。据张经理介绍，公务住宿接待一直是宾馆的重点营销项目，营销额占比可达到两成，公务会议占比也可达到一成。而今年以来，这两大项的营业额都出现了大幅度缩水。比起去年经常客满的情况，今年客房入住率不足七成已经成为常态。

2. 放下身段压低价

“价格是影响营销业绩的一个最重要因素，尤其对于我们做客房业务的，在客源不足的情况下，就一定要通过降价来促销，不能让房间白白一天天空着。”迎泽宾馆张经理介绍，迎泽宾馆东西两栋楼共有客房近500间，房价从六七百元至八九百元不等。在如今入住率不足七成成为常态的情况下，宾馆开始每天推出30多间特价房，将原价650元的双人标准房以480元的优惠价推广。此举收到了不错的反响。“市场不行，我们就必须考虑转型，要通过多推优惠政策，提高商务散客的回流来填补政务接待的缺口！”龙城国际饭店客房部宋经理也持同样观点。宋经理坦言，“在如今承接会议减少，客房入住率偏低的情况下，从网络上开辟营销渠道，通过低价让越来越多的老百姓感受高端酒店的服务，已经成为我们这些高端酒店的一个转型方向。”

3. 提升服务抢客源

“对于高端酒店而言，单靠降价赢得市场并不可取，如果酒店在降价情况下对服务质量也降低，那将是一件非常危险的事情。”迎泽宾馆张经理对于高端酒店的出路很清楚，那就是在价格亲民的基础上做到服务更贴心。因此，迎泽宾馆已将酒店服务品质提升列为今年营销的重中之重。比如专门设有医务室保证有大夫为突然发病的客人诊治，专门配备了供客人应急的“百宝箱”，包括充电器、订书机、针线、雨衣、眼镜等百余种实用小物品，以及提供洗衣、熨烫、擦鞋等多种增值免费服务。“环境不同了，我们只有价格更亲民、服务更亲情，才能赢得更多的客户。”张经理深有感触。

——改编自　孙耀星. 高端酒店放下身段打“亲民牌”[N]. 太原晚报，2013-11-15.

（三）改变个别定价，提高整体效应

随着社会的不断发展，富于变化的营销策略是饭店行业满足顾客动态需求的“必修课”。认真分析这一成功案例发现，这是一个改变个别产品从而提高整体效应的创新。群策群力研究出的创新促销方案成功的关键，是设计了个别亮点来带动整体效应，而这些个别亮点又能够和细分市场的目标顾客形成“对话”，这样创造利润就有了前提。饭店可以找到或创造一个良好的契机，将定价与促销策略结合运用，在饭店各个部门推广并应用这种亮点促销带动整体效益的做法。

【小链接6-10】

“双11”酒店低价吸引顾客

“双11”还在抢购衣服家电？秒杀机票酒店才是真理！“双11”狂购风潮袭来，记者发现，包括南航、国航等多家航空公司也加入到“白菜价”抛售大战中，而酒店产品今年的促销幅度之大也让不少网友大呼“亮瞎眼”。

5晚五星级酒店不到千元

990元5晚五星级酒店？真相的确如此。记者在天猫页面看到，包括洲际酒店集团、万达集团、香格里拉酒店集团等纷纷推出了五星级酒店套房打包促销，部分产品优惠幅度超过50%。例如洲际酒店旗下品牌自选假日酒店，“双11”预付套票仅售990元，全国21家酒店可以任住5晚,有效期长达9个月,优惠力度之大让不少屌丝们大呼“亮瞎眼”。目前,酒店类产品已经提前接受预订。截至昨天18时,洲际酒店的990元套餐已经有超过600人预订。

多个酒店集团商家推出的产品均明确要求,优惠产品法定节假日及周均不适用。另有部分酒店要求,周末入住需支付一定额度的差价。

——改编自 黄晓嘉.双11机票酒店白菜价,5晚五星级酒店不到千元[N].新快报,2013-11-08.

(四)运用价值创新,提高顾客价值

顾客价值指顾客认知利益与其认知价格之间的比或差,顾客价值创新的目标是努力超越现有产品或服务的价值标准,使产品或服务的价值构成发生显著改变以吸引并留住顾客,在企业与其他竞争者之间建立起竞争隔离带,从而减缓与同类企业的竞争,实现与竞争无关的效果。饭店在增加营业收入中,可以运用这一原理,提高顾客净享受价值,消除顾客对价格的敏感,提升顾客的忠诚度。

饭店顾客净享受价值(愿意支付的价格水平)=(饭店的产品价值+饭店的服务价值+饭店的人员价值+饭店的形象价值)—(顾客货币支出+顾客时间支出+顾客精力支出+顾客心理支出)。

提高顾客价值可以有很多途径,国内许多星级酒店均做出了相关的规定并进行着有益的尝试。例如为了增加饭店的服务价值,白天鹅宾馆要求服务员在住店顾客外出时对客房及时进行小整理,使顾客返回客房时有焕然一新的感觉;洲际酒店集团则向全世界的旅行社和会议组织者提供质量保证承诺,承诺对顾客不满意部分重新服务或退款,减少顾客的心理支出。

【小链接6-11】

港中旅维景酒店重磅推出“一次婚礼,终身服务”

“一次婚礼,终身服务”是港中旅维景酒店尊崇“为客人服务”的理念,打造特色服务、创新客户体验的又一力作。选择港中旅维景酒店举办婚礼的每对新人,在享受维景酒店婚宴团队优质服务的同时,于婚礼一周年、两周年、三周年,以及未来的每五周年的纪念日,均可前往维景酒店畅享免费双人浪漫晚餐;日后在维景酒店的餐饮及家庭宴会消费(如生日宴、孩子满月及百日宴、家庭聚会等)还将享受特别优惠。目前,“一次婚礼,终身服务”初步在港中旅旗下的16家维景品牌酒店成功实践,掀起广大新人追捧狂潮,覆盖北京、深圳、重庆、西安、南京、苏州、扬州、杭州、唐山、沈阳、济南、商丘、宜春13个城市,今后还将在维景酒店布局的近30个城市陆续推广。

——改编自 港中旅维景酒店重磅推出“一次婚礼,终身服务”[OL].2013-11-15.http://www.prnasia.com/story/89221-1.shtml.

四、饭店产品定价的步骤

确定一个合适的饭店产品价格,一般应考虑饭店初始投资和固定成本的比例、饭店产品本身的特点以及住宿率、入住季节、市场因素等。通常应遵循以下步骤:

(一)市场需求整体分析和变化分析

饭店管理应灵活运用SWOT分析法,综合分析饭店在市场经营中的优势、劣势、机会和威胁要素，找出影响需求的外在因素和内部原因，密切注意和了解区域市场与饭店竞争对手的情况，确定客源市场，预测客房需求量和需求变化趋势，为酒店市场定位和客房定价做好准备。

（二）饭店市场定位

市场定位是饭店高层管理人员制定的，参考多种因素，包括饭店所处的地理位置、环境、星级、知名度、接待设施及营销能力等。

（三）饭店目标市场细分

由于顾客的多元化、饭店自身的竞争优势及饭店希望占有更多的市场份额，饭店将目标市场进行细分，然后选取一个或几个细分市场作为自己的目标市场。

（四）产品定价和评估

饭店根据市场对客房的需求状况及饭店自身的市场定位和对各细分市场的分析，对各类细分市场在不同季节、不同类型客房设计出一个合理梯度的价格，来吸引属于不同细分市场的顾客。

五、饭店前厅产品报价技巧

前厅对客报价是饭店为扩大自身产品的销售，运用口头描述技巧，引起客人的购买欲望，借以扩大销售的一种推销方式，包括推销技巧、语言艺术、职业道德等。只有适时采取不同的报价方法，才能达到销售的最佳效果。

（一）产品优点法

所谓“一分钱一分货”，高质意味着高价。对于新入住的顾客而言，饭店产品的优点不能一下子认识到，而价格却一目了然。若顾客抱怨价格过高，接待员要向顾客讲清为什么价高，例如理想的位置、新颖的装潢、幽雅的环境、美丽的外景、宽敞的房间等。尽量介绍产品的优点和独特之处，化解顾客心里的价格障碍。

（二）客人收益法

接待员将价格转化为能给顾客带来的益处和满足。强调顾客收益，强化了顾客对产品价值的理解程度，从而提高其愿意支付的价格限度。例如，“这间客房的床垫、枕头具有保健功能，让您在得到充分休息的同时，还能起到预防疾病的作用。”

（三）比较优势法

当饭店的供给价格与顾客的需求价格不符时，接待员以自己产品的长处与同类产品的短处相比，使本饭店产品的优势更加突出。例如，“我店的设施是本地区最新的，可以收看多套卫星电视节目，房间还具有上网功能。”

（四）价格分解法

接待员在推销时将价格进行分解。例如，某房间价格为 580 元，可在报价时将 80 元免费早餐分解出来，告诉客人房价实际是 500 元。

（五）限定折扣法

接待员在充分了解客人购买目的的基础上可限时、限地、限量地给予适当的折扣。例如，如果您能在明早 8 点退房，则可以给予您 8 折优惠。

(六)利益引导法和高码讨价法

利益引导法是对已预订到店的顾客采取给予一定附加利益的方法,使其放弃原预订客房,转向购买高一档次价格的客房。高码讨价法是指在客房销售中向客人推荐适合其地位的最高价格客房,适合于向未经预订、直接抵店的客人推销客房,从而最大限度提高高价客房的销售量和客房的整体经济利益。

(七)适当让步法

对于确实无法承受门市价格的客人,适当给予优惠,否则,会出现将顾客主动推到竞争者手中的现象。当然,优惠幅度应控制在授权范围内。

第七章　饭店促销策略

【引导案例】

旅游业加入“双11”促销战

“双11”网购狂欢节已连续举办五年。以往网民会在这一天疯狂采购电器、服装、生活用品，今年旅游产品也成为大家采购的对象。参加“双11”的旅游电商战绩如何？传统旅行社是否青睐“双11”？“双11”预示着消费倾向发生了何种变化？

1. 旅游电商让利促销

淘宝旅行今年首次参加“双11”活动，截至11月11日晚上12时，淘宝旅游产品成交量突破17万笔，其中手机客户端交易突破2万笔，酒店预售超9万间夜。

记者浏览淘宝旅行网页时发现，打折让利的信息铺天盖地：“只有今天，机票直减！四大航空公司携手让利，直减30%至15%”、“全国联运美国夏威夷五星自由行，仅需9999/人”、“全国多城市往返3天2晚自由行——五星级酒店＋每日早餐，仅售2999元！”……据淘宝旅行统计，在“双11”网购狂欢节期间，促销产品整体让利幅度在5000万元以上，几乎都在市场价的五折及以下。

从商家来看，中青旅旗舰店、五星汇旅行和乐游旅游网3个商家，预售旅游度假产品的交易额累计突破千万元大关。

各地旅游局和旅游企业也纷纷推出优惠举措。如“淘宝·多彩贵州旅游馆”当天所有商品价格均为8.5折，并赠送10元店铺全额抵用券5000份，赠送100元店铺全额抵用券1000份，总共让利游客15万元。青岛温泉旅游度假区海泉湾推出了798元的超值温泉度假套票，产品包括了酒店住房、双人温泉和演出门票。

在这一天，传统OTA大佬携程旅行网也对旗下酒店、机票、旅游等多产品线展开“双11”促销。携程网相关负责人士告诉记者，今年“双11”携程酒店最低折扣1.1折，涉及国际国内的众多品牌酒店和经济型酒店。旅游产品则有“买一送一”、“早订减”、“多人减”等多种优惠形式，最高立减数千元。

驴妈妈旅行网则推出了涵盖景区门票、机票、度假酒店、娱乐演出等多种类旅游产品，包括免费抢、预订立减、一人免单、“双11”特价等多种形式的“双11”、“脱光”大促活动。在驴妈妈旅行网上，记者看到。上海至成都的6日往返机票市场价3880元，而活动期间预订价位仅为1088元起。

此外，艺龙、途牛、芒果、遨游、悠哉等旅行电商也推出了“双11”促销活动，优惠幅度较高。

2. 传统旅行社反应各异

与往年的观望相比，今年传统旅行社也纷纷加入“双11”促销的队伍，国旅总社、中青旅、众信旅游等传统旅行社纷纷在“双11”举起了打折优惠的旗帜。

记者在“淘宝旅行双11”特卖活动中看到，中青旅天猫旗舰店推出马尔代夫吉哈德岛和欧洲精品自由行套餐，均特卖价9999元。此外，在欧洲精品自由行套餐中可选德国、法国等六大目的地,价格均为9999元。出发日期为今年12月至明年4月之间。售价只有正常报价的一半左右。

除中青旅外,国旅总社也在其天猫旗舰店推出了北京—马尔代夫特价机票、酒店套票、直飞夏威夷过大年、滑雪项目等促销产品,并名曰"赔本赚吆喝、成本抄底抢"。而众信旅游也开辟出了其"惠玩季"的主题页面,打出"这一次我们拼了"的口号。

春秋国旅高调宣布加入"双11"战场,当天该社推出了近百个产品、超过20个境内外热门目的地参加此次活动,共让利2000万元。

与这些旅行社的高调加入"双11"促销相比,记者在采访过程中也了解到,不少旅行社并未跟进。对此,来旅行社业负责人告诉记者,在网络促销上,传统旅行社在推广平台上明显拼不过成熟的旅游网站。此外,从具体促销产品来看,线上旅游机构更多的是充当中间商,推出一些门票、住宿的优惠,而非旅游线路的整体降价。

——摘选自　徐万佳,沈仲亮.旅游业加入"双11"促销战[N].中国旅游报,2013-11-13.

沟通是饭店业的生命线。饭店要占领各种市场,就要向其传播有关饭店的有利信息,使这些客人经常不断地获得信息,从而促使客人更多地购买饭店产品。

第一节　人员推销策略

一、人员推销的特点

人员推销是指推销人员通过面对面洽谈业务,直接向顾客提供信息,劝说客户购买饭店产品和服务的全过程,即饭店销售人员说服客户购买自己饭店产品的过程。人员推销的任务主要是寻找客户、传递信息、销售产品、提供服务。人员推销有以下特点:

(一)针对性强

通过推销人员与客户的直接接触,将目标顾客从消费者中分离出来,能可靠地发掘推销对象,把推销努力集中于目标顾客身上,避免了许多无效劳动。

(二)灵活性强

推销人员在接近顾客前后,以及在推销过程中,根据特定对象的态度和特点,可随时调整自己的推销策略与技巧,充分发挥推销者的主观能动性,保证推销效率。

(三)双向沟通

销售人员在与顾客的直接接触中,一方面能将饭店和产品的有关信息及时、准确地传递给顾客,另一方面又可以听取到顾客的意见和要求,并迅速反馈给饭店,以指导饭店经营,使产品更符合消费者的需要。

(四)消费指导

人员推销可以给消费者提供现场的消费指导。

(五)亲和力强

人员推销通过面对面的人际交往,易于联络与顾客的感情,建立友谊,争取长期买主。

人员推销的缺点主要表现为：一是支出较大，成本较高；二是对推销人员的要求较高，人员推销的效果直接取决于推销人员素质的高低。

二、人员推销成功的基础

（一）充分了解饭店的产品和服务

除非销售人员对饭店的产品和服务熟悉到无需查对便能将有关资料详细道来的程度，否则就不能算是完全了解。假如正在向某旅行社推销团体业务，销售人员必须能很快说出饭店的各类房型、房价、各种服务设施、会议厅（室）的面积、厅（室）内的布局、容纳人数以及各种音像设备的性能等方面的情况。

另外，销售人员要掌握有关饭店的知识，必须掌握饭店的发展目标、策略和政策；掌握有关产品的知识；了解所要出售的产品；掌握有关市场和产业的知识；必须懂得旅游业和饭店业的业务；掌握有关竞争对手的知识，即销售人员必须了解竞争对手的状况，这样才能在饭店之间和产品之间做出比较。

（二）充分了解客户的需要

如果销售人员对客户的需要有充分的了解，也就完成了推销前的准备工作。比如：一家公司要到饭店开一个会议，那么要了解客户的公司是干什么的，谈判对象是何许人，他通常召集哪类会议，以及他召开的会议通常花多少钱等。另外，需要理解你的客户，在推销会议设施过程中，某些时候销售人员应当说这样的话：我们知道你们想要开一个成功的会议，你们的成功就是我们的成功，我们的利益是一致的。

（三）充分了解你的销售形象

要通过销售人员的装束、言谈、举止等方面的表现，向客户传递销售人员的销售形象。如果销售人员的形象不符合客户预想，就需要调整。销售人员可能非常了解饭店产品和客户，但推销工作仍然可能会失败，因为有可能销售人员没有意识到给别人造成的印象不好，或者销售人员没能调整自己的形象去适应客户的预想。

三、饭店人员推销的一般过程

（一）饭店派员推销

饭店派员推销是指饭店派销售人员在饭店的营业场所之外进行推销活动，其主要形式是派推销人员上门拜访顾客，推销饭店产品。

1. 饭店派员推销类型

饭店在经营过程中，会产生各种访问需要。不同的需要，具有不同的推销目的，应采取不同的推销方法，推销内容也有所不同。饭店派员销售访问具体类别如下：

（1）一般性销售访问

这类访问的主要目标是突出饭店形象。推销人员应着重介绍饭店产品和服务质量，使客人愿意购买饭店产品。这类访问常常辅以广告等其他推销活动，以加深客户对饭店的印象。销售人员在做一般性访问时要设法与客户交朋友，建立经常性联系，以提高饭店的销售额。

（2）特殊任务销售访问

销售人员进行特殊任务推销访问，具有特殊的目的。

一是向客户直接销售产品和服务,让客户直接预订饭店产品。例如,客户来电预订宴会,饭店派销售人员直接与客户洽谈宴会事宜,签订宴会合同。

二是销售人员拜访中间商。例如,国内外旅行社、会议组织、奖励公司、航空公司等。与中间商洽谈预订客房、会议厅的数量、房价、签订合同,中间商再把产品销售给旅游者。

三是拜访推销代理机构。例如,饭店协会、旅游展览会等,将饭店的宣传材料送去,希望这些机构把饭店的宣传资料放在显眼的位置,帮助推销饭店产品。

(3) 技术性销售访问

技术性销售访问是向客人提供技术上的指导。比如销售人员拜访会议组织者,给予他们技术和程序方面的指导,提供会议所需设施设备、会议室布局等信息。同时销售人员要了解会议组织单位的需求,帮助他们解决困难。这种访问能使客人信任饭店,增加重复购买饭店产品的机会。

(4) 开发新客户销售访问

这类销售访问的目的是为了获得新客户。特别是在饭店开发新产品阶段,开发新客户要求更为有经验的销售人员承担,他们要善于洞察客人的需求,采取灵活的推销手段开发潜在顾客。

2. 饭店派员推销过程

(1) 寻找潜在顾客

推销过程的第一步是寻找潜在顾客。推销人员必须利用各种渠道和方法为所推销的产品和服务寻找购买者。推销人员不仅应当抓住老客户,还应不断寻找新客户。推销人员可通过以下方法获得推销线索:请客人介绍;请供应商、中间商非竞争对手的推销人员、饭店协会等介绍;通过报刊杂志、工商目录等资料了解潜在的客户;在各种社交活动中了解客户;通过电话和信函了解潜在客户。推销人员还要了解潜在客户的需求、支付能力和购买能力,即对客户进行资格评定,筛选出目标顾客集中精力推销,提高成交比例和推销工作效率。

(2) 计划准备

推销人员在推销之前,必须进行充分的准备。包括尽可能了解客户的需求、拟定推销时间、预测推销中可能出现的一切问题、准备好各种推销资料等,采用电话、信函等形式与准顾客进行约见,并确定访问事由、时间、地点等内容。

(3) 推销洽谈

这一阶段是推销过程的核心。一般来说,推销洽谈需要推销人员利用各种推销技巧,向顾客传递本饭店产品信息,激发顾客的购买欲望。善于找出对顾客最有吸引力的好处是销售中必须发展的技巧。

(4) 处理客户异议

在推销洽谈过程中,顾客会提出各种购买异议,如价格异议、购买时间异议、产品异议等,销售人员应针对不同类型顾客的异议,采取不同的策略、方法和技巧,有效地加以处理与转化,促使成交。

(5) 成　交

成交是整个推销工作的最终目标。一个优秀的推销人员,要密切注意成交信号,把握成交机会,帮助顾客做出最终选择,还可以提供适当的优惠条件,促成交易,并完成成交手续。

(6) 售后服务

如果推销人员想要确保顾客再次购买饭店产品,就要搞好售后服务,与客户发展长期的友好关系,确保顾客满意。

（二）客人来店洽谈业务

客人来店洽谈业务是在酒店内部实施推销的方式。凡是亲自来饭店参观的顾客，往往就是要去购买饭店产品和服务的人，至少是对饭店感兴趣的人。如果饭店的销售人员能够做好对他们的接待工作，就可能以较少的促销成本带来较大的生意。所以，这类顾客来饭店参观时，饭店的销售人员应做好以下工作：

1. 使顾客感觉到他们是真正受到了欢迎

饭店的销售人员要以热情、友好的态度接待这些顾客，并向饭店的所有参与接待的饭店员工介绍顾客的姓名和所属单位。

2. 让顾客参观他们将使用的饭店设施设备

销售人员应带领客人参观整个饭店。如果有必要的话，还可以让他们享受饭店的某些技术服务和项目，销售人员要记住自己代表着饭店及饭店所提供的一切，所以一定要以自豪的心情、关注和热情的态度来承担起这一责任。

3. 设法要求顾客订房

饭店的销售人员应尽量抽出时间与到店顾客相处，借此来与客人沟通，并不失时机地向顾客提出或暗示订房。一般来说，饭店销售人员可以掌握一些折扣和优惠限度，并可以以此来促使这些顾客许下承诺，购买饭店的产品。

4. 要让顾客知道即使他不买，饭店也对他的咨询表示感谢

当顾客下订单时，感谢他们带来生意并表现出诚意。即使顾客不买，也要对他的咨询表示感谢。最后要做全面检查以确保所有该为顾客做的事都已做到。

（三）电话推销

电话推销主要包括：饭店销售人员主动打电话给顾客；饭店销售人员接到顾客电话，进行推销。电话推销虽然不能像直接派员推销那样与顾客面对面的交谈，但是，与派员推销相比，电话推销费时少、费用低，因此，推销人员应充分利用电话推销这一方法。电话推销的要诀有：

第一，清楚地介绍自己，并询问接听电话者的身份。

第二，清楚地说出电话的目的或是询问对方来电的目的。

第三，认真聆听对方的谈话，做好记录，并迅速地给予正确、清楚的答复。

第四，同人员推销中的情况一样，应充分了解你的产品和服务。对于客户问及的问题，你不能迟疑或回答说等我查完了这方面情况后再告诉你。

第五，确保你的推销形象是行家和正面的形象，因为你说话的语气和讲电话的风格既可光大你的推销形象，也可损害你的推销形象，从而影响整个饭店的形象。

第六，主动给顾客一些建议，最好是有多种选择余地，并礼貌地要求客户进行预订。

第七，争取得到顾客的明确答复，并向对方致谢、再见。

第八，推销员应继续保持与客户之间的联系，使暂定类预订客户变成确定类预订，并确保客户的各种需求能在本饭店得到最大满足。

总之，饭店电话推销的最大作用是可以给饭店的促销做一个良好的开端。通过电话推销，酒店推销人员不仅可以获得顾客预订，还可以获得关于市场行情变化的信息、顾客改变原定计划的信息、甚至可以安排一次与顾客的约见。饭店的电话推销可以寻找、追踪和说服顾客购买饭店产品，得到他们的许诺，直至让他们来酒店进行预订。所以，饭店要高度重视电话推销。

四、饭店使用的销售工具

(一)饭店推销性宣传册

这种宣传册中应包括下列内容:饭店简介(各种服务设施、服务项目、会议厅的布局和容纳能力)、饭店多种图片、服务指南、饭店所在城市地图、交通服务指南、饭店电话号码和通讯地址、受理联络事宜的销售人员姓名等。饭店宣传册应该设计新颖,具有吸引力,内容齐全,能起到促销饭店产品和服务的作用。

(二)文化活动和娱乐场所指南

这种指南应包括各类商店、娱乐活动项目、附近的旅游景点和参观点等内容。告诉客人有哪些文化娱乐场所不只是本饭店的,而且还有附近地方的,有助于尽可能扩大市场。

(三)饭店预订客人意向确认函

客人意向确认函一般由饭店营销总监或销售部经理答复。内容应包括:预订日期、抵离时间、明确说明房价、准备预留房间数目和类型及其他注意事项。这一函件很重要,因为它是同顾客签订最终合同的基础。介绍本饭店及其各种服务设施的宣传册可随该函一并寄出。饭店预订客人意向确认函参见表7-1。

表7-1 饭店预订客人意向确认函样例

20____年10月11日

密执安保险公司副营销总监

菲尔·杰克逊先生

亲爱的菲尔:

昨天我很高兴在电话中同您谈及我们花园大酒店承接贵公司于2010年2月会议的可能性。

我们将在2010年2月4日至2月7日,按您的要求提供120间客房。

此次会议用房的房价如下:

单人房	$95.00	双人间	$105.00
普通套房	$125.00	公园视野套房	$150.00
天空视野套房	$175.00		

我对贵公司此次会议要求的理解是:2月4日你们需要在饭店举办120人规模的招待宴会;2月5日至2月7日三天,你们需要容纳120人的会议厅,使用时间为上午8:00至下午3:00。关于房费、消费税和杂费都直接计入团体客人总账。菲尔先生,我们希望能在2010年1月6日前收到您的具体时间安排。

随信附上本店现有会议设施和其他服务设施的宣传册。我们将尽全力使你们的会议举办成功。

菲尔先生,先将本函的复印件一并寄上,希望您确认后签署并寄回。

再一次感谢您打电话给我。我们期待2010年能与贵公司进一步合作。

保罗·J·温斯洛

营销部主任

确认人(签字)

____

日期

____

资料来源:Ronald A Nykiel.饭店与旅游服务业市场营销.李天元,译.北京:中国旅游出版社,2002:81-82.

（四）VIP 客人预订要求登记表

饭店重要客人是指对饭店客源、饭店形象等具有积极作用的个人或团体。饭店要用特殊方式接待他们并提供特殊的服务。重要客人预订表参见表 7-2。

表 7-2 VIP 客人预订要求登记样表

姓名：__________ 到店日期：__________
职务：__________ 抵达时间：__________
单位：__________ 离店日期：__________
地址：__________ 离店时间：__________
电话：__________ 同行人数：__________

来访目的：个人目的
公务考察
其他（说明）__________
住宿要求：单人间 特套
双人间 总统套
普套 简易套间
房价说明：免费
特价（说明）
结账方式
特别要求：特种饮料、酒类 新鲜水果
香槟 其他（说明）
提出要求者：__________ 日期：__________
批准人：__________ 日期：__________

资料来源：Ronald A Nykiel. 饭店与旅游服务业市场营销. 李天元，译. 北京：中国旅游出版社，2002:80.

（五）销售检查表

销售检查表是一种工作文件，应使用订书机订于有关档案客户的卷首。包括：销售人员姓名及日期、确认函发出日期、会议举办日期、商定的价格、确认的房价、住房要求及签订的合同、预订答复卡、费用支付程序、付款指示、客房特殊要求、餐饮指示、到达次数、航班及重要客人名单等方面的研究数据、特殊说明。销售检查表样表参见表 7-3。

表 7-3 销售检查表样表

销售经办人__________ 日期__________
发出确认函__________ 日期__________
重点日期：确认否？是____否____如果已确认，时间____ 经手人____
如未确认，有何提议__________ 联系人__________
是否已纳入团体客人登记簿______是______否
用房资料：__________发到总台的确认函

续表 7-3

＿＿＿＿＿＿＿＿发到总台的用房类型、数量即特殊要求
＿＿＿＿＿＿＿＿所有各类用房的具体房价已送交前台和会计处
＿＿＿＿＿＿＿＿特殊客房服务程序，如 VIP 客人等
＿＿＿＿＿＿＿＿是否涉及免费客房＿＿＿＿数量、位置
＿＿＿＿＿＿＿＿最后确认日期＿＿＿＿＿＿ 经手人＿＿＿＿＿＿
＿＿＿＿＿＿＿＿是否最后记入团体客人登记簿
＿＿＿＿＿＿＿＿预订卡＿＿＿＿＿＿＿＿ 是否要求回复

结账形式要求：＿＿＿＿＿＿＿＿个人
＿＿＿＿＿＿＿＿团体客人账户、张号
＿＿＿＿＿＿＿＿其他(具体说明)

餐　　饮：＿＿＿＿＿＿＿＿计划单已得到客户确认
确认日期＿＿＿＿＿＿ 副本寄出＿＿＿＿＿＿
＿＿＿＿＿＿＿＿ 每人或每餐价格已确认
＿＿＿＿＿＿＿＿ 饮料和酒类等其他特殊安排

展览要求：＿＿＿＿＿＿＿＿有＿＿＿＿＿＿＿＿无(如有，记下日期安排)
＿＿＿＿价格　展品运入＿＿＿＿＿ 运出＿＿＿＿＿
特殊需要清单＿＿＿＿＿＿＿＿

重点信息：＿＿＿＿＿＿＿＿是否已记录抵达时间/航班号
＿＿＿＿＿＿＿＿是否已记录离开时间/航班号
＿＿＿＿＿＿＿＿是否需要车辆接送

特别说明：＿＿＿＿有无特殊人员要求，即残疾人、孩童等，具体说明＿＿＿＿＿＿＿＿＿＿
＿＿＿＿＿＿预期会出现的问题(如果有，提出问题)以及何人负责预先解决＿＿＿＿＿

(六) 饭店会议预订表

该表是为了对正式预订的会议做一个永久的记录。该表的编号与客户单位的档案编号一致。表中应包括：销售人员姓名，预订团体的名称和地址，主要联系人的姓名、职位、地址和电话号码，计划与会人数，担保客房数，计划入住日期、计划离店日期，保留客房的截止日期，最后决定日期，单人房和双人房价格，套房价格，结账支付方式，免费客房情况，必要的特别说明等。会议正式预订样表参见表 7-4。

表 7-4　会议正式预订样表

编　　号＿＿＿＿＿＿＿　销售人员姓名＿＿＿＿＿
确定日期＿＿＿＿＿＿＿　批　准　人＿＿＿＿＿
预订团体名称和地址＿＿＿＿＿＿＿＿＿＿＿＿＿＿＿＿
主要联系人姓名、职位、地址及电话号码＿＿＿＿＿＿＿＿＿＿＿＿＿＿
主要情况：会议人数＿＿＿＿＿
订房数＿＿＿＿＿
计划入住日期＿＿＿＿　时间＿＿＿＿
计划离店日期＿＿＿＿　时间＿＿＿＿
保留房间至＿＿＿＿　联系人＿＿＿＿
商定房价：单人房＿＿＿＿　双人房＿＿＿＿

续表 7-4

普通套房________　　套　房________

结账方式：个人________　团体客人账户________

有无特殊要求　________　具 体 说 明 ________

预订手续：销售办公室列入登记________其他________

免费用房：档案编号________姓名________批准人________

星期日 星期一 星期二 星期三 星期四 星期五 星期六	经理签名
	房间需求/日期
入住　　离店	

（七）合同报告单

合同报告单概括性地记录了合同的主要内容，它能帮助销售经理在签定销售合同时避免错误。合同报告单参见表 7-5。

表 7-5　合同报告单样单

日　　期________________________组织________________

主要合同____________

职　　务____________

地　　址____________

电　　话____________

会议及评论____________

日　　期____________

日　　期____________

日　　期____________

应采取的措施 ____________　　　　禁总事项____________

____________　　　　____________

（八）集会时间表或工作计划表

集会时间表或工作计划表是整个饭店开展有关工作的依据。集会时间表或工作计划表参见表 7-6。

表 7-6　集会时间表或工作计划表样表

活动团体名称

主要联系人

电话号码

▲上述人员是否有权签单

▲团体客人账户/账号

▲个人账户/要求

活动名称

续表 7-6

房间分配

音响设备需要

特殊要求

会议厅免费□

会议厅收费□　如果收费,说明协议

日　期	时　间	集会活动	说明(所有具体细节)	负责人

(九)付费程序说明

清楚准确的付费说明能避免客人在付费时产生不一致意见,它不但能使客人满意,而且还能使客人快速支付费用而不拖欠。

(十)感谢信

由实际受理预订并经办该项业务的销售人员以私人信件形式发信致谢。该销售人员应打电话给客户表示感谢。

第二节　广告策略

【小链接 7-1】

世界知名酒店经典广告语

1. 雅高集团(ACCOR)

集团简介:法国雅高集团(ACCOR)是全球最大的酒店集团之一,法语意为和谐。雅高集团旗下共有14个品牌,其中7个核心品牌,索菲特、诺富特、美居酒店、雅高套房饭店、宜必思饭店、一级方程式汽车旅馆、红屋顶旅馆等,以其高品质的设施和全面周到的服务获得极高声誉。

ACCOR 广告语:We built smile! 我们创造微笑!

雅高套房饭店 Suite hotel 广告语:A new way of hotel living. 一种新的酒店生活。

诺富特 Novotel 广告语:NOVOTEL, Contemporary hotel concept convenient for business and leisure. 诺富特酒店,方便、休闲的现代商务酒店。

红屋顶旅馆 Red Roof 广告语:American chain of economy motels. 美国连锁的经济型汽车旅馆。

一级方程式汽车旅馆 Formule1 广告语:Budget hotels offering simple and comfort. 廉价旅店提供简单和功能的安慰。

宜必思 Ibis 广告语:Round-the-clock service and budget prices. 我们有24小时的服务和低价收费。

美居酒店 Mercure 广告语:Mercure, for the best of the region. 美居酒店,做本地最好的。

2. 香格里拉酒店集团

集团简介：香格里拉酒店以香港为大本营，今日已是亚洲区最大的豪华酒店集团，且被视为为世界最佳的酒店管理集团之一。集团的47家酒店遍布在亚洲和中东地区的主要城市以及大部分度假胜地。

香格里拉酒店广告语：Where will you find your Shangri-la? 哪里是你的香格里拉？

——改编自 世界知名酒店经典广告语大集合[OL].[2012-11-21]. http://www.jdypgxw.com/info/201211/21/jdypgxw_news42850_3.html.

一、饭店广告的含义与作用

饭店广告是指饭店通过各种媒体，以付费的方式向现有和潜在的消费者传播有关饭店产品或服务的信息，促进饭店销售的非人员形式的促销。饭店广告具有以下作用：

（一）介绍产品，指导消费

饭店通过实事求是的广告宣传，能增进消费者对有关产品的存在、优点、用途及使用方法等多种信息的了解，协助消费者通过所接受的信息，去选择适合自己需要的产品并产生购买欲望，采取购买行为。

（二）扩大销售，促进生产

广告能激起人们的购买欲望，使现实消费者和潜在的消费者对广告宣传的产品发生兴趣，促使他们决定购买。

（三）树立形象，有利竞争

通过精心设计的广告，宣传饭店的产品、饭店的价值观与企业文化，能使饭店形象深入到消费者心中，有利于提高饭店及其产品的社会知名度，保持饭店在市场竞争中的优势地位。

二、饭店广告设计的原则

（一）真实性

广告内容必须实事求是，不夸大其词。不诚实的广告是不能取得公众信任的。只有以对消费者负责的态度如实地传递产品信息，才能指导消费，促进销售。言过其实、弄虚作假的广告不仅会严重损害企业的声誉，也是国家有关法规不允许的行为。

（二）针对性

广告宣传必须目标明确，有的放矢，在设计广告作品和它的风格时应针对消费者的心理爱好和习惯分别采取不同的宣传内容和方式，不可千篇一律地开展对外宣传，只有经过对消费者的深入调查研究，针对不同对象进行不同内容的广告宣传，才会收到预期的效果。

（三）思想性

广告是一种信息传递。它是通过各种媒体，以不同的形式将产品的有关知识与思想内容融合一体，因此必然会潜移默化地影响社会文化和社会风气。所以，广告必须符合社会文化和思想道德的客观要求，其主题、思想、语言文字、音乐、图像应达到良好的社会效果，杜绝暴力、色情、颓废、诽谤等不良内容。

(四)简练性

广告宣传不同于产品说明,要语言、文字、标题精炼,使消费者容易接受并能留下良好的印象。消费者接触广告信息具有很大的随意性,短时间内能够有效接受的信息又是有限的,因此,广告设计要注意简明性。

(五)艺术性

艺术性可以大大提高广告对受众的吸引力,放大广告效果,这就要求广告设计要构思新颖,语言生动,色彩协调,形式不断创新。

三、饭店广告决策

广告决策包括以下步骤,见图7-1。

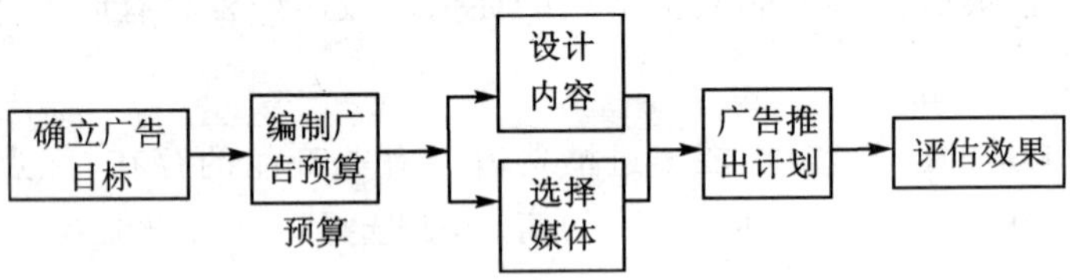

图7-1　广告决策步骤

(一)确立广告目标

广告目标是在特定时期内对特定的广告对象所要完成的特定的沟通任务和所要达到的沟通程度。广告目标必须服从有关目标市场、市场定位和营销组合各项既定决策,广告目标的设定应该非常明确具体。

如果把广告要解决的问题作为广告的目标,广告目标可以分为提供信息、说服购买和提醒使用三种。

1. 通知性广告

主要用于饭店产品的市场开拓阶段,目标是建立初步的市场需求。即通知消费者你的产品和服务已经上市,并告诉他们如何购买。

2. 说服性广告

常用于饭店产品竞争趋于激烈的阶段,目标是影响消费者心理,为品牌培植选择性需求,即劝导消费者,使其相信你的产品和服务优于你的竞争对手。

3. 提醒性广告

主要在饭店产品的市场成熟期使用,目标是使顾客保持其对产品的注意和忠诚,使消费者一直记住该产品,促使消费者在淡季也能记住饭店。

(二)广告预算

确定广告目标之后,接下来就要进行广告预算,确定广告支出。为了达到广告预算的合理化,要分析影响广告预算的各种因素。这些因素至少包括:产品生命周期;市场竞争状况;采取的竞争战略;产品的差异性。饭店广告费由国际和国内两部分组成。广告费不仅包括付给广告商和传播媒体的费用,还包括市场调研、广告效果评价等费用。

在实践中,饭店广告预算通常采用以下方法:

1. 量力而行法

饭店根据自己的财力决定广告预算的方法称为量力而行法。

2. 销售百分比法

饭店以特定的销售额(销售实绩或者预计的销售额)或销售单价的百分比来安排广告开支的方法,称为销售百分比法。

按照过去和本年度计划的销售额以一定的百分比进行预算。其公式为:

广告预算=(计划年度销售额+上年度销售额)/2×广告占销售额百分比

例如某饭店预测年度广告预算,据资料记载及预测,计划2012年销售额为6000万元,2011年实际完成销售额5000万元,广告预算占销售额3%,试计算2012年该企业广告费用。

2012年度广告预算=(6000+5000)万元/2×3%=165万元

这种方法计算简便,把广告宣传与销售结合在一起,有助于饭店决策者考虑单位的销售价格利润和广告费用的关系。但从逻辑上讲这样做有它的不合理性。因为如果饭店销售额下降,应该加强广告宣传,促进销售,而按销售额百分比预算法,则销售下降广告宣传预算也随着下降。两者的关系应是广告宣传促进销售额,而不是销售额限定广告宣传的预算,即营销活动应刺激需求,然后引起消费,营销活动不应是销售的结果。另外,这种方法忽视了在不同地区和产品间分配预算的实际需要。

3. 竞争对等法

饭店采取比照竞争者的广告开支来决定饭店的广告预算,以保持在广告宣传中处于平等或优势地位。应用这种方法进行预算,要考虑饭店的实力、信誉、产品数量与质量的差别,不宜盲目攀比。运用该方法的前提是:调查主要竞争对手的广告费数额,掌握其某种商品的市场占有率,计算竞争对手单位市场占有率支出的广告费数额。

4. 目标任务法

饭店在明确广告的特定目标、确定达到该目标必须完成的任务的基础上,估算完成各项任务所需费用并由各项费用之总和得出计划的广告预算的一种广告预算方法。

这种方法的优点在于:它能使营销管理者较好地处理市场份额、广告展露水平、试用率等与广告预算总额的关系,克服预算费用确定的盲目性。

缺点是对各位经理的职业经验要求很高,也就是他们能够比较准确地判断目标、任务和费用的关系。另外,对经理人员的职业操守要求也很高。

(三)广告信息决策

广告信息包括广告主题、文案和画面。

1. 广告主题

广告主题即广告的中心思想,饭店应在众多可以反映饭店和产品特点以及可以激发消费者购买欲望的众多因素中,选择出某些足以实现广告目的的因素来予以表现。

2. 广告文案

广告文案是在确定的广告目的和主题下,对如何表达广告主题的形式、语气、用辞及版式等具体方面所进行的文字描述,是广告信息的具体表现方式。

广告文案一般至少包括以下内容:

① 广告标题,即出现在广告开头,用以对广告的内容加以提示并吸引消费者注目的醒目语句。

② 广告正文,即具体表现广告内容的各种文字材料。

③ 广告口号,即对饭店或产品特征进行高度概括的标志性短语,也称广告语。

3. 画面设计

即用图画、影像、色彩以及版面布局等形象化的视觉语言来对广告的主题和内容进行形象化的表现。一个好的饭店广告画面应紧扣主题,使客人产生住店欲望。

将好的创意转换成赢得目标市场注意和兴趣的广告制作,需要考虑四种因素:方式、语调、用字、形态。典型的创意类型包括:生活片断、生活方式、梦幻的遐想、意境或形象、音乐、人格象征、专业技术、科学证据、名流的证言等。

(四) 广告媒体的选择

1. 广告媒体的类型和特点

广告媒体是运载广告信息,达到广告目标的一种物质手段,是传播广告信息的载体。广告媒体可分为大众传播媒体和企业自办媒体两大类。

大众传播媒体包括报纸、杂志、广播、电视四种,是广告信息传递的主要工具,被称之为"四大广告媒体"。

企业自办媒体,是企业自己制作的广告媒体,主要有户外广告、交通流动广告、招贴广告、邮递广告、灯光广告、包装广告等。

(1) 报 纸

优点是:传播及时;传播范围广,覆盖率高;读者面宽而且稳定;版面伸缩余地大。缺点是:时效短;注目率低(庞杂的内容易分散读者注意力);表现能力有限。如果广告中不包含新闻和优惠,饭店广告可能并不适于刊登在报纸上。但斯托福饭店独辟蹊径,恰当选择报纸媒体造就自己的品牌知名度。在20世纪80年代后半期,斯托福饭店公司成为"商务旅行社天气预报"专栏的赞助人。该专栏刊登于两家大报,一家是《华尔街日报》,一家是《今日美国》。此外,斯托福饭店公司还赞助了美国有线电视广播网CNN以及一些地方电视台新闻节目中的"商务旅行社天气预报"栏目。由于斯托福这一名称同旅行社每天都关心的天气预报联结到了一起,该饭店的知名度因此得以大幅度提高。

(2) 杂 志

优点是:读者群稳定,针对性较强,一般有相当固定的读者群;时效较长,有辗转传播的作用;制作精美、具有欣赏性。缺点是:注目率较低;传播范围较小;适时性差;灵活性较差。一些高档杂志为饭店提供了一个权威性的环境。

(3) 电 视

优点是:覆盖面广;收视率高;能综合利用各种艺术形式,表现力丰富;形象生动,感染力强。缺点是:费用昂贵、时效较短。由于电视广告费用较高,它通常不为饭店业所青睐。

(4) 广 播

优点是:迅速及时;听众广泛,收听率高;制作简便,费用较低廉。缺点是:时效短;传递的信息量有限;遗忘率高。饭店应选择那些已经占领了符合饭店沟通目标的市场的电台,广告最好在其大部分听众都属于饭店目标市场的节目段中播放。

(5) 因特网

随着互联网技术的快速发展和网络多媒体技术的普遍应用,因特网已成为当今非常重要的广告媒体。网络广告比之传统广告具有明显的优势:实现了信息在全球范围内的无障碍流动、提供了即时的大范围的互动平台。网络广告虽然不受地域限制，但其受众分散，在特定时间、特定地区内受众接触广告的密度和强度都还远不及电视、广播等传统媒体。

2. 广告媒体的选择

由于不同的广告媒体有不同的特点，因此饭店在选择广告媒体时需考虑以下因素：

(1) 产品的特点

不同性质的产品应选择不同的广告媒体作宣传。广告媒体只有适合产品的性质，才能取得较好的广告效果。例如，饭店在那些主要分发给饭店和旅游业等相关行业的杂志或期刊上登广告可以起到很好的作用。

(2) 消费者选择媒体的习惯

要考虑广告信息传播的目标受众的媒体消费习惯。

(3) 媒体费用

不同媒体的广告成本不同，饭店应根据产品的特点、目标受众的特点，计算达到一定广告效果在不同媒体上的成本。

(五) 广告效果的测定

评价广告效果的标准有两个：一是产品销售效果，二是信息沟通传递效果。产品销售效果是指广告发出后一定时间内销售额的变动与广告费的比例。信息沟通传递效果是指广告的收听、收看人数对商品信息的注意、兴趣、理解及目标顾客对广告的印象。

1. 销售效果的测试

一般来说，广告的销售效果由于受到其他因素影响(如价格)，变得很难测定。这里介绍两种不同的评价观点。

第一，即效性效果。广告效果的好坏以销售额、市场占有率和消费者对企业及其产品的了解程度的增加来确定，即重视速效性效果。

第二，迟效性效果。衡量广告效果不以销售情况的好坏作为直接评价的依据，而是以广告的收听率、产品及企业的知名度、记忆度来衡量广告的效果，即重视间接效果。

广告效果的好坏，最终要反映在产品的销售上，看它能否促进销售和开拓新市场。因此对广告效果的评价应由对销售额的影响程度和对消费者的沟通程度两方面来评价。

2. 沟通效果测定

第一，事前测定，也称预测。主要方法有直接评分和组合测试法。直接评分由消费者小组或广告专家小组观看广告后一起对广告的吸引力、感受、记忆性和接受性进行评价，此法有助于筛选不良广告。组合测试方法是请消费者看一组广告，然后加以自由回忆。主要测试广告的突出点和易懂易记处。

第二，事后测试，也称回忆测试。要求接触过某新媒体广告的人，回忆最近一次广告中所展露的广告产品，以表明广告为人注意和容易记忆的程度。

第三，实验测定法。请自愿接受实验测定的人员观看广告或收听广告，然后对比观看或收听广告前后测定的血压、心跳、瞳孔变化等，借以评价广告对消费者的影响程度。

第三节　公共关系策略

【小链接7-2】

海南酒店吹响公益集结号

在近年来建设海南国际旅游岛的过程中，海南诸多酒店在承担旅游接待职能的同时，纷纷把所得收益回馈给社会和当地居民，吹响了公益集结号。

前不久，海口威斯汀酒店组织了一场“爱海口，保护城市绿肺”的公益活动，吸引了100多名热心网友及环保爱好者一同参与，这是酒店员工继“爱海口，给我一个拥抱”——探望海口市社会福利院之后的又一次爱心行动。在短短1个小时左右的活动中，大家团结协作，清扫了大批落叶及果皮纸屑，还海口万绿园一份清新。

据悉，这是威斯汀所属喜达屋集团“喜达屋关爱”的一部分，“喜达屋关爱”包括关爱员工、关爱客人、关爱生意、关爱社区四大部分，喜达屋在海南的酒店正纷纷把这些关爱以各种形式落到实处。

三亚喜来登酒店正在救助三亚一户贫困家庭。该酒店驻店经理余露表示，这户家庭有两个孩子，孩子的父亲丧失劳动能力，家里还有两个老人，酒店已持续半年定期给他们送去食品，并发动员工给他们安了新床，搭建了厨房，下一步准备给他们挖一口井，帮其解决用水问题。“明年，酒店还会再找另外一个贫困家庭进行资助”，余露说。

今年8月，三亚君澜度假酒店工程部一位员工患癌症，君澜酒店集团海南区域的三家君澜度假酒店累积捐款超过3万余元。而对于社区，据三亚君澜度假酒店市场公关部经理修治介绍，酒店设立了15～20个岗位供残疾人就业，在园林绿化、救生员、水上运动等多个岗位上优先录用本地居民。

海南宝华海景大酒店自1996年开业以来，开展了捐助海口市福利院、低碳出行骑行、资助琼中那柏小学、义务参与海口特大水灾后重建、送关爱到遵谭敬老院等多项活动。日前，酒店还组成了环保志愿服务队，走进海口市演丰镇东寨港红树林国家级自然保护区，在保护区管理局的技术人员指导下到红树林种植区进行育苗工作。

前不久，三亚海棠湾康莱德酒店和三亚海棠湾万达希尔顿逸林度假酒店联合开展了沙滩清理、义务献血以及探访残疾人技术学院等志愿服务活动。“酒店每月都定期组织员工义务清理沙滩，我们希望能让员工在这样的活动中体会到保护海洋、保护自然的重要性，呼吁更多的人关爱海洋。”这两家酒店的相关负责人说。

而在今年儿童节前，三亚蜈支洲岛珊瑚酒店市场传讯经理聂君来到“光明连接”脑瘫儿童中心，提前将酒店全体员工为“光明连接”六一儿童节爱心汇演捐赠的4561.8元爱心款送到小朋友的手中；三亚维景国际度假酒店员工在酒店总经理关铁山的带领下来到乐东县千家镇特困区的扎灶小学，为他们送去了节日礼物。关铁山说：“我们给他们带去了书包、画笔、羽毛球拍、足球等礼物，他们爱不释手，有的小朋友还解下了自己的红领巾给我带上，很让我感动，今后我一定会继续做好这方面的活动。”

——资料来源：吴婷婷.海南酒店吹响公益集结号[N].中国旅游报，2013-10-30.

公共关系是饭店运用双向的传播沟通手段来影响消费者等公众，协调组织内外各种关系，营造良好的组织生存与发展环境的管理活动。

公共关系是20世纪80年代初传入中国大陆的，最早落脚于旅游饭店。由于公共关系在完善组织结构、形成凝聚力、增进各方协调、促进组织目标实现等方面发挥了重要作用，加之它通过调查研究、挖掘公众需求、运用传播沟通来影响公众的态度与行为，并建立融洽协调的相互关系从而使饭店获得了更多的市场机会，使饭店在获得良好的社会声誉、提高社会效益的同时也大大提高了经济效益，因而在饭店，公共关系与营销自然形成了密切关系，进行市场营销时常常将公关作为一个重要策略。

一、公共关系的目标

随着饭店行业市场竞争的日趋激烈，人们通过分析总结自身和竞争对手在竞争中的优劣得失，不断地发现和找寻着能够赢得市场竞争的制胜武器，使得竞争手段发生了很大变化，从生产力的竞争发展到营销力的竞争，现在已上升到形象力的竞争，而在饭店运用公共关系策略，所追求的目标正是塑造良好的组织形象。

组织形象是与这个组织相关的公众对它综合认识后形成的印象和评价。良好的组织形象是重要的无形资产，被人们称为“经济原子弹”，这对于饭店而言具有重要作用：

第一，良好且具特色的形象的树立，可使饭店在众多的同行业竞争者中独树一帜，容易引起公众的注意、兴趣和好感，因此能招徕更多的顾客，促进产品销售，扩大市场占有率。当顾客享受到了饭店提供的优质产品和上乘服务后，他们不仅会成为这个饭店的稳定消费群体，而且还会成为该饭店的义务宣传员，使稳定消费群体不断扩大。

第二，良好的形象可使饭店在需要时较容易获得资金、较好的投资条件及其他支持。政府乐意为其提供优惠政策和财政支持；银行乐意给它提供贷款；股东愿意购买其股票；保险公司乐意为其作保。不仅如此，饭店还将拥有稳定、通畅的供应和销售渠道，无疑，这些将成为推动饭店发展的巨大经济力量。

第三，饭店的良好形象能对内增强凝聚力、对外吸引人才。员工会因自己在拥有良好形象的组织内工作而感到骄傲和自豪，因而具有较高的工作积极性和满意度，对饭店的热爱会使他们更加敬业乐业，进取创新，使组织形象更好，而这又为饭店增添了巨大的吸引力，使得优秀人才慕名而来，员工队伍的整体素质会进一步提高，从而增强组织竞争力。

第四，能使饭店受到社区左邻右舍的拥护与爱戴。在社区内树立起良好的组织形象，平时注意与周围的单位和居民协调关系交朋友，主动为社区做贡献。因此当组织遇到困难、出现问题时就会得到社区的帮助、支持与理解，使危机得以化解。

第五，具有良好形象的饭店，因有较高的知名度与美誉度，因而在与国际市场接轨中容易跨越国界和文化，获取国际市场上应有的位置。

第六，良好的形象还可能成为饭店跨越行业界限，涉足其他产品领域的桥梁，带动其他行业发展，从而使饭店经营获得更广阔的市场空间。

总之，在饭店营销中应用公共关系策略，就是要通过运用公共关系手段塑造和完善组织形象来强化和巩固高素质的员工队伍，吸引资金，形成稳定的产品销售渠道，密切组织与社会公众的关系，进而形成饭店强有力的竞争优势。

【小链接 7-3】

北京国贸饭店教儿童烹饪

儿童趣味烹饪课堂开课了！即日起至12月29日期间，北京国贸饭店三江咖啡厅于每周日午餐时间特别推出“儿童趣味烹饪课程”体验活动。

餐厅贴心地为孩子们准备了制作的原料及烹饪工具，孩子们在面点师的指导下亲手制作各式美食，如“创意披萨”、“百变拉面”、“自创曲奇”等。

除了有趣的烹饪课堂，咖啡厅还为孩子们精心准备了健康美味的儿童欢乐自助餐，有迷你汉堡、特制薯条、美味鸡块、迷你热狗、美味蛋糕、时鲜水果等。

——资料来源：张颖辉. 北京国贸饭店教儿童烹饪[N]. 中国旅游报，2013-11-13.

二、公共关系的功能

公共关系策略运用在饭店营销中会产生以下作用。

（一）为饭店进行环境监测

饭店环境同其他社会组织面临的环境一样，是一个复杂的系统，它由政治、经济、文化、科技等因素构成，由于这些因素在不断变化，因而使得组织环境动荡不定。为了能够适应这种变化，变化中的未知数为已知数并据此进行正确决策，组织必须广泛、及时、准确地收集和分析信息，这样既可以在环境发生变化时迅速应对，更可以在环境变化之前根据已掌握的变化规律与趋势，提前制定应变方案，领先竞争对手而抓住市场机会。

饭店行业的依赖性很强，干扰因素来自四面八方，为了提高自身的抗干扰能力，饭店在纷繁复杂的信息当中，除了要了解国内外政治、经济形势，文化、科技动态之外，还必须掌握以下对组织构成直接影响的信息，即政府决策信息；法律法规信息；客户对产品的需求信息；公众对组织的评价信息；竞争对手的动态信息等。

（二）站在公众立场上参与决策

公共关系在决策中所发挥的作用不仅是收集信息，他还应站在组织内外公众的立场上，从全局的角度参与决策的全过程。虽然饭店是商业性、追求盈利的组织，但由于组织与社会存在着千丝万缕错综复杂的关系，因而若只把目光盯在经济的角度，组织可能会因单纯追求经济效益而忽视其他，从而导致饭店与公众利益和社会的矛盾，因而得不到公众和社会的认可，很难在市场上立足。因此，当饭店进行决策时，公共关系部门应帮助组织反映公众的意愿，拟订和寻找既能体现经济效益又能体现社会效益的方案。方案确定之后，还要再向内外公众传达目标精神，解释方案要点以获得公众对决策方案的认可、理解和支持的同时，收集各方面对方案的反映，观察实施效果，并将意见反馈给决策部门，以便对方案进行追踪决策，以保证目标的实现。

（三）协调饭店与各类公众的关系

任何一个社会组织的生存与发展都离不开天时、地利、人和，公共关系的运用就是在为组织创造人和环境。饭店不仅能够满足人们的吃、住、娱乐等要求，更是满足人们社交需求的场所，因此它更需要协调内外关系以聚集人气。组织内外关系的协调是人和环境的基础，它依赖于双向的信息沟通，既包括组织内部信息的上下互相传递，又包括组织与外部公众之间信息的内外相互交流。

协调组织内部关系，可以增加经营管理的透明度，形成员工的主人翁责任感，提高忠诚度，进而达到"内求团结"的良好的公关状态。搞好组织外部的协调，可以通过了解公众的意愿和要求投公众所好，获得公众的好感与支持，还可以得到公众的监督，扩大自身的影响力从而达到"外求发展"的目的。

（四）开展宣传教育已形成饭店发展的适宜土壤

良好的公关状态是饭店发展的适宜土壤，但是这种状态不是自然形成的，它需要组织相关部门长期共同的努力。

在饭店内部要不断宣传组织使命和目标，向员工渗透企业文化，开展全员公关教育，使员工意识到他们的言谈举止代表着组织，都在接受着公众的评判，从而增强公关意识，珍惜组织的良好声誉，用实际行动感染和教育周围公众。

在饭店的外部要充分运用各种形式的传播沟通工具，对外部公众进行宣传教育引导工作，比如，利用免费的消费培训和售前服务等机会，超前地向公众灌输某种消费意识和消费方式；通过提供准确的投资分析和投资服务，引导投资；通过坦陈事实、权衡利弊，说服政府主管部门实施某项有利的政策或者修改某项不利的政策；通过主动赞助社会的文化、体育、教育、科研事业，形成良好的组织形象等。

（五）化解危机

饭店发展不会一帆风顺，难免会有失误或遇到意料之外的事件使组织从高峰跌入低谷，此时，如果处理不当很可能导致组织从此一蹶不振，甚至彻底崩溃。

饭店首先要树立居安思危的意识。为了避免危机的出现，组织应加强信息观和预测观，建立预警系统，收集信息、积累数据、随时观察，一旦危机苗头出现，迅速将其化解在萌芽状态。

当危机来临时饭店相关部门要迅速调查事件真相，并向公众做出解释和答复，同时还要将解决问题的措施及避免类似问题重复出现的办法告知公众。在处理危机的过程中，组织要始终自觉地站在公众的立场上，客观地看待和分析组织所面临的局面，争取公众的理解和谅解，使危机得以圆满、迅速地解决。

三、公共关系策略概述

要提高饭店公共关系工作的有效性，必须讲求恰当运用公共关系策略。公共关系策略的选择，要以组织一定时期的公共关系目标和任务为核心，并针对特定公众的不同特点。公共关系策略可以分为两大类，一类突出的是公共关系功能，另一类则是依据组织发展的不同阶段。

（一）突出公关关系功能的公关策略

1. 宣传型公共关系策略

这种策略就是运用各种传播沟通媒介，将需要公众知道和熟悉的信息广泛、迅速地传达到组织内外公众中去，以形成对饭店有利的公众舆论和社会环境。这种策略具有较强的主导性、时效性、传播面广、容易操作等特点。选择这种策略时，必须强调应坚持双向沟通和真实客观的原则。应用这种策略的常见做法是：公关广告、新闻宣传和专题公关活动。

2. 交际型公共关系策略

这种策略就是运用人际交往,通过人与人的直接接触,深化交往层次,巩固传播效果,实际上是运用感情投资的方式,与公众互利互惠,为饭店建立广泛的社会关系网络。这种策略的特点是直接、灵活、富于人情味。常见的做法有:招待会、座谈会、茶话会、宴会、交谈、拜访、信函、送礼等。应用这一策略时一定要注意,不能把一切私人交际活动都作为公共关系活动。

3. 服务型公共关系策略

这种策略就是以向公众提供优质服务为传播途径,通过实际行动获得公众的了解和好评。它的突出特点是用实际行动说话,因而极具说服力。常见的做法有:增加服务种类、扩大服务范围、完善服务态度、扩展服务深度、提高服务效率等。应用这一策略时要注意:言必信,行必果,承诺一定要兑现。

4. 社会型公共关系策略

这是一种以各种社会性、文化性、公益性、赞助性活动为主要内容的公共关系策略。目的是塑造组织良好的社会形象和模范公民形象,提高组织的知名度和美誉度。这一策略的特点是:文化性强、影响力大,但活动成本较高,因此运用时要注意量力而行。常见的做法如为灾区捐款;赞助文化、体育活动;利用组织重要机会搞一些大型活动,邀请嘉宾,渲染气氛等。

【小链接 7-4】

北京贵宾楼举办俄罗斯风情美食节

即日起至12月2日,北京贵宾楼饭店将举办为期1个月的俄罗斯风情美食节。

早在今年7月,贵宾楼饭店通过中国驻俄罗斯大使馆与莫斯科当地著名的标志性酒店——莫斯科总统大饭店接洽,专程邀请总统大饭店的3位名厨来到北京,合作举办"俄罗斯风情美食节"。莫斯科总统大酒店建于1983年,是俄罗斯外交指定酒店,经常接待各国元首及国内外高端代表团。

——资料来源:赵培培. 北京贵宾楼办俄罗斯风情美食节[N]. 中国旅游报,2013-11-13.

5. 征询型公共关系策略

该策略就是围绕收集信息、征求意见来开展公共关系活动。目的是通过掌握公众信息和舆论,为组织的经营决策提供依据。其特点是长期、复杂,且需要耐力、诚意和持之以恒。常见做法如热线电话、有奖征询、问卷调查、民意测验等。

(二)以组织发展阶段为依据的公关策略

1. 建设型公共关系策略

这一策略适用于饭店初创阶段和开创饭店新局面的阶段,如有新产品或新服务面世时,这种策略也适用。其主要做法是高姿态、高频率的宣传和交际,向公众作自我介绍,其目的在于在公众中形成良好且深刻的第一印象,提高知名度,扩大影响力,为日后的发展奠定基础。

2. 维系型公共关系策略

该策略适用于饭店的稳定发展阶段。具体做法是通过各种传播媒介,以较低的姿态持续不断地向公众传达各种信息,使组织的有关形象潜移默化地传递给公众。其主要目的在于对已经形成的良好的公关状态进行加固。

3. 防御型公共关系策略

该策略适用于饭店与外部环境发生整合上的困难，与公众的关系发生摩擦时。其主要功能是防患于未然，防止公共关系失调。具体做法是，发挥内部职能，及时向决策层和各业务部门提供外部信息，特别是反映批评的信息，并提出改进的参考意见，进行全员公关教育，使全体员工从思想到行动自觉维护组织形象，避免出现漏洞。

4. 矫正型公共关系策略

这一策略适用于公共关系严重失调，饭店形象受损时。具体做法是迅速与相关公众取得联系，如上级机关、媒体机构等，采取一系列有效措施做好传播沟通与善后工作，其目的是尽快平息风波，恢复公众对组织的信任，挽回组织声誉，改善被损坏的形象。

5. 进攻型公共关系策略

该策略适用于饭店与周围环境发生不协调甚至形成某种冲突时。具体做法是，采取以攻为守的方式，抓住有利时机和条件，主动调整组织政策和相应措施，以改变对原有环境的过分依赖。其主要功能在于摆脱被动局面，开创新局面。

在选择运用以上公共关系策略时，饭店一定要准确分析自身发展和所处环境的特点，分析自身的公关状况、公众的基本情况及相关因素，避免因选择不当而劳民伤财，甚至出现适得其反的结果。

四、饭店常用的专门性公关活动

（一）公关广告

公关广告与商业广告一样，它们都需要通过付费来取得大众传播媒介的使用权，然后按照组织需要的时机、频率和强度将信息传达给公众，但是公关广告与商业广告也有不同之处，由于公共关系广告配合公关目标，追求的是让公众而不仅只是顾客对组织的理解、支持、信赖与好感，因而它要选择合适的传播媒介在合适的时候将反映组织整体实力的信息、组织理念的信息、组织获得公众好评的信息、为消除误解而做的解释性信息、向公众表示感谢及慰问和致歉的信息等向公众广而告之。常见的公关广告类型有：实力广告、观念广告、信誉广告、声势广告、祝贺广告、致歉或致谢广告、倡议广告、响应广告、解释广告、征询广告、纪事广告和公益广告等。

（二）赞助活动

赞助作为一种公关活动，是指组织通过对社会有目的、有选择地进行物资的赠予和捐助获得良好的社会效益和经济效益的形式与过程。任何一个组织在其成长与发展中都离不开社会的支持与帮助，饭店也不例外。因此当自己壮大起来之后应回报社会。这不仅能够显示爱心与责任感，塑造良好的社会形象，同时能够得到更广泛的公众的理解与好感，与他们建立更紧密的关系。赞助的范围很广，包括体育、文化、教育、科研、赈灾、慈善、社会福利以及各种基金会等。搞社会赞助时一定要注意：①量力而行；②承诺兑现；③选准赞助对象。

除以上特定公关活动外，常见且行之有效的活动还有开放参观、竞赛、展览、宣传游说等。只要我们能够准确把握形势，分析公众的需求与好恶，不失时机地对以上活动加以正确运用，就一定会取得预期效果。

【小链接7-5】

瑞吉酒店及度假村全力赞助“皇家礼炮王者杯2013中国马球公开赛”

瑞吉酒店及度假村(St. Regis Hotels & Resorts)已连续两年赞助和参与“皇家礼炮王者杯2013中国马球公开赛”,此大型盛事于2013年9月5日至21日在北京唐人马球马术俱乐部举行,并在9月20、21日迎来决战时刻。自首家瑞吉酒店20世纪初在纽约开业以来,瑞吉品牌便与“运动之王”马球结下了不解之缘。本次马球公开赛瑞吉品牌再次成为活动官方指定酒店并赞助球队,还在比赛场地特别设置了专属马球帐篷,为近400名来自国内外的贵宾、合作伙伴及媒体提供舒适环境欣赏精彩赛事。

瑞吉酒店及度假村、豪华精选酒店及度假村和W酒店全球品牌领导人罗健(Paul James)先生表示:“通过赞助中国马球公开赛,我们致力于推动国际马球运动在中国的发展,并展示瑞吉酒店及度假村在促进新生代精英分子的社交生活中所扮演的重要角色。”

20世纪初,在曼哈顿总督岛(Governors Island)举行的马球比赛,是纽约社交圈的焦点;而瑞吉品牌的创始人阿斯特家族(The Astors)正是马球界的显赫人物。约翰·雅各布·阿斯特四世(John Jacob Astor IV)于1904年在纽约设立了首家瑞吉酒店,在同一年,军官之间的马球赛事成为上流社会的夏季热门活动。

罗健先生还表示:“马球在中国同样拥有悠久的历史,我们非常高兴能够成为其在中国发展历程的一部分,将这项活动重新发扬光大。”

——资料来源:瑞吉酒店及度假村全力赞助“皇家礼炮王者杯2013中国马球公开赛”[OL]. http://finance.ifeng.com/a/20130924/10746709_0.shtml.

(三)制造新闻事件

制造新闻事件对于饭店而言,就是在实事求是的基础上,按照新闻报道工作的规律,发掘公众关注的热点,开展组织活动,使二者有机结合。饭店所开展的活动一定要具有很强的吸引力,一方面要能够吸引公众的参与和关注,另一方面要吸引媒体的目光和兴趣,使之成为很好的新闻素材,予以报道,从而形成较为轰动和具有影响力的事件。随着人们对事件的关注、参与、议论和评价,活动的主体——饭店的知名度、美誉度也将得到大大提升。

可以制造成新闻事件的素材有很多,而转化成成功的新闻事件被媒体相中而广为报道的却不多,这一方面需要相关人员具有敏锐的洞察能力和分析能力,能准确发现和确定社会热点,还需要他们具有创新意识和创新能力,能使策划的活动别具一格和独树一帜,当然还需要他们具有良好的沟通能力,使饭店与媒体能保持良好的关系。

【小链接7-6】

朗廷启动会议新计划

朗廷酒店集团近日宣布启动会议计划,这项新计划为会议、活动和团队游的组织者在朗廷集团旗下酒店组织策划会议活动或者进行团队预订时,提供了选择可持续发展方案的选项。

据了解,会议和团队游的组织者将做出以下选择:

参加“Guest Of The Earth”项目,可通过增加对纺织物品的重复使用来减少对水和能源的消耗;可选择在公平交易原则下,供应欢迎礼品和客房内迷你吧商品;可选择使用当地的农作物和应季食材烹制宴会菜品，减少由交通运输造成的碳排放；选择有机食品和素食作为宴会菜单，以减少环境污染和对自然资源的消耗；选择使用净化水来减少瓶装水造成的浪费；结合酒店所在社区的固定活动策划定制一体化活动方案作为与社区的互动和回馈；提供可循环使用的白板、电子指示牌、餐巾布、桌布、餐具和刀叉，以减少不必要的浪费；在会议室放置废弃物回收箱来鼓励与会者建立可持续发展的意识；在所有的酒店内开展废弃物管理和回收利用服务，通过这个举措引起参与者的注意；提供节能会议选项，如将空调的温度调到适中并最大程度地利用会议室的自然采光；提供在线碳排放和碳节省的计算器，让策划者了解一个活动对环境的实际消耗。

——资料来源：孙焱. 朗廷启动会议新计划[N]. 中国旅游报，2013-11-13.

（四）新闻发布

召开新闻发布会已经成为组织常用的公关手段。这就是当有某项重要消息需要公众知道时，召集新闻机构的记者，公开向他们宣布，再通过记者的提问和发言人的回答形成与公众的互动，最后通过记者将消息报道来传达信息。召开新闻发布会，不仅可以达到广泛传达信息的目的，还可以将新闻发布看成是组织与媒体建立和保持联系的好机会。饭店可以利用自身的优势，在新闻发布之后组织记者招待会，与新闻记者进行感情沟通。因此一个好的新闻发布会，可以起到一举双得的功效。

（五）庆典活动

庆典活动就是指为重大节日、纪念日或组织自身的重大事件而举行的庆祝或纪念形式的一种公共关系专题活动。是组织在公众面前亮相的绝好机会。饭店常见的庆典活动有四种类型：开业庆典，即在开业之际针对不同对象并结合当时的形势举行隆重或热烈且有一定声势并能形成一定影响力的庆祝活动。周年庆典，即在饭店诞辰日举办的庆祝生日的活动。庆功典礼，即饭店在生产经营上取得重大突破、重大成绩、获得国家或上级主管单位颁发的重大奖励等时举办的庆祝活动。节日庆典，即在传统或重要节日，如春节、五一、中秋、国庆以及西方的圣诞节时举办的庆祝活动。这些活动如果能策划得有新意并成功实施会产生三重效应：第一是引力效应，即吸引公众的视线，引起社会关注；第二是实力效应，即能通过活动显示组织的整体实力；第三是凝聚效应，即能够增加组织内部员工的自豪感，增强凝聚力。

【小链接 7－7】

北京嘉里推系列圣诞主题活动

北京嘉里大酒店日前已精心准备了一系列精彩纷呈的主题活动以迎接圣诞节的到来。

据悉，11 月 22 日晚，该酒店将在大堂举行一场传递爱与希望的圣诞点灯仪式，届时酒店将用各种球类搭建成 8 米高的圣诞树，酒店总经理安杰瑞将骑上与圣诞树相连接的自行车，通过骑行发电将满载爱与希望的圣诞之灯点亮。安杰瑞还将代表酒店向儿童希望之家捐助 7.7 万元善款。同时，酒店员工还将为现场的来宾演唱多首颇有摇滚味道的圣诞歌。

另外嘉品餐厅还推出了多款圣诞主题自助餐，整个 12 月，宾客都能尽情享受大厨们精心准备的饕餮美味，不仅有火鸡、火腿、圣诞布丁等传统圣诞美食，还有各式健康沙拉、海鲜刺身、广式点心、东南亚烧烤等。圣诞夜的豪华晚宴除了美食美酒，还有乐队现场助阵，让圣诞气氛达到极致。海天阁中餐厅也推出了圣诞主题套餐，让宾客与亲朋好友过一个别样温暖的中式圣诞节。

嘉里健身儿童探险乐园还将在12月7日为孩子们举办一场圣诞"大趴"。活动当天,孩子们可以在探险乐园和幽默滑稽的小丑尽情玩耍,玩搞怪的脸部绘画,品尝各种美食,做各种有趣的游戏,还可收到由圣诞老人送出的圣诞小礼物。重要的是孩子们还可以自己动手制作圣诞树,参加幸运抽奖等活动。

——资料来源:梁雪.北京嘉里推系列圣诞主题活动[N].中国旅游报,2013-10-30.

第四节　营业推广策略

一、销售促进的概念

销售促进又称营业推广,是指饭店运用各种短期诱因鼓励消费者和中间商购买、经销或代理本饭店产品权服务的促销活动。即销售促进是除广告、人员推销和公共关系与宣传之外,饭店在特定目标市场上,为迅速起到刺激需求作用而采取的各种短期的、以及非定期性的促销措施的总称。它主要通过暂时性的奖励和展示在短期内刺激消费者购买饭店产品,并提高经销商和销售队伍的业绩。这个定义强调了营业推广的短期性、非常规性和奖励性的特点,并强调了其对象不只限于消费者,而且已经延伸到分销网络和销售队伍这一事实。销售促进对在短时间内争取顾客扩大购买具有特殊的作用。它的主要目的在于短期内迅速刺激和扩大需求,改善饭店的经营效果,增加销售,扩大其市场占有率。

销售促进有以下特征:一是传播信息,引起注意并经常提供信息,把顾客引向产品;二是刺激,采取某些让步、诱导或赠送的办法给顾客以某些好处;三是邀请,明显地邀请顾客来进行目前的交易。

二、销售促进的方式

销售促进的方式可分为三类:以消费者或用户为对象的推广方式,以中间商为对象的推广方式,以本饭店推销人员为对象的推广方式。

(一)以消费者或用户为对象的推广方式

这种推广方式是饭店向自己的顾客直接实行的一种销售促进。目的是增加需求,促使现有使用者大量、重复地购买,争取潜在消费者,吸引竞争者的顾客等。所有销售促进的目的都是要在短期内争取顾客进行额外购买,提供特殊的奖励或诱惑以使其在特定的时间购买特定的产品。大多数销售促进被限制在选定的细分市场上,以避免降低销售收入的总体水平,如果向所有顾客都提供不必要的奖励,则销售收入会有所下降,因为其中很多人在没有额外奖励时也会购买该产品。促销方式有:

1. 赠品促销

即赠送样品、纪念品、试销品及各种小物品等。有时候饭店可以让一些顾客先试住或是品尝自己的产品,再向他们收取费用,或是进行大量销售。这是饭店一项很有竞争力的促销方式,这种方法对于消除顾客不了解饭店的顾虑有很大帮助。向客人赠送特别的礼品也是饭店加强与顾客感情交流和联系的有效途径。饭店赠送一些精美的礼品给顾客实际上也是酒店的一种促销手段，它能使接受这些礼品的客人更加了解饭店，并对饭店留下深刻的印象。当然，饭店赠送的礼品并非越贵越好，作为饭店的一种宣传品，应该带有饭店的明显标记，该礼品应该能达到宣传饭店形象和产品的目的。例如：印有饭店标记的公文包、胸针、T恤衫等。

2. 有奖销售

即饭店销售某种产品时设立若干奖励，并印有奖券，规定购买数量，顾客若达到购买数量即可获得奖券。然后由销售者按期宣布中奖号码，中奖者持券兑奖。在欧洲和美国有许多饭店采用一种幸运抽奖方式，凡是在酒店消费的顾客都有机会参加这种抽奖，一旦顾客中奖，他们就可以获得一些饭店提供的实物或一次免费的服务作为奖品，以使他们更进一步接近饭店产品，并在此过程中获得身心愉悦。但饭店在举行抽奖活动中一定要实事求是，切忌出现只抽而无奖的情况，这样会使顾客产生反感。

3. 展览和展销

即通过举办展览会、展销会及其他形式的展览，进行现场表演、示范操作，以招徕顾客。

4. 奖 券

饭店可以把奖券附载在报纸、杂志以及宣传资料之中；或是通过直接邮寄寄送给顾客；饭店还可以将奖券在顾客消费时赠送给他们，以求在第一时间去刺激他们的再次购买欲望。某些饭店为周末抵达的客人举办欢迎招待会和赠送美容券等。

5. 价格优惠

很多饭店都在经营淡季或是特殊的时期推出优惠的价格项目，从而招徕客源。这种以价格取胜的方法可行性较强，对饭店顾客有较大的吸引力。例如闲置房间较多的饭店经常以单人入住的门市价格出售双人间，但期望通过餐饮消费来增加收入。因此，销售促进可解决星期性或季节性的经营低谷问题，很多饭店在周末吸引客源方面都存在着问题，而屡试不爽的解决办法就是进行特殊周末包价和有关特殊事件的主题周末或策划有趣的活动，如：音乐、食品和酒类展示及大型庆祝活动。

例如，贵宾金环会会员只需以人民币688元起的“开业特惠房价”入住桂林香格里拉大酒店，客房可免费升级至更高一级房型。开业特惠房价自2010年3月9日至2010年4月30日有效。

6. 附赠产品

附赠产品也可以作为一种奖励提供给顾客，例如住4夜而付3夜的费用；在某些日子提供免费的葡萄酒等。

7. 常客优惠服务

饭店对待自己的特殊顾客，比如，重要客人、贵宾、长期客户、酒店俱乐部成员等，可以实行具有个性化的特殊服务。例如：饭店可以为他们优先订房，定期给予他们一些特殊礼品、奖励积分等方法来激励重复购买的客人，刺激他们对本饭店产品持续购买。

【小链接7-8】

万丽酒店推出“环球之旅”

万豪国际集团旗下生活体验品牌万丽酒店邀请宾客一同体验2013年全球探索之旅，活动将在万丽旗下29个亚太区物业范围内体验难忘的艺术及文化之旅。据悉，该活动被命名为“走出新发现”，是为实践酒店品牌理念“生活在于发现”而开展的。5000位宾客可体验这一旅程。

此项目获万丽酒店旗下酒店北京富力万丽酒店的全力支持。北京富力万丽酒店以餐饮、摄影、音乐等元素作为主题，于近日举办"生活原音"系列活动。"生活原音"系列活动包括食品摄影展，评审团由知名食评家、摄影师及烹饪专家组成。除此之外，宾客亦可细品酒店餐厅烹制的地道中菜以及创新鸡尾酒。同时，上海龙之梦万丽酒店将邀请环球宾客与当地客人一同参与"生活原音"活动，领略西班牙风情。来自巴塞罗那的大厨将烹调融合亚洲与西班牙风格的精致佳肴。届时，宾客也可以品尝各式各样的伊比利亚火腿及西班牙佳酿。

——资料来源：李志刚. 万丽酒店推出"环球之旅"[N]. 中国旅游报，2013-08-16.

(二) 以中间商为对象的营业推广方式

针对饭店中间商，饭店的营业推广目标一般要促使中间商持续地经营本饭店的产品和服务，提高他们的购买数量和销售额等，主要包括下列促销方式：

1. 开展销售竞赛

即饭店确定推销奖励的办法，刺激、鼓励中间商努力推销本饭店的产品和服务，展开竞赛，对购买额大、展销活动影响大、本期比上期销售量比例增加大的成绩优异者给予奖励。

2. 提供广告和陈列津贴以及合作广告

即饭店为中间商提供陈列商品、支付部分广告费和部分运费补贴或津贴等刺激中间商大量购买。

3. 实行购买折扣或价格优惠

饭店中间商的生存条件就是一种进销差价的积累，因此，为刺激中间商购买大批量本饭店产品，对购买数量较多的中间商给予一定比例的折扣优惠，购买数量越大，折扣比例就越大。

4. 额外的佣金和超额奖励

额外的佣金在业内称为"超额奖励"，对所有超出商定水平的销售业绩的中间商都可以支付超额奖励。由于旅游产品的特性，在旅游业中针对分销商的奖励通常包括抽样试用促销产品的免费旅行。为了实现预期目标，由旅游经营商支付旅游中间商更多的奖励佣金是值得的。

5. 红　利

饭店为了刺激中间商的购买积极性，也可以采取销售分红的形式，使其可与饭店共享一定比例的利润。饭店通过这种红利形式，就将自己与中间商的利益紧紧地连在了一起，有助于调动他们的购买积极性。

6. 赠送礼品

向中间商赠送特别的礼品也是酒店的一种促销方式。

(三) 以本企业推销人员为对象的推广方式

针对本饭店销售人员的推广是指饭店鼓励自己的销售人员多成交、多发展新的客户，大力推销本饭店的产品和服务，以刺激本饭店的非季节性销售和寻找更多的潜在消费者。主要包括下列促销方式：发奖金、分红利、培训、发放必要的办公用品，开展销售竞赛、组织成绩突出者外出旅行，即奖励旅游。饭店通过这些措施来刺激销售人员全力以赴地为饭店销售产品，增加销售额。对于销售队伍来说，奖励也是针对有关个人设计的，大多数以奖金和礼品的方式出现，当销售人员实现了指定的额外销售目标时便予以发放。目前存在着一个大的销售奖励行业，该行业专门为各行业的销售队伍和分销商设计并提供奖励。在由专业代理公司所提供的各种奖励中，奖励旅游产品经常被认为是强有力的激励形式。

三、销售促进方案的制定

（一）确定营业推广的对象与目标

通常所选定的目标市场要与饭店的整体目标市场保持一致，但有时候，饭店也有自己具体的营业推广目标市场。因为对饭店总体目标市场的各个部分而言，不同的促销方式会起到不同的效果，因此，明确饭店的营业推广具体目标市场应该是饭店进行这项决策的第一个环节。要说明目标细分市场中的消费者情况，是商务客人还是休闲客人，并充分利用从市场调研中获得的信息详细资料。顾客数据库是一个重要的信息源。

（二）确定饭店具体营业推广目标和销售模式

根据饭店的实际情况确定销售模式，并计算在规定的促销期间期望通过销售推广活动所能够实现的目标销售量。例如：对于饭店集团来说，可以表示为在一段具体时间内每个饭店的预订量。计算在目标销售量完全实现以后可能获得的收益。

（三）制定营业推广的措施

饭店对于不同的营业推广对象和营业推广目标，应选择不同的工具来具体进行。因为饭店每一种营业推广工具都有自己的特点，要比较后选择使用。

（四）选择营业推广的时机、规模与时间

饭店营业推广活动多数是短期的，因此，饭店必须有一个十分详细的时间表。饭店营业推广时间安排必须符合饭店整体经营策略的安排，要选择最佳的市场机会。推广期过短，许多潜在的消费者可能因为种种原因而没有购买；推广期过长，会给客人留下长期降价的印象，无法促使客人立即购买。另外，饭店还要选择奖励的规模，要使营业推广获得成功，就必须有一定的奖励规模，超过这个限度，虽然仍能促使销量上升，但促销效率就会递减。因此，要研究以往的营业推广效率，并对奖励规模提出建议。

（五）确定参加者的条件

饭店可以给任何人奖励，也可以选择某些群体给以奖励。仔细地选择和确定参加者的条件，可限制那些不大可能成为经常使用者的参加。但是，限制过严，参加者将局限于忠诚者这个小范围内。

（六）营业推广的范围和途径

饭点必须确定向推广对象传递信息的途径。推广途径主要有：广告、直邮、人员推销、电话推销、广告传单、新闻稿以及每月给俱乐部成员寄账单时，给予他们的特殊利益等。各种推广途径费用不同，信息传达范围也不同，这就需要饭店选择对目标细分市场最有吸引力的推广途径。

（七）确定费用预算

营业推广总预算可以用两种方法来拟定：一是根据以往的营销推广费用在促销总预算中所占的百分比来确定营业推广总预算数；二是根据一年内计划进行的各种营业推广的费用来确定营业推广预算数。

（八）对饭店的营业推广计划进行控制

饭店控制营业推广的进程，要求随时对营业推广的细节进行必要的修正，这样才能更好地改善饭店营业推广的效果。

【小链接7-9】

六家酒店联手推圣诞主题活动，津城增添独特魅力

在圣诞节来临之际，旅游集团旗下六家酒店联合推出不同特色的圣诞主题活动，为天津节庆市场增添了独特魅力。

据了解，今年圣诞节期间，利顺德大饭店将推出“白色主题”圣诞庆典，包括金曲演唱、主题舞会、大型爵士乐队演奏等；君隆威斯汀酒店则以“魔幻之旅”为主题，设计了充满奇思妙想的圣诞之夜，现场主持和表演嘉宾烘托出时尚前卫气氛；喜来登大酒店策划了“欢度平安夜”大型娱乐演出，歌手和乐队的现场演出、迎新派对、酒吧圣诞狂欢夜等节目精彩纷呈；津利华大酒店则迎合人们的怀旧情怀推出“津门回味”主题晚会，再现老天津生活，将天津年味与圣诞节巧妙结合；水晶宫饭店的圣诞之夜独具一格，大型圣诞晚会、游艺活动、小餐台和圣诞小屋营造了浓郁的圣诞气氛；海河文华大酒店的圣诞焰火晚会更是独出心裁，给人强烈的视觉冲击，令人耳目一新。

——马根.六家酒店联手推圣诞主题活动，津城增添独特魅力[N].渤海早报，2012-12-18.

四、饭店营业推广效果评估

饭店为了控制和调整营业推广的实施效果，有必要对营业推广的效果进行监测和评价。一般对营业推广效果评价的方法有以下几种：

（一）比较推广前后销售额的变化

在其他条件不变的前提下，饭店可对销售量的增加与推广成本进行比较，得出净效果，然后以此来评价营业推广的效果。

（二）顾客调查法

顾客调查包括三个方面：一是对营业推广的顾客动态进行调查，可以采用现场记录、查阅原始资料等手段来分析顾客数量、购买量和重复购买率等指标。二是对顾客构成进行调查，包括新老顾客的比例，不同年龄层的顾客比例等。三是对顾客意见进行调查。包括调查顾客的动机、建议、要求、评价等，从而了解顾客在营业推广期间的购买行为。

（三）实验法

饭店在开展大规模营业推广活动前，可选择某些特定的地区和顾客进行试点，了解顾客的反应，从而推测这次推广的实际效果。总之，营业推广能给顾客和饭店均带来好处，但饭店必须周密计划，如果使用不当，反而会引起顾客疑虑，影响其购买。

在实施营业推广的过程中，必须和其他营销沟通工具结合在一起才能创造强有力的协同作用。例如：大规模的营业推广活动如果辅以技术娴熟的公关活动，还可能会引起媒体足够的兴趣，从而获得额外的免费新闻报道。因此，饭店要把各种具体的销售促进工具结合起来，达到时间、内容上相一致。

第八章　饭店销售渠道

【引导案例】

旅游代理每间房能赚 75 元，酒店纷纷开拓网上直销渠道

日前在沪召开的“2011 酒店在线营销高峰论坛”披露，从 2006 年至 2010 年，通过在线旅游代理商预订国内酒店，酒店支付给代理商的佣金平均每间夜高达 75 元。目前，已有越来越多的酒店业者意识到需要利用网上平台来开拓直销渠道。

根据艾瑞咨询统计，2010 年中国在线旅行预订市场规模为 61.6 亿元，相比 2009 年的 38.9亿元同比增长了 58.4%，其中订房营收比重为 46.3%。与 2009 年相比，订房营收比重上升 0.9 个百分点。酒店市场是在线旅游市场中发展速度最快的市场之一，并已经在电子商务的总体消费中占据了主导。但在如此红火的酒店预订市场中，酒店业却不是获利最大的行业，大量利润被在线旅游代理商所蚕食。

在线旅游代理商最初是以客房销售“拐杖”的面貌出现的，它以其宽广的覆盖面和便捷的预订方式给酒店提供了一条全新的销售渠道。但是，当酒店用源源不断的客房把代理商“喂大”时，代理商却变成了一根“扔不掉的拐杖”——一旦退出代理商的订房网络，酒店出租率就会出现大面积滑坡。代理商由此变得越来越强势，常常以“最低价协议”为名干涉酒店的客房销售政策；有时还通过对客源的调配，挑动酒店之间的恶性降价竞争，自己坐收渔利。

旅游专家认为，直销与分销是酒店业两种不可或缺的营销方式。酒店直销，就是不通过代理商分销，由酒店直接面对消费者进行销售。酒店必须拥有自己的直销渠道，使直销与分销的比例保持在 5:5 的平衡点上，才能在与代理商的博弈中掌握议价权。

在国内酒店市场中，锦江之星、汉庭、格林豪泰等经济型酒店集团较早建立了自己的订房中心，拥有健全的直销渠道。但是建立订房中心需要投入大量资金，很多单体酒店根本无力承受。近年来，旅游搜索引擎开始兴起，很多聪明的酒店经营者开始把旅游搜索引擎作为“公共的直销订房平台”。据统计，酒店通过去哪儿旅游搜索引擎进行直销，大约每 100 个点击，就可以生成 60 余个订单，实住可达 80 个间夜，由此可节省高达 90%的订房佣金。

同时，“团购”也成为了酒店业拓展直销渠道的另一方式。锦江之星、7 天、汉庭等酒店集团通过团购网站上的人气提高自己的知名度和新增的客户，而更多的单体酒店则通过团购网站实现直销规模的扩大。据《2011 年 1—2 月旅游团购分析报告》数据显示，旅游类团购网站在今年 1—2 月份发展势头强劲，包括去哪儿网、拉手网、F 团在内的近百家企业都推出了旅游团购业务，产品涉及酒店客房、酒店餐饮、酒店 spa 等几十个领域。

——资料来源：陶健. 旅游代理：每间房能赚 75 元[N]. 解放日报，2011-05-17.

这个案例告诉我们，饭店要提升入住率，仅靠自身的产品销售其作用是微乎其微的，选择和建立适合自己的销售渠道以及代理网络，才能促进销售，提升市场占有率。本章即对销售渠道的相关问题做专门研究。

第一节　认识饭店销售渠道

一、销售渠道的概念

销售渠道,又称为分销渠道,是指顾客从产生消费动机、进入饭店、到最终消费饭店服务产品的整个过程中所经历的路线以及相应的一切活动的总和,是产品到达顾客或顾客接触到产品的各种渠道的总称。饭店销售渠道既是饭店产品商品化的必由之路,也是连接产品和顾客的中介。

在市场经济条件下,市场的容量很大、很广,饭店很难直接与消费者沟通并将产品销售给他们。因此,大部分饭店都要依靠一定的营销中介,即中间商,将产品转移到宾客手中。这一方面因减少了饭店与顾客之间的接洽从而节省资金、时间,同时还可以利用中间商分布广、对市场熟悉的特点,增加市场覆盖面,使饭店产品的生产与更多的消费者的需求结合,从而满足供需双方的利益,获得多赢的效果。随着旅游市场进一步国际化,饭店产品从生产到消费的转移过程更加复杂,因此借助营销中介将饭店产品转移到最终消费者手中的销售模式,其优势越来越明显。

二、销售渠道的类型

饭店产品的销售渠道主要包括直接销售渠道和间接销售渠道两类。

(一)直接销售渠道

直接销售渠道是指饭店产品不经过任何中间商直接转移给消费者的销售渠道。比如,饭店销售人员在机场、车站等场所宣传招徕客人;消费者因公或因私直接入住饭店或亲自预定饭店房间。

(二)间接销售渠道

间接销售渠道是通过中间商来完成产品从饭店到消费者的转移过程的销售渠道。由于在转移过程所介入的中间商有多有少,因此介入多的被称为长渠道,介入少的被称为短渠道。通常,只包含一种中间商的为短渠道,包含两种或以上的为长渠道。直接销售渠道因没有中间商介入是最短的渠道,又被称为零层渠道。

【小链接8-1】

酒店微营销硝烟渐起

近日,无论是酒店管理者还是IT企业负责人,都提出,以微博营销、微信营销为代表的微营销正日益成为酒店企业关注并陆续试水的新领域。去年11月,首批开通微信客户端的开元、布丁酒店集团,经过近一年的运营,已经尝到了微营销的甜头:开元酒店截止到今年第三季度,通过手机客户端获得的订单产额已超过400万元;布丁现在每天可通过微信捕获270个订单。10月28日,洲际酒店集团开通"IHG优悦会"微信服务账号,为7400万会员提供积分查询、酒店预订、促销信息等服务,正式进入微营销战场。而香格里拉酒店集团数字营销副总裁梁一龙也表示,香格里拉的社交媒体应用平台在不久的将来也将上线。

记者在微信公众账号搜索中输入“酒店预订”可以搜到数十个搜索结果，其中既有连锁酒店，如开元、布丁，也有各种单体酒店，还包括了OTA（在线旅行商）网站的微信公众账号。

虽然微营销总体处于探索阶段，但是上升势头十分强劲。北京天下秀科技有限公司CEO李檬从事IT行业十年，目前正专注于制定企业社交媒体营销整体解决方案。李檬表示：“无论是传统的大企业还是新兴的小企业对微营销的需求都非常大，大家都急于在移动互联网领域建立自己的阵地。”

布丁酒店COO史央清分析道：“《第31次中国互联网络发展状况统计报告》显示，2012年手机网民数达4.20亿人，占网民总数的74.5%。专家预测，在2014年之前，手机移动互联网的用户数量将超过传统互联网用户。未来移动互联网领域将是酒店营销最激烈的战场，微营销为酒店带来的将是直销订单量的迅速增长。”

——改编自：李志刚. 酒店微营销硝烟渐起[N]. 中国旅游报，2013-11-06.

目前，随着旅游市场的飞速发展，直接销售渠道在全球分布的顾客面前显得越来越鞭长莫及，所以许多饭店都从直接销售渠道转向了间接销售渠道。

三、间接销售渠道的功能

间接销售渠道的优势在于大量旅游中间商的介入。旅游中间商在旅游市场营销中占有特殊的地位，对旅游产品营销渠道的形成和运行起着重要的影响作用。一般来说，旅游中间商的功能主要体现为市场调研、开拓市场、促进销售和组合加工产品等方面。

（一）市场调研

旅游消费者是饭店生产经营成败的关键所在，其数量的多少、层次的高低、购买力的大小对饭店的经济效益有着直接的影响。旅游中间商可以利用自己直接面向旅游消费者的有利地位，真实、客观、全面地调查、掌握旅游消费者的意见和需要，从而为饭店提供准确、及时的信息，帮助饭店对市场的变动做出及时的反应，使饭店产品和服务的供应不断适应旅游消费者的需求。

（二）市场开拓

旅游市场需求的频繁变化和强有力竞争，客观上要求饭店不断进行市场开拓，才能在市场中生存和发展。旅游中间商专门进行旅游产品的购销工作，对市场的变化及走向有着强烈的敏感性，能对市场的未来发展有较为准确的判断，并善于寻找市场的空隙，捕捉市场营销机会。饭店与旅游中间商友好沟通、协作，就能将旅游产品的生产优势与市场开拓的营销优势结合在一起，使饭店与旅游中间商都得以顺利地成长。

（三）促进销售

饭店产品要获得旅游消费者的欢迎，一定要促进市场中潜在的旅游需求转化为现实的旅游需求。旅游中间商往往是旅游促销的专门人才，各自拥有自己的目标群体，与社会各方以及市场中各部分有可能形成良好的公共关系，它们依靠自身所特有的宣传、广告、咨询服务和其他多种形式的促销活动，来激发旅游消费者的购买欲望，促进市场需求的形成，沟通饭店与旅游消费者之间的联系。

(四)组合加工

任何一个旅游企业均不能提供旅游者在完整的旅游活动中所需的食、住、行、游、购、娱等环节的各种旅游产品。旅游中间商则可以通过自身优势与多家旅游企业联系,具有对多种旅游产品加工、组合的能力。例如为满足旅游消费者的多方需要,旅游中间商将各种旅游产品组合起来,形成系列化的完整的旅游产品,提供给旅游者,其内容包括了代售车票机票,安排接送,代订饭店、旅游、观光游览,组织会议,提供导游,安排商务、文化体育等活动。这种组合还可按旅游消费者的不同要求,形成不同的组合方式和价格形式。

第二节　饭店与中间商建立良好关系的要点

饭店在营销过程中应选择适当的销售渠道,与中间商建立良好的业务关系。这就要求饭店经营者充分认识旅游中间商及其功能,以便对其做出正确的评价,并在正确原则的指导下与其加强合作。

饭店企业按照方便消费者购买和取得预期经济效益的基本原则,对销售渠道进行科学、合理的设计、组织和决策,就必然要涉及在销售渠道的营造中是否选用中间商以及对中间商的评价与选择等问题。

一、了解旅游中间商

旅游中间商是指介于旅游生产者与消费者之间,专门从事旅游产品或服务市场营销的中介组织或个人。由于旅游中间商在旅游市场营销中的作用不同,旅游生产企业与这些中介组织或个人的责权利关系不同,因而旅游中间商的类型呈多样化形态。

(一)旅游经销商

旅游经销商是指将旅游产品买进以后再卖出的中间商,它的利润来源于旅游产品购进价与销出价之间的差额。旅游经销商与旅游产品的生产企业共同承担市场风险,其经营业绩的好坏直接影响到旅游生产企业经济效益的高低。旅游经销商多种多样,最主要的有旅游批发商和旅游零售商两类。

1. 旅游批发商

旅游批发商往往是一些从事批发业务的旅行社或旅游公司,其业务是将航空公司或其他交通运输企业的服务与旅游目的地企业的地面服务组合成整体性的旅游产品,然后通过某一销售途径推向广大公众。因而,旅游批发商通过大量地订购旅游交通运输企业、饭店、旅游景点等企业的单项旅游产品,将这些产品编排成多种时间、多种价格的包价旅游线路,然后再批发给旅游零售商,最终出售给旅游消费者。一般来说,旅游批发商的经营范围可广可窄,有的旅游批发商可在全国甚至在海外通过设置办事处或建立合资企业、独资企业等形式进行大众化产品的促销工作,或者广泛经营旅游热点地区的包价旅游产品;有的旅游批发商也可在特定的目标市场中只经营一些特定的旅游产品,如专项体育活动、节日活动等产品;而有的旅游批发商则可以用某一交通运输工具组织包价旅游,如我国的长江三峡豪华游艇包价旅游、汽车穿越塔克拉玛干沙漠包价旅游等。

在少数情况下,旅游批发商也对旅游消费者进行直接销售活动。此时旅游批发商要对旅游消费者的整体旅游活动负责，旅游者旅行所必需的费用须全部计入所报价格中，包括了旅游消费者的食、宿、行、游、娱等活动乃至行李搬运费、小费等费用。

2. 旅游零售商

旅游零售商是指直接面向广大旅游消费者从事旅游产品零售业务的旅游中间商，它与旅游消费者联系最为紧密。为适应旅游消费者的多种需求，旅游零售商要熟悉多种旅游产品的特点、价格和日程安排，了解和掌握旅游消费者的经济支付水平、生活消费需要和方式等情况，以帮助旅游消费者挑选适于其要求的旅游产品。同时，旅游零售商在市场营销活动中应具有较强的沟通能力和应变能力，要与旅游目的地的饭店、餐馆、风景点以及车船公司、航空公司等接待旅游企业保持良好的关系，能根据旅游市场及旅游消费者的需求变化而相应地调整服务。一般来说，旅游零售商的主要职责为：向旅游者提供广泛的和正确无误的旅行咨询服务；做出包含海、陆、空在内的各种交通运输安排；做出旅游消费者在旅游活动过程中的食宿、观光以及音乐会、剧场入场券等特殊节目以至行李的运送等方面的安排；制定单独旅游、个人陪同旅游、团体旅游等旅游产品；对有特殊兴趣的旅游，如宗教朝觐、会议旅游、奖励旅游、业务旅游、修学旅游和体育旅游等做出安排、预定；对旅游活动中所涉及的一切琐碎事宜，如有关健康、保险、旅行支票、语言学习资料等事宜的处理和咨询。

由于旅游零售商从一定意义来说，是代表旅游消费者向旅游批发商以及旅游产品供给的企业购买产品，所以为保护旅游消费者的应得利益，促进旅游零售业务的顺利开展，旅游零售商在与旅游批发商以及旅游产品的生产企业发生联系、签署有关购销协议时，一般要关心、注意以下问题：首先是对方的质量、信誉，也就是旅游批发商等企业提供的旅游活动是否可靠，各项活动的开展是否衔接紧密，处理业务工作的效率如何，出现意外事故的抢救、处理制度和措施有无保障等。就其所提供的产品而言，往往包价旅游产品事前的调研工作较为扎实，产品开发、实施方案较为可靠，同时对市场的宣传促销力度较大，因此在实际工作中旅游零售商愿意大量购进包价旅游产品，向旅游消费者推销。其次，要关心、注意对方提供的旅游产品的价格，其原因在于市场竞争和消费心理。例如与同类产品的价格相比，若报价过高，对旅游消费者的吸引力就会降低，推销难度增大，旅游零售商的经济效益就不明显；若报价偏低，则可能会使旅游消费者产生对旅游产品质量的怀疑，客观上也不利于产品的推销工作。

旅游零售商一般为旅行社，旅游发达国家的超级市场、航空公司等往往也会成为旅游零售商。与一般的生产企业不同，旅游企业不一定只是批发商或零售商。对于同一个旅游企业来说，在不同的销售渠道中，它可能担当不同的角色。如A旅行社为一个来自美国的旅行团组织了一次旅游活动，它是以旅游批发商的身份进行销售活动的；同时，它又为B旅行社的一个团队提供了当地导游的服务，此时它又扮演了旅游零售商的角色。

【小链接8-2】

与旅行社合作的十种思路

(1) 尽快支付佣金。考虑到旅行社的需要，及时支付佣金。

(2) 在整个组织范围内都承担对旅行社进行营销的义务，首先从管理层开始。

(3) 让员工认识到对旅行社营销的需要和重要性。

(4) 开展员工与旅行社之间的交易活动以增进彼此间对各自需要和义务的了解。

(5) 对经常在旅游企业预定的旅行社给予嘉奖。

(6) 通过销售宣传册、电子表单和企业广告为旅行社提供有关旅游产品、服务和设施的详细信息。

(7) 与当地的旅游组织合作,为旅行社提供熟悉的旅游线路。

(8) 确保给予旅行社免费和打折的权利。

(9) 通过组织研讨会等为旅行社提供学习的机会,让他们懂得如何组织会议和奖励旅游。

(10) 提供有关特殊和大型活动的信息,尽早促销,以便旅行社能够对其进行销售。如果你提供活动后的专车,也要通知旅行社。

——摘选自 Christopher Schulz. Hotels and Travel Agents, the New Partnership [J], The Cornell Hotel and Restaurant Administration Quarterly, 1994, 35(2): 45-50.

(二) 旅游代理商

旅游代理商是指那些只接受旅游产品生产者或供应者的委托,在一定区域内代理销售其产品的旅游中间商。旅游代理商的收入来自被代理企业支付的佣金。旅游代理商的主要职能是在其所在地区代理旅游批发商或提供行、宿、游等旅游服务的旅游企业向旅游消费者销售其旅游产品。

旅游产品生产企业在自己推销能力不能达到的地区,或是无法找到合适的销售对象的情况下,利用旅游代理商的营销资源可以寻求营销机会,因而,对代理商的利用是对经销商利用的一种补充。尽管利用代理商的风险转移程度比利用经销商要低得多,但一般而言,在旅游产品比较畅销的情况下,利用旅游批发商等中介组织的机会比较多,而在新产品上市初期或产品销路不太好的情况下,则利用代理商的机会就比较多。

在实际工作中,旅游代理商由于直接面对广大的旅游消费者,或以为旅游消费者服务为主,同时经营少量的旅游产品的批发业务,因而旅游代理商往往又是旅游零售商,但其收入主要以收取佣金为主。

【小链接8-3】

酷讯客栈频道上线,提供线上搜索服务

近日,酷讯旅游网宣布上线客栈民宿频道,提供客栈民宿线上搜索服务。

据了解,酷讯客栈民宿频道可实时搜索2万家以上的特色客栈,覆盖全国主要热门旅游目的地。酷讯将酒店预订类型分为酒店搜索、品牌酒店、酒店团购、酒店体验师、客栈民宿等。值得一提的是,客栈民宿频道上线后每月将有上千家免费客房提供给客栈体验师入住点评体验。

目前主打客栈和经济型酒店预订的在线旅游代理商(OTA)有青芒果网和松果网等,松果网为携程旗下子公司;作为"垂直搜索引擎和OTA混合体"的去哪儿网也有客栈频道,销售广告主的库存和自身直销的库存;B2C平台淘宝旅行也早已细分出客栈频道。

酷讯酒店负责人告诉记者,随着近年来旅游浪潮的不断兴起,作为细分领域的客栈民宿酒店正被越来越多的休闲旅游者、背包客所追捧。客栈类酒店主要分布在热门旅游目的地,这些目的地客栈本身已经和当地人文环境融为一体,极具特色和文化,成为旅游不可或缺的部分,且价格相比普通酒店,更具优势,因此,客栈身后的市场潜力不容小觑。

——资料来源:廖丰.酷讯客栈频道上线,提供线上搜索服务[N].京华时报,2013-11-01.

二、评价旅游中间商

饭店要采取切实可行的办法，对中间商的工作绩效进行检查与评价。对饭店影响作用大的中间商，往往应成为饭店合作的重点。对于绩效一般或低于饭店要求的中间商，要找出原因及补救办法，必要时改变现有的渠道结构，剔除绩效差的中间商，以保证渠道的效能。对中间商的评价主要有以下几方面内容：

① 中间商历年的销量指标完成情况和水分大小。

② 中间商为饭店提供的利润额和费用结算情况。

③ 为饭店推销产品的积极性。

④ 中间商为饭店的竞争对手工作的情况。

⑤ 中间商对本饭店产品的宣传推广情况。

⑥ 中间商对客户的服务水平和满足需要程度。

⑦ 与其他中间商的关系及配合程度。

⑧ 中间商的销售占饭店产品销售量的比重。

三、选择旅游中间商

为确保饭店产品销售渠道的通畅，应做好对中间商的选择。在选择旅游中间商时，除了要考虑中间商的经营范围是否与饭店经营范围相吻合、中间商的实力与信誉、中间商的市场经验等因素外，还应遵循一定的原则。这些原则包括：

（一）经济原则

追求营销活动的经济效益是饭店一切营销决策的基本出发点，对旅游中间商的选择自然也应遵循这一原则，就是说应将旅游中间商选择所可能引起的销售收入增长同实施这一中间商选择所需要花费的成本作比较，以评价中间商选择的合理性。这种比较可从以下两个角度进行。

1. 静态效益的比较

这是指在同一时点对各种不同的旅游中间商选择方案可能产生的经济效益比较，从中选择经济效益较好的方案。若饭店认为自建营销系统的投资报酬率低于利用旅游中间商的投资报酬率，饭店就会放弃自建营销系统而利用旅游中间商来开展营销工作。

2. 动态效益的比较

这是指对各种不同的旅游中间商选择方案在实施过程中所引起的成本和收益的变化进行比较，以选择在各种不同的情况下所应采取的旅游中间商方案。

（二）控制原则

从长远目标考虑，饭店对旅游中间商的选择不仅要考虑其经济效益，还应考虑饭店能否对其实行有效的控制。这是因为旅游中间商是否稳定对于饭店能否维持其市场份额、实现其长远目标是至关重要的。饭店对于自行营销系统容易控制，但成本较高，市场覆盖面较窄，不可能完全利用自行营销系统来开展营销工作。而利用旅游中间商来进行市场营销，就应当充分考虑所选择的旅游中间商的可控程度。一般来说，饭店对建立旅游代理关系的中间商比较容易控制，但饭店必须相应作出在同一地区不再利用其他中间商的承诺和保证，因为在同一地区利用多家旅游中间商进行销售,饭店的利益风险较小,但对旅游中间商的控制能力就会相应削弱。

(三) 适应原则

旅游中间商对饭店而言,属于不完全可控的因素,因而饭店在利用中间商时应讲究适应性。这一要求主要体现为三个方面:首先表现为地区的适应性,即在某一地区选择中间商,应考虑到该地区的消费水平、购买习惯和市场环境,以建立与之相适应的旅游中间商体系,如西方旅游发达国家的旅游零售商往往是超级市场、航空公司、协会和一些社会组织等,而我国的旅游零售商则以旅行社为主,另外有一些经纪人、行业协会等;其次表现为时间的适应性,即根据旅游产品在市场上不同时期的适销状况,饭店采取不同的中间商政策而与之适应;再次表现为对旅游中间商的适应性,即根据各个市场中旅游中间商的不同状况而采取相应的营销渠道策略。

总之,饭店按照适应原则,在选择旅游中间商时,应保留适当的弹性,根据市场及其环境的变化,对旅游营销渠道进行适当的调整,做到稳而不死、活而不乱,以便更有效地实现饭店的营销目标。

四、与旅游中间商合作

加强与中间商的合作,调动其积极性,这是营销渠道管理的重要任务。旅游中间商与饭店是相互独立的,中间商可以是这家饭店的代理,也可以是其他饭店的代理,它可以推销中国业务,也可以推销欧洲业务,有的中间商甚至同时销售两个竞争对手的同类产品。中间商一般对饭店不承担义务。为增强中间商的合作精神,应关心和重视对中间商的优惠与奖励措施。

首先,维护中间商的尊严,尊重中间商的利益,这是赢得中间商合作的首要前提;其次,要帮助中间商增加收入,因为中间商的收入来自旅游产品的差价或佣金,他们十分关心旅游产品的销售量和差价及佣金比例,饭店可以根据旅游中间商的组团能力、企业规模、计划销售和付款情况,有区别地对待,这是奖励中间商的重要手段;第三,优惠中间商的形式要多样,方法要灵活,可以采用如下一些形式:减收或免收预订金、组织奖励旅游、领队优惠(即按国际惯例,凡满十五名付费旅客的旅行团,可以增加一名领队,享受免费旅游)、邀请中间商旅游、联合宣传与推销、颁发奖品以及进行其他物质和精神的奖励。

【小链接 8-4】

在线代理商为何撤出去哪儿网

近日,去哪儿网与艺龙等 OTA(在线旅游代理商)暂时停止合作,引起业界和媒体的关注。4 月 15 日,去哪儿网回应:正在与合作伙伴积极沟通中,会充分考虑各方的利益和顾虑,寻求共赢的解决方案。记者从去哪儿网页面查询发现,同程网、来订吧、腾邦国际等 OTA 已经恢复与去哪儿网的合作。去哪儿网表示,今后会坚持开放平台战略,不做 OTA。

1. 纷争缘于广告涨价

事件导火索是 3 月底去哪儿网对平台广告价格进行了调整。据了解,此次调价涉及了两种合作形式的价格调整:基于去哪儿网自主研发的交易平台的点击付费模式(简称 TTS)和基于网站跳转的点击付费模式(简称 CPC),目前产生分歧的主要是 CPC 网站跳转模式的价格设定。

此次调价，由于TTS系统转化率在之前半年的持续提升，对于TTS客户的成本结构影响小于10%，这对于CPC客户而言，与TTS转化率差距日益明显，对于成本结构的影响较大。

一家OTA高层透露，去哪儿将点击收费提高了40%，由于成本过高，公司不想亏本做生意，因此已于4月1日晚上下线了自己在去哪儿上的所有产品。另一家OTA厂商高层也表示，去哪儿的点击费用的确大幅增加，有些频道增加了40%左右，而有些频道增加的幅度还要高于40%。该高层表示，“性价比没有了，渠道也更差，因此再继续合作并不划算。”

2. 开放平台多元化下的利益之争

由于直接为酒店提供营销平台，去哪儿网被带上“既做裁判员又做运动员”的帽子。

艺龙CEO崔广福公开表示，艺龙不支持去哪儿网的TTS模式，去哪儿网把所有模式都放在一个屋檐下，很难获得合作伙伴的支持。

去哪儿网CEO庄辰超称，只要消费者的体验得到保障，去哪儿网会坚持开放平台战略，对所有合作伙伴开放，包括航空公司和酒店的直销电子商务和OTA分销渠道。

庄辰超强调，去哪儿网不会做OTA。去哪儿网一直定位于综合旅游类垂直搜索，合作方式有直销和分销等多种形式，二者是互补的。无论是酒店集团、单体酒店、航空公司、邮轮、景区把去哪儿网作为自己的直销平台，还是OTA等分销商把去哪儿网作为营销平台，去哪儿网始终以平台形式运营。以团购为例，去哪儿网在没有OTA认可团购模式的时候，与酒店直接合作，当OTA开始认可这种模式的时候，就积极接入OTA(例如艺龙)的团购产品，去哪儿网始终坚持的是平台道路。

“无论直销渠道要求去哪儿网停止分销渠道的展示，还是分销渠道要求停止直销渠道在去哪儿网的展示，都是在剥夺消费者的知情权，我们都不会同意。”庄辰超说。

去哪儿网酒店事业部总经理者希博表示，此次事件帮助去哪儿网听到了很多来自业界的声音，包括OTA对于酒店发展直销业务以及去哪儿网推广TTS系统的误解和担心，及时听到这些声音有助于去哪儿网更好地支持合作伙伴，加强沟通、消除误会，去哪儿网将继续对新兴OTA进行多种业务形态的支持。据去哪儿网透露，同程网旗下部分网站将进驻TTS系统。此外，还有数十家OTA也将加入此系统。

酒店领域市场分散，没有一家OTA能够覆盖全部酒店，且从收入角度来讲，OTA营收具有二八法则，少数酒店为OTA贡献了绝大多数收入，也使得OTA提升营收的途径在于不断优化签约酒店结构，而非扩展签约酒店数量。去哪儿网说，作为开放平台，它可以无限拓展被忽视的“长尾”。这些被“忽视”的长尾酒店，往往是单体酒店、客栈等。他们往往不具备建设自身官方网站的IT实力，也无法承担所需成本，而TTS系统正好解决了这些酒店的问题。

去哪儿网将酒店直销与各种分销价格进行比价，形成了同台竞争的局势，也形成了开放平台多元化选择下的利益之争。业内人士认为，这是比价型网站在提高用户体验的同时如何平衡供应商利益的问题，是旅游服务模式之辩。

——摘选自　李玲. 在线代理商为何撤出去哪儿网[N]. 中国旅游报，2013-04-17.

第三节　值得格外关注的旅游批发商

旅游中间商可谓家族庞大、种类繁多,旅游批发商是其中最强大的一支。旅游批发商通常介于饭店与零售商之间,在饭店产品销售中的作用十分突出。旅游批发商的业务涉及到旅游活动的方方面面,它甚至可以直接向消费者销售产品,同时大的批发商因其自身的销售规模大、网点多、涉及地区广、客源数量大销售手段丰富以及销售成本低,优势非常明显。因此,饭店应对旅游批发商有足够的重视,并注重密切与旅游批发商的合作。

一、对旅游批发商特点的进一步强调

本章第二节已对旅游批发商的概念、旅游批发商的业务内容向读者作了介绍。由于本节专门研究饭店与旅游批发商之间的关系,因此需对旅游批发商的特点作进一步的强调。

(一)旅游批发商不光是进行产品转移销售的中间商,更是旅游产品组合的设计者

旅游批发商通过缜密的市场调研,进行旅游产品的开发与设计。这些组合的旅游产品通常包括交通运输、住宿、就餐、地面交通和娱乐项目等。在制作一项旅游组合产品的过程中,旅游批发商与饭店联系,通过享受特定的数量折扣的方式,预订一批房间,与其他的内容协调组合成各种时间、价格、线路的旅游产品,由旅游零售商将这些旅游组合产品出售给消费者。在这一过程中存在着一个双向选择的问题。一是批发商选择饭店,另一个是饭店选择批发商。只有双方彼此都满意,才能形成合作关系,也才能形成顺畅的销售通路。

(二)旅游批发商对于旅游度假地享有很大的控制权

随着世界旅游度假区数量的日益增多,组合旅游产品的旅游批发商经常把目标定位在休闲旅游市场。旅行代理商不可能了解每一个景点,它们只能依靠批发商提供目录。如果有一对夫妇想去西班牙旅行,他们将会得到一份在密克罗尼西亚开展业务的旅游批发商提供的目录,目录上印有一些豪华宾馆、四星级饭店、三星级饭店和旅行者饭店的信息,批发商为每个饭店写介绍词。饭店可以提供一些信息,但最终选入宣传册的饭店介绍词由批发商决定。这对夫妇将根据旅游批发商提供的信息选择一家看来能提供最高价值的旅游度假地。

(三)旅游批发商的产品营销难度大,有风险,既需要渠道成员的通力合作,又需要预先防范

由于旅游产业的依赖性和脆弱性决定了旅游产品的易损性,因而经营旅游批发业务也面临着较大风险:一旦饭店对于取消预订实施严格的限制措施,而且如果旅游产品没有售出,批发商手中就会积压大量的易损存货。因此渠道成员之间应保持充分的信息沟通,彼此建立相互信赖的战略合作伙伴关系,不要因不适当的短期行为而损害渠道成员的积极性。另外,旅游批发商要为代理商支付佣金,并且要使顾客相信他们所提供的产品组合要比顾客亲自安排的具有更大的价值。此外,旅游批发商本身也要赢利。每个旅游组合产品的边际利润都很小。一般来说,批发商要出售旅游组合产品数量的85%才能达到保本点,如此之高的保本点要求不允许有任何的失误出现,因此旅游批发商破产事件时有发生。而为了防范这一点,饭店在与旅游批发商合作时,就有必要先检查它的历史,要求其交纳押金并快速付款。

二、与旅游批发商合作时应关注的问题

在处理与旅游批发商之间的关系时，饭店至少要考虑以下七个方面的问题。

（一）分析本饭店是否对旅游批发商具有吸引力

因为旅游批发商着重向旅游团体出售产品，因此分析饭店是否对旅游批发商具有吸引力，应从是否对旅游团体有吸引力入手。具体内容有：

① 本饭店是位于旅游目的地，还是位于团体旅客到旅游目的地去的途中？

② 本饭店位于市中心还是位于郊区？

③ 本饭店是否邻近娱乐活动场所？本饭店是否提供娱乐活动场所？

④ 本饭店是否有完善的餐饮设备？

⑤ 本饭店内是否有商场？附近是否有商业中心？

⑥ 本饭店客房里是否有空调、电视机、两个行李架、衣帽架？浴室里是否有沐浴设备？本饭店是否提供电梯服务？

饭店经营管理人员应全面分析本饭店的设施，以便了解本饭店是否对旅游团体具有吸引力。在分析过程中，饭店经营管理人员要特别重视分析本饭店所处的地理位置。因为地理位置不好的话，即使设备很完善，也不见得能吸引大批的团体旅游者。

（二）分析客源

饭店经营管理人员应设法了解客源国有哪些旅游批发商，分析本饭店所能给予他们的利益，然后，通过直接邮函件、电话等方法，与这些旅游批发商建立联系。

（三）确定应吸引的旅游批发商

旅游批发商可以划分为以下三种类型：

① 豪华类，这类批发商代销高档客房、餐饮。

② 中档类，这类批发商代销中档客房、餐饮。

③ 经济类，这类批发商代销廉价客房，不为旅游团体安排餐饮。

显然，不同的旅游批发商是为不同的游客服务的。饭店经营管理人员必须客观地分析本饭店在旅客心目中的形象以及本饭店的价格，贯彻市场细分化的原则，选择适当的批发商，有针对性地对他们进行营销活动。

（四）选择正确的推销时间

旅游批发商一般是在 9 月、10 月、11 月出版宣传小册子，以便增加明年夏天的销售量。夏季通常是旅游批发商的忙季，因此，许多饭店提前一年向批发商进行推销，在整个夏季与之保持联系，以便在秋季获得最大的销量。

（五）包　价

参加包团旅游的旅客希望节省开支。旅游批发商不仅要从组团旅行中获取一定的利润，而且要向旅行社支付佣金。因此，饭店在确定团体包价时，不仅要考虑所制定的价格应使中间商有利可图，还要考虑到这一包价对旅客应有吸引力。在确定包价时，饭店经营管理人员常需考虑以下几个因素：

① 房价。

② 餐饮、饮料价格。

③ 翻译导游、交通费用。

④ 其他费用,如小费、行李搬运费等。

⑤ 退款。如果饭店规定统一收费率,旅客未参加旅游或未在饭店用膳所节省的费用,不能退还给旅客,而应退还旅游批发商。

⑥ 对陪团人员的优惠。

饭店通常免收领队的房费,有时不收餐饮费。

此外,饭店还要考虑竞争者的价格。确定包价之后,饭店才开始与旅游批发商洽谈业务。

(六) 做好旅游团的接待工作

团体旅客付费比零散旅客低一些,饭店在团体接待服务工作中,绝对不能把团体旅客当做二类旅客。一般来说,参加旅游团体的人,外出旅行次数较少,因此,对这些旅客更应关心、热情,并做好以下工作。

① 要求旅游批发商提供有关信息,包括团体名称、要求预订的客房数(包括领队住房)、来店交通工具(飞机、火车、游轮等)、来店时间和离店时间、膳食要求和餐数等。

② 饭店应用书面形式向旅游批发商确认房价、膳食价、行李搬运费等。饭店应说明免费招待旅游批发商人员的规定、饭店规定的允许取消订房的期限,以及对逾期取消订房者的罚款规定。除非同意赊款,否则饭店必须要求批发商付定金。

③ 做好团体旅客的接待工作。旅游批发商必须在团体到达前7~10天将住宿名单表送交饭店。派房人员应根据住宿名单表上的次序,直接注明各旅客的房号。旅游团领队到达后,就可在旅客行李标签上填明这些房号,这样,就可加快行李运送的速度。派房之后,住宿名单表应分送总服务台、行李班、电话间,以便各部门更好地为团体旅客服务。

如果旅客姓名旁边注明"一起旅行"、"一家四口"等字样,那么在给这些旅客派房时,应尽可能安排他们住邻近的客房。如果旅客姓名旁边注明"三人同住一间客房",饭店应在旅客到达前安排好加床。给旅游团安排的客房应当是两张单人床的客房,不要安排双人床客房。

在旅客到达之前,总台服务人员可把登记单、客房钥匙、介绍饭店各种服务设施和服务项目的促销资料、快速结账单,以及总经理签名的欢迎信放入信封,信封上标明旅客的姓名和客房房号。旅客到达后,只需在登记单上签名,就可到客房休息。也可让旅客到客房后再签名,然后由楼面服务员或行李班服务员把登记送到总台,也可让旅客在汽车上签名或由团体领队代办登记手续,还可为团体专设登记台。这样,就可避免门厅出现拥挤、混乱现象。

团体领队负责整个团体的旅行安排,因此,饭店中所有参加接待的服务人员都应认识领队,并随时与领队保持联系。

(七) 研究接待旅游团体所能获得的收益

经营管理人员必须分析、比较饭店接待各种类型的旅客所能获得的经济收益,并做出是否要接待旅游团体的决定。如果经营管理人员认为接待公务旅行者、零散旅行者、会议团体更为有利,饭店就不必花费时间和精力去向批发商进行推销。但是,经营管理人员应当明确,与批发商保持联系可减少推销费用,如果饭店能够做好旅游团体的接待服务工作,就能长期保持较高的销售量。

第九章　实现营销效果最大化的实用手段

【引导案例】

喜达屋的经营妙思

喜达屋以其饭店的高档豪华著称，根据2005年7月美国*HOTELS*杂志公布2004年的统计，喜达屋(美)有酒店733座、房间230667间，列第8位；2003年列第8位，酒店738座、房间229247间。品牌为威斯汀、喜来登、圣-瑞吉斯、福朋、寰鼎、至尊精选、W饭店。特许经营41.8%，委托管理28.5%，带资管理及其他29.7%。1985年进入中国市场，在华酒店为委托管理、特许经营及有选择的带资管理。

一个饭店集团的最终经营目标在于利润和现金流量的最大化。为了达到这个目标，喜达屋采取的措施是：增加现有的饭店和赌场的盈利；有选择性地买入新饭店；增加集团饭店经营合同和特许经营协议的数目。

为了增加收入，喜达屋集团通过对其全球的资产进行平衡有效配置，扩大客源市场和其他资源，并通过规模经济来节省开支。在过去几年里，饭店供给方在豪华高档细分市场的供求关系中处于优势。喜达屋饭店由此获得了许多收益，大大提高了每日平均房价(ADR, Average Daily Rate)，这主要是通过用高价位的产品来替代提供折扣的产品，以及有选择地提高房价来实现的。下面简单介绍一下集团的具体经营管理策略。

1. 内部发展机会

ITT以及寰鼎资产和经营方式对喜达屋传统饭店业务的加盟，给喜达屋饭店提供了巨大的机会来提高合并后的公司整体的市场份额、声誉和规模，从而增强了公司的饭店和赌场的经营效率。下面是可以增加集团的经营效率和盈利的内部发展机会的几点：

(1) 修订集团品牌的市场定位，从而进一步提高其品牌的知名度。通过更换一些为集团所有的饭店品牌，分别归入喜来登、寰鼎、福朋或新的圣·瑞吉斯旗下，喜达屋饭店进一步扩大其品牌的声望及市场份额，从而增加可售客房的平均收入，提高经营效率。

(2) 将喜来登、圣·瑞吉斯、寰鼎和福朋的品牌特许给经过挑选的第三方经营者经营，从而扩大集团饭店的市场份额，提高其饭店品牌的知名度，而且特许经营费也使公司获得了更多的收入。

(3) 将由集团拥有的、管理的、特许经营的饭店整合纳入一个单一的、多品牌的预定系统，协调全球的销售部门，通过增加集团的因特网上的信息发布、影响力和销售能力，来增加收入和利润，并提高服务质量。

(4) 实施集团的常客方案，集团相信这个方案会有助于饭店提高客房出租率，住店和来赌场娱乐的客人也同样会从中受益。

1999年2月3日，喜达屋饭店集团推出集团性“饭店常客计划”，名为“喜达屋佳宾”(Starwood Preferred Guest)。喜达屋的常客计划是本着与其他饭店的方案显著不同的形式提出的，其宣传口号是“具有无可比拟竞争优势常客项目”。凡参加该计划的商务旅游者可以在该集团分布在60个国家的550家饭店及度假地通过住宿赢得分数并兑现奖励。喜达屋这一计划比较简化,客人在饭店花费一美元,即可赢得两分。此方案刚实行就获得了很大的成功,在4月份,寰鼎和喜来登饭店的登记、注册率比去年同期增长了4倍。

(5) 通过综合整理集团所有自有客人的资料库,加强营销的力度,向现有的顾客推销其他更多的产品,提高客房出租率,并且创造出新的市场营销机会。

(6) 使集团对其房地产所有权的使用最优化,从而增加副收入,如经营集团的饭店和赌场里的餐馆、酒吧和停车场所得的收入。

(7) 新创一个"W"饭店品牌,以满足商务客人高档服务水准的要求和小饭店中希望提供全方位服务的其他客人的要求。

2. 寻求外部发展机会

喜达屋不断地在寻求机会,以向外扩展和使集团的饭店和赌场组合更加多样化。其主要途径是,对美国国内外的符合集团所有或部分的要求标准的房产进行小额的投资或有选择性地收购。喜达屋饭店所设的标准如下:

(1) 位于主要的大都市或商业中心的豪华高档的提供全方位服务的饭店。

(2) 主要的旅游饭店、度假村或会议中心,它们还必须满足下列条件:客源市场发展状况良好,所在地市场具有重大的行业壁垒,或是位于对客房有强大需求的地区,如办公写字楼或零售商场集合点、机场、旅游景点或大学区。

(3) 潜力未被发掘的饭店,它们能够通过以下途径得以充分发展:更换品牌,收归集团自有饭店品牌旗下;引入更专业化、效率更高的管理技巧和方法;投入资金,对饭店进行革新、扩张或再定位。

(4) 符合以上部分或所有标准的饭店群或饭店集团。前提是,一次性购买几家饭店能让喜达屋集团获得较优惠的价格,或取得其他途径得不到的有诱惑力的房产。

另外,喜达屋集团还通过在全世界拓展Caesars品牌来扩展其赌场业务,并且有选择地开发和建造有价值的饭店和赌场,以帮助集团达到其策略目标。喜达屋饭店及度假村国际集团于1999年签署了112项管理及授权协议,已超额完成计划目标12个百分点。

喜达屋在激烈竞标中取胜,进而得以管理地处波士顿会议中心的数家正在兴建的饭店,其中包括一家拥有1120间客房的喜来登饭店;一家新近营建的W饭店,其店址设在位于纽约市联合广场的GUARDIAN LIFE大厦里,以及一家在澳大利亚悉尼市的国际W饭店。另外,许多世界顶尖知名饭店,也都纷纷加入到喜达屋名下,其中包括纽约市的原ESSEX HOUSE饭店,现已改名为寰鼎饭店;在瑞士日内瓦的原韦森总统饭店,现已改名为至尊精选饭店。除112项新协议之处,还有其他30项管理合同,其中,有的合同期已满,有的已转交第三方,喜达屋集团对之都已续签。通过1999年的全球扩展进程,喜达屋在北美洲新签约53家;非洲、印度及中东28家;欧洲13家;亚太及拉丁美洲12家。

3. 饭店经营方式的融合以及创新

当前集团传统的经营方式与寰鼎和ITT集团的方式的结合,已为集团长期节省成本创造了许多机会。例如,通过规模经济来养活采购和保险方面的支出,并消除常规事务和管理上的不必要重复。经营方式的融合,还为集团创造了采取一个全面综合的常客方案和预定系统的机会,并且通过在全体饭店推广某一品牌饭店的经营方法来提高经营效率。

同时,喜达屋不断采用大胆、创新的经营管理理念,勇于开拓新市场。这主要表现为对因特网的应用、各品牌饭店引入新的管理和服务理念等。

早在1996年7月，喜达屋集团就建立了自己的网站，并已进入盈利阶段。网站的成功主要归功于喜达屋对网站不断地进行调整，以适应现实与潜在用户需求的变化，让用户在使用系统时更容易对于目的地进行旅游查询。

在提高顾客满意度上，喜达屋也是不惜工本的。在寰鼎饭店的委托下，指引调查公司对600位商务旅游者进行研究，其结论是：一家饭店可以提供的最好服务是晚上美好的睡眠。根据这个信息，喜达屋花了一年的时间来研究设计一种新的床，要想将所有的饭店都摆设这种新床，总共费用要3000万美元。喜达屋的经理主管人员从35家饭店联号中选取50种床摆在大厅里进行比较试验，结果使用了寰鼎饭店的"天堂的床"(heavenly bed)。截止到1999年8月，寰鼎饭店已在20家饭店的7400间客房内摆设了10000张这样的床，让其顾客享用到了"天堂"般的睡眠。

——摘选自 广东商学院. [2007-8-23]. http://ly.gdcc.edu.cn/.

第一节 增加饭店收入和利润的思路

一、饭店经营的现状

改革开放以来，我国的旅游行业迅猛发展，饭店业的产业规模也随之不断扩大，在国民经济中的地位越来越重要。以我国星级饭店为例，据国家旅游局定期发布的《中国星级饭店统计公报》显示，进入21世纪，我国星级饭店的数量增长了一倍左右(见表9-1)。

表9-1 2005—2012年我国星级饭店数量及增长情况表

年 份	2000	2005	2006	2007	2008	2009	2010	2011	2012
饭店数量/家	6029	11828	12751	13585	14099	14237	13991	13513	12807
增长率/%	—	8.63	7.8	6.54	3.78	0.97	−1.72	−3.41	−5.22

资料来源：中国星级饭店统计公报. 国家旅游局网站. www.cnta.gov.cn.(作者整理而得)

随着饭店数量的持续增长，我国饭店发展中的问题与矛盾也逐渐凸显。由于行业结构、管理机制、行业竞争、外资进入等原因，反映饭店经营的几个重要指标，如出租率、营业收入、利润等均出现下滑的趋势(见表9-2)。

表9-2 1992—2012年间中国旅游饭店的主要经济指标

年 份	营业收入/亿元	增长率/%	利润额/亿元	利润率/%
1992	264.81	40.3	10.9	4.28
1994	548.30	34.8	53.8	9.82
1996	731.37	15.0	33.5	4.5
1998	796.83	−1.95	−46.6	−5.8
2000	860.93	1.79	−26	−3.02
2012	2430.22	4.98	50.46	2.07

资料来源：王兴琼. 当前我国饭店业的经营困境及其所采取对策和绩效研究. 价值工程，2004(9)：13；中国星级饭店统计公报. www.cnta.gov.cn.(作者整理计算而得).

表9－2中列出了我国旅游饭店六个年份中的主要经济指标，由于饭店总体数量持续增长，饭店的营业收入额也呈现出明显的增长，但增长率却未实现同步增长。同样，利润额和利润率也不容乐观，1998年和2000年的利润额和利润率均出现了不同程度的负增长。即使是近两年(2012年)，在营业收入明显增长的情况下，利润率仍只有2%左右。可见，我国饭店业的营业收入增长缓慢和利润微薄的情况是行业发展过程中比较突出的矛盾，需要引起主管部门和饭店企业的重视与思考，并亟待解决。

二、影响我国饭店经营效益的原因

(一) 饭店行业内因素

1. 竞争方式单一

商务客源、旅游团队是饭店特别是中、高档饭店的主要客源，但客源增长与饭店数量增长相对滞后，由于饭店产品的可替性强，削价成为饭店之间相互竞争的最主要方式，这种恶性的竞争方式使得本来不高的出租率、平均房价和平均利润率进一步降低，导致饭店跨档次经营，五星级报四星级饭店的价格，四星级报三星级饭店的价格……以此类推，最后导致行业性的效益低下，甚至是亏损。

【小链接9－1】

酒店削价竞争　海口年亏两亿

2005年12月14日，海口市星级饭店复核情况通报会透露，海口市的星级饭店房价持续走低，海口三星级饭店最低客房团队价格仅50元左右，某些三星级饭店最低平均房价仅40元，恶性削价竞销严重。预计2005年亏损总额将会超过2.5亿元。

2006年2月14日，海口62家二星级以上饭店、海口酒店协会、海口市旅游局和海口市物价局共同签订四方公约《海口市星级饭店实行客房成本价公约》，从3月1日起按照省制定的星级饭店客房调控价的要求，以不低于该饭店的成本价格来销售客房。如违反公约将在成员范围内通报，同时通过新闻媒体公开曝光，并由物价、旅游部门依照相关规定予以警告、罚款或责令停业整顿等处罚。

——摘选自　赵焕焱.赵焕焱饭店榜：省市篇 海南(下).
http://www.globrand.com/2009/198231.shtml.

2. 行业结构失衡

市场结构决定了企业在市场中的行为，企业行为决定了市场运行的经济效益，因此饭店业的经济效益与其行业的结构有着密切的关系。依据《中国星级饭店统计公报》的数据分析发现，尽管我国星级饭店的所有制结构日趋多元化，但近十年来，国有和集体经济所有的饭店构成仍占有40%左右(见图9－1，2004—2006年，国有和集体经济所有的饭店占60%左右；2009年国有和集体经济所有的饭店占43.4%)。而国际管理饭店的平均房价高出国内管理饭店44%(2006年中国饭店业务统计)。

3. 营销手段简单

部分饭店没能更好地利用多种营销方式，也会影响饭店的盈利水平。一些饭店忽视自身的市场定位与星级档次，一味地求多求全，造成产品趋同；饭店还停留在打折、赠品的传统促销

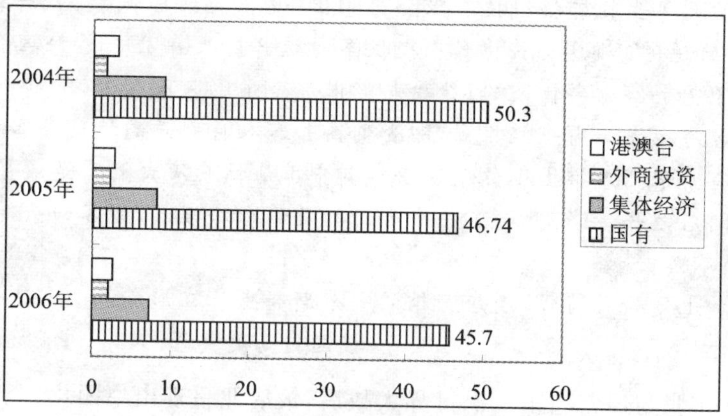

资料来源：中国星级饭店统计公报.国家旅游局网站. www.cnta.gov.cn.(作者整理而得)

图 9-1　2004—2006 年我国星级饭店所有制结构百分比(部分)

方式上；一些饭店还限于电话预订的方式上，没能将网络营销、计算机预订等技术含量较高的渠道综合应用。

4. 人力资源不足

饭店业经常被看作是劳动密集型的行业，从事人员的学历与资历没有得到充分的重视。另外，由于饭店的基层工作劳动强度大、工作内容枯燥、收入水平不高，造成行业内人员流失严重，从而影响了饭店业的人力资源水平，阻碍了行业的发展与提高。

（二）饭店行业外因素

饭店行业受全球环境因素的影响比较明显，金融危机、政治风波等都会使当地及周边地区的旅游业遭遇重创。而重大赛事、优惠政策等又会惠及该国及该地区的饭店业，出现全行业性的利润增长。

三、增加收入和利润的营销思路

针对饭店行业营业收入、利润率均偏低的现状，行业主管部门、企业自身都采取了一系列措施来应对。本章引导案例中所提到的喜达屋就采用了许多行之有效的方法增加收入和提高利润率。结合我国一些饭店开展的营销方法与行销理念，饭店在增加收入和利润上主要有以下五种营销思路：

第一，准确的市场定位。由于饭店档次、所处地域、目标市场的区别，每家饭店都有其特定的目标客源，饭店与其目标客源的准确定位对减少各种类型饭店的价格“混战”，提高总体效益有很大的帮助。

第二，推出新产品。利用市场上没有出现过的新产品或服务，实现差异化营销，避免正面的价格对比与竞争，满足消费者的多样化需求。例如，女士客房、无烟客房等在推出时均属于新产品。

【小链接 9-2】

营销新宠——健康客房

如今，健康客房正在一些高星级酒店兴起。健康客房是指酒店在健康理念的指导下，通过配备全套的健康睡眠用具，并在顾客实际体验使用的基础上，兼向顾客销售新型客房及产品的营销模式。健康客房是在酒店原有的商务或其他客房的基础上，结合健康理念和健康文化，以高科技生物产品为依托，为顾客营造一种健康、舒适、人文的休息环境。

位于珠海市的天年生物工程科技有限公司推出"天年健康睡眠系统"产品,依照人体生理曲度设计,能提供舒适的睡眠条件,为客人提供多种选择。天年公司总经理金锐先生介绍说,健康客房在国内还是个新生事物,但因健康与环保理念早已深入人心,所以他们与酒店的合作相当顺利。健康客房在酒店中一经推出,即受到商务客人特别是高端商务客人的青睐。目前,仅在广东珠海就有4家酒店推出了健康客房。其中珠海怡景湾大酒店是最早与天年生物科技开展项目合作的酒店之一,目前开辟了一个专门的健康客房楼层,顾客回头率明显高于其他客房,产品销售业绩不俗。

健康理念再加上体验式消费,酒店营销的一个新亮点正在形成。

——摘选自　史蔓蓉.尺木.中国旅游报,2006-2-15.

第三,集团化扩张与经营。第二次世界大战后,饭店业呈现出集团化、全球化扩张的趋势,洲际饭店、希尔顿饭店以及引导案例中的喜来屋无不经历了全球范围内的规模扩张,以特许经营等方式形成庞大而著名的品牌体系,实现品牌化与规模化经营。

第四,多元化销售渠道。除了消费者直接向饭店订房外,饭店业采用了旅游网站、旅行社预定、全球预定系统、联号饭店预订系统等多种方式的销售渠道。

第五,引用营销新理念。将客户关系管理、绿色营销、主题营销等新的营销模式引入饭店业,使饭店贴近消费者,特色鲜明、突显个性。

为了能在增加收入、提高效益方面取得一定的效果,下面介绍几种比较实用的和典型的营销手段。

1. 引入文化营销

随着经济交往的密切,饭店之间的模仿与学习日益频繁,不同区域的饭店本身具有的自然优势、资金优势等正在不断地弱化与模糊,拥有长久的竞争优势变得越来越困难。赋予饭店文化的品味与灵魂,实施文化营销,将是一个比较有效的营销手段。

【小链接9-3】

北京:"京味儿文化",留住"老北京记忆"

北京护国寺大街是中外游人体验胡同游必去的一条古街。位于胡同之间、名人故居之旁、京城小吃老店之侧的北京护国寺宾馆,把楼层变为北京护国寺胡同文化的"展廊"。

在护国寺宾馆,有的楼层突出"胡同四合院文化",在走廊里展示胡同四合院老照片、老门环、微型门墩儿等;有的楼层以照片、文字、突出"名人文化",把曾在护国寺胡同居住过的近十位历史名人一一道来,让人有一种与历史名人近距离接触的感觉;有的楼层突出梨园文化,也是以图文并茂的形式,介绍护国寺大街梅兰芳故居、人民剧场的人文景观。在楼层与客房之间,隐隐能听到"老北京"的吆喝声。

前门建国饭店,在大厅一隅的梨园剧场门前,有人欣赏玻璃橱窗内的"老生、花旦"模型,有人到化妆间去看外宾学"勾脸",有人则在"旅游商品展廊"里挑选"京剧文化商品"。饭店公关人员介绍,2004年饭店经营者广泛听取多位专家、学者以及文艺界人士的建议,精心打造"京剧文化主题饭店"。由于主题突出、传统艺术色彩浓郁,"京剧主题"颇得人气。2005年,该店的年营业收入就上升至1099万元,比2004年增长了26.62%,营业收入创出新高,并连续荣获"首都旅游紫金杯最佳晚间活动场所奖"。

广东：文化主题饭店前景灿烂

作为全国首批22家主题饭店之一，深圳威尼斯皇冠假日饭店是中国首座以威尼斯文化为主题的五星级商务度假饭店。饭店以历史悠久、文化浓厚、气息独特的水城威尼斯为蓝本，以局部模拟和微缩仿造的方式复制再现水城的风土人情，从饭店外观、装潢风格一直到产品供给和服务理念都加入了众多饱含威尼斯文化风情的元素，饭店主题鲜明突出，独立于其他众多同类的高星级饭店之外。饭店首先选取了世界闻名的水城威尼斯作为原型，在仿造水城的过程中，无论是在大处还是在细节上都从威尼斯原装文化出发，力求如实展现其独特的文化出发，力求如实展现其独特的文化。

从2001年试营业算起，威尼斯饭店至今已有近七年的历史。据了解，威尼斯饭店开业9个月后已实现盈利，目前该饭店平均入住率达到85%，平均房价继续保持在1100多元的本地行业最高水平。

——摘选自　冯新生.特色文化让酒店端起聚宝盆.中国旅游报，2007-8-22.

饭店同其他服务企业一样，获得稳定而持续增长的收入与利润是其经营目标。北京护国寺宾馆、前门建国饭店和深圳威尼斯皇冠假日饭店的成功，得益于一种崭新的营销模式——文化营销。

文化营销是将文化因素渗透到市场营销组合中，努力构筑一个主题鲜明的文化环境，从而影响并引导消费者的行为，以文化做媒介与顾客及社会公众构建全新的利益共同体关系。

饭店营造文化与展示特色，根本目的是吸引客源、创造利润，因此饭店需要找到文化与利润的契合点，切不可盲目地追求“文化”而变得“无利”。饭店开展文化营销时，可以着重以下几点：

(1) 强化服务功能，注重细节之处

无论是增加了何种文化功能，饭店提供舒适而完善的服务是首要的任务。文化营销并不一定是摆放字画与古董这样的大投入，细微之处的巧妙与到位也能体现其独到的文化。例如，美国米歇尔酒家，通过“菜单文学”宣传饭店的经营理念和特色，在细小的地方显示其与众不同。在欢迎顾客光临的菜单中有这样一段话：我们高兴，因为我们能为您烹制全市最好的美食。感谢您对我们的信赖，我们将永远竭尽全力，不负您的友谊和惠顾。

(2) 营造特色环境，提供情感分享

饭店的资源禀赋优势不尽相同，饭店可以充分地利用其地域、环境等资源特色，营造出独特的文化环境，为消费者提供一个幽雅而特别的情感分享意境。

海南的三亚仙人掌酒店在后花园内特地开出了一块核心地带，移植了各种各样的仙人掌、仙人鞭、仙人角、麒麟掌、龙骨等，成为顾客驻足品味的仙人掌观赏园，使其“仙人掌”酒店名符其实。酒店独特的文化氛围与其所处的自然生态环境相得益彰，有效地向客人传播了酒店的文化内涵和经营特色。

(3) 结合饭店现状，找准市场定位

文化在饭店服务的传递上，可以通过物质形态、精神形态等多种形式表现。不同星级和档次的饭店都可以结合自身的规模与客源，开展独具特色的文化营销活动。高星级的饭店可以投重金，将高贵的宫廷文化引入饭店；低星级的饭店则可以利用绿色、家庭等概念，营造简朴、自然的环境。

2. 拓展营销渠道

随着科学技术的不断成熟,网络信息的丰富,GDS(全球预定系统)、OTA(酒店第三方在线旅行服务代理商)、搜索引擎推广等都成为饭店销售的方式,饭店销售渠道越来越多样化,互联网成为一个主要的销售渠道。网络销售渠道以其独特的优势,为我国饭店的经营发展起到了不可替代的助推作用。从2002年的95%到2012年的40.2%(预测值),网上订房一直占整个我国网上旅游预订市场的主要份额(见图9-2)。

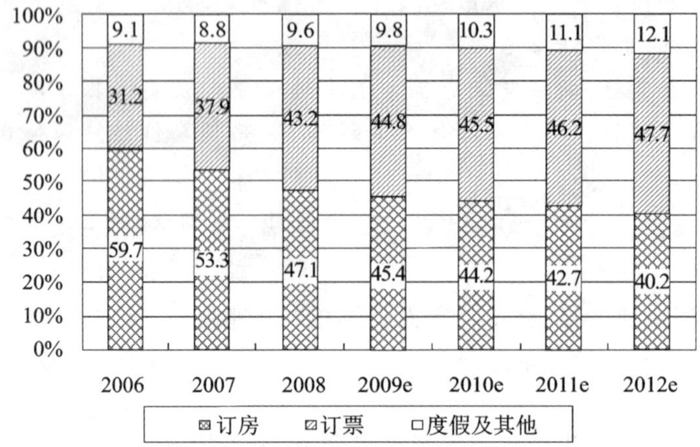

资料来源:艾瑞咨询集团. 2007—2008年中国网上旅行预订行业发展简版报告. www.iresearch.com.cn.

图9-2 2006—2012年中国网上旅游预订市场结构

饭店在拓宽销售渠道,开展网络营销时,可以注重以下几点:

第一,遵循网站域名国际化。中国互联网络信息中心调查表明,有近六成的中国互联网用户是通过搜索引擎获取信息的。可见,网站域名如果能够有利于搜索者方便记忆和快速查询,会对增加饭店客源有所帮助。为了让更多地国际消费者能了解中国的饭店,饭店网站的域名应采取符合国际惯例的做法,同时丰富网页的各种语言版本。

第二,强化信息的丰富性和准确性。和所有网络营销产品一样,饭店网站提供的产品同样具有五个层次,信息则是核心层次产品,也是网络销售的主要内容和依据。由于饭店核心产品的趋同性,关注产品的期望层次与外延层次,也就是信息的丰富性和准确性。

第三,提高网站的信誉度与美誉度。PWC一篇名为《如何保持网上旅行领域的成功》一文指出,欧洲在线旅游机构花费在每位访问者身上的营销费用不断增加。减轻这种压力的途径之一就是从现有的消费者中提高重新预订率。作为旅游强国的西班牙,网上预订已经成为新的趋势,其中令西班牙旅游业骄傲的是高于国际水平的重游率,超过八成的外国游客是故地重游。从某网站的成功案例中发现,网站较高的信誉度和美誉度是促成"回头客"交易的重要原因。

3. 吸引高端客源

据福建省的相关统计,国际品牌饭店在全省高星级饭店中营业收入和利润均较高,以2006年为例,营业收入突破亿元的4家,其中有3家是国际品牌饭店。据中国旅游报对《2012年度中国饭店市场营销调查统计分析报告》的分析称,单体饭店、国内品牌饭店和国际品牌饭店在出租率上区别很小,但平均房价差距却很大。参与调查的国际品牌饭店2012年的平均房价达到 690 元，国内品牌饭店为 477 元，单体饭店仅为 399 元，因此，平均每间房的收益国际品牌饭店最高，国内品牌饭店次之，单体饭店最低。分析国际品牌饭店其价值与利润高的根本原因是能吸引高端客源。

当然，并不是所有的饭店都能吸引到高端客户，能够为高端客源提供服务的至少是四星级以上的高档饭店，这类饭店能够用品牌、价值来满足消费者的价值体现。可以关注的高端客源有跨国公司和商务客人，除此之外，奖励旅游团也是高档五星级饭店挂靠的重点旅游团队。奖励旅游，是指由公司统一组织的企业内部高级经理人或优秀员工出国旅游，一般客人级别较高、购买力强。

【小链接 9－4】

南京五星级酒店添“两丁”达 10 家　吸引高端客源

日前，南京索菲特钟山高尔夫酒店和南京名人城市酒店双双加盟到五星级酒店行列，至此，我市五星级酒店总数上了一个新台阶，达到了 10 家。

近年来，南京旅游国际化势头迅猛，接待境内外旅游者人数持续增长，去年全市 8 家五星级酒店的年入住率已达 72.9%，新街口地区的五星级酒店入住率更是超过 85%，接待能力趋于饱和。

数量增、生意火，和五星级酒店的错位经营也密切相关。据悉，酒店一旦市场定位错误，将盲目卷入价格战，利润会大幅下降。金陵饭店有关负责人体会颇深：“以前酒店的客源大多依赖于旅行社、订房渠道和 20%的长驻客，利润微薄。现在，在多元化的客源中寻求高端商务、会议散客以及境外大企业高管，收入来源稳定，利润也高。”看着高端消费者扎堆南京，威斯汀、诺富特、洲际、凯悦等国际一线品牌酒店管理公司去年也陆续登陆南京“淘金”，十多家按照五星级标准建设的酒店将在未来几年内排队开张。

——摘选自　谢臻，李青. 南京五星级酒店添“两丁”达 10 家. http://news.sohu.com/20070525/n250223097.shtml.

4. 应用收益管理

收益管理(revenue management)也称为产出管理(yield management)，最早源于航空业，20 世纪 80 年代后期被引入饭店业。其管理思想是在对需求进行准确预测的基础上对市场进行精确的划分，并以收入最大化为目标，对价格进行动态调整。

饭店业具有适用收益管理的特征：第一，产品或服务过时后没有任何价值。饭店产品特别是客房具有时效性，销售不出去即不能为饭店带来收益；第二，追加新的产品或服务需要较长的时间或大量的投资，饭店客房数量有限情况下，提供产品的能力就有限；第三，产品或服务的可变成本较低。饭店客房的固定成本高昂，而可变成本相对较低，一旦客房的销售收入超过盈亏平衡点后，利润最大化和收入最大化的目标是一致的。

最早建立初级收益管理系统的是北美的大型饭店集团，而我国的饭店业在这方面管理实践则刚刚起步。推行收益管理还有很多工作要做，例如需要饭店业具有完善的预定系统、管理要符合国际通行的管理规则、调整传统的管理方法与组织结构等。

【小链接9-5】

收益管理系统

1. 何谓收益管理系统

收益管理系统,又称产出管理系统,是根据收益管理原理设计开发的一种计算机辅助决策管理系统。收益管理是一种现代科学管理方法,指导企业如何在合适的时间,以合适的价格,把合适的产品卖给合适的顾客的科学的管理方法。

该系统问世于20世纪70年代末美国航空客运市场管制开放时。在客运管制开放之前,美国政策严格控制航空客运市场的营运。航空公司不得随意开辟新的航线,也不能任意变动票价。客运管制的解禁,使得航空公司能够自由地增减飞行线路并自由地浮动票价,同时这也导致了各航空公司之间前所未有的激烈竞争。为了摆脱困境,美洲航空公司于1985年1月首先开发使用了第一个收益管理系统。通过使用该系统,美洲航空公司能够对当时紊乱的航空客运市场有着较为清晰的认识,并能制定出合理的应对策略。美洲航空公司不仅很快赢回了其原有的市场占有率,而且还扭亏为盈。如今,收益管理系统已经成为欧美各大航空公司不可或缺的决策管理工具。

收益管理系统在航空客运业的巨大成功,极大地激励着其他行业开发使用该系统。目前,该系统已成功应用于诸如宾馆饭店、汽车租赁、豪华游船、铁路客运、公寓出租、电视广告等服务行业。

2. 收益管理系统在美国宾馆、饭店的应用

宾馆、饭店是继航空客运业之后最先成功开发使用收益管理系统的行业。过去,旅客常通过电话预约或临时登记入住宾馆、饭店。随着网络的普及,许多宾馆、饭店先后建立了各自的网站以方便游客上网预订房间。宾馆、饭店的经营管理者们随时通过计算机系统查询有关游客预订及客房分配情况,并相应地做出各种不同的决策。比如说,经理们每天须制定客房价格,考虑是否拒绝或接受某个游客或团体的预订等决策。这些决策的好坏往往直接影响着宾馆、饭店的赢利。常见的以成本为基础的定价方法虽然简便易行,但往往缺乏竞争的灵活性,且不能反映市场需求的动态变化。此外,有的经理往往凭借个人的经验,或者直接照搬其竞争对手的方法,所做的决策常带有盲目性,缺乏科学的根据。为此,许多宾馆、饭店先后开发使用了各自的收益管理系统,以尽量避免做出错误的决策。

收益管理系统的开发使用,不仅能帮助宾馆、饭店的经营管理者们迅速、准确地做出各种决策,同时也使宾馆、饭店的总收益获得了极大的提高。马里奥特国际饭店最先开发使用收益管理系统。其董事长兼首席执行官比尔·马里奥特曾说:"收益管理不仅为我们增加了数百万美元的收益,同时也教育了我们如何更有效地管理。"

一般来说,不同的宾馆、饭店由于其各自的市场定位、宾客来源、管理理念及控制机制的不同,其开发使用的收益管理系统也各有差异。但是,这些收益管理系统均具有两大共同功能:需求预测和优化控制。需求预测功能能准确地预测未来游客需求及客房供给的情况,使得管理者们对今后的市场变化有个较为清晰的认识。该功能在分析宾馆、饭店有关以往客房预订的历史资料以及当前游客预订的情况后,能正确估计出每天的游客需求和空房的供给。优化控制功能制定了最佳房价并推荐最佳空房分配的方案,以供管理者们决策参考。这些最佳房价与最佳空房分配方案的制定,是在以持续增长宾馆、饭店总收益为目标,并依据游客需求与

客房供给的预测以及考虑其竞争对手的情况下，通过建立和分析复杂的数学模型而获得的。最佳房价包括了每天各个时段不同房间的价格。最佳空房分配方案则动态地调控每日不同时段各种空房供给的配额。

3. 收益管理系统在我国宾馆、饭店的应用前景

收益管理系统不仅能保证决策的科学性和准确性，还大大地减轻了管理者决策的工作量，更重要的是，它能持续为宾馆、饭店增加额外的财富。收益管理系统能否在宾馆、饭店成功应用，主要取决于两个因素：宾馆、饭店自身信息系统的完善程度和各管理层对应用收益管理系统的重视程度。

随着计算机应用的日益普及，我国许多中、高档宾馆、饭店已先后建立并逐渐完善了各自的信息管理系统。这些信息系统主要是为管理客人预订和客房分配而设计开发的。所收集到信息的完备与否直接决定了所要开发的收益管理系统质量的好坏。收益管理系统仅仅是一种计算机辅助决策的管理工具，它能否充分发挥其功能则完全取决于从上到下各个管理人员对其的有力支持。由于人们往往习惯于原有的思维和管理方式，所以从怀疑到接受收益管理系统需要一个学习和适应的过程。随着人们对系统的日益深入了解，管理者和管理系统能够充分互动，相辅相成，把机器的客观精确性与人对突发事件处理的灵活性有机地结合起来，进一步扩大系统的功能，并创造更大收益。

——摘选自　郭强. 饭店管理原理与实务. 北京：中国旅游出版社，2007：302-304.

第二节　如何取得饭店竞争优势

一、饭店竞争优势概述

竞争优势由美国哈佛大学迈克尔·波特(Michael E. Porter)教授于20世纪提出，波特教授提出的“五种竞争力量”和“三种竞争战略”的理论观点，因其能够解释企业和国家的竞争力来源而受到世界的关注。

【小链接9-6】

迈克尔·波特(Michael E. Porter)

迈克尔·波特(Michael E. Porter)是哈佛大学商学研究院著名教授，当今世界上少数最有影响的管理学家之一。他曾在1983年被任命为美国总统里根的产业竞争委员会主席，开创了企业竞争战略理论并引发了美国乃至世界对竞争力的讨论。到现在为止，波特已有14本著作，其中最有影响的是《品牌间选择、战略及双边市场力量》(1976)、《竞争战略》(1980)、《竞争优势》(1985)、《国家竞争力》(1990)等。其中，《竞争战略》一书已经再版了53次，并被译为17种文字；另一本著作《竞争优势》，至今也已再版32次。

迈克尔·波特32岁即获哈佛商学院终身教授之职,是当今世界竞争战略和竞争力方面公认的第一权威。他毕业于普林斯顿大学,后获哈佛大学商学院企业经济学博士学位。目前,他拥有瑞典、荷兰、法国等国大学的8个名誉博士学位。

波特教授获得的崇高地位缘于他所提出的"五种竞争力量"和"三种竞争战略"的理论观点。波特对于竞争战略理论做出了非常重要的贡献,"五种竞争力量"——分析产业环境的结构化方法就是他的杰出思想;他更具影响的贡献是在《竞争战略》一书中明确地提出了三种通用战略。这三种战略是:①总成本领先战略;②差异化战略;③专一化战略。波特的竞争战略研究开创了企业经营战略的崭新领域,对全球企业发展和管理理论研究的进步,做出了重要的贡献。

——摘选自 http://www.globrand.com.

饭店正在通过各种各样的方式来获取竞争力,但在市场中谋取竞争优势价值需要注意下列问题:

第一,取得饭店竞争优势的首要目标是使饭店增加利润。单纯地追求营业额的增加,而忽视利润率,无论对哪种类型的饭店来讲都是不可取的。

第二,饭店需具有良好的定位能力,从而保持相对优势。对饭店来说,首先选择经营饭店的星级;其次是选择顾客的类型。

第三,熟悉并运用获得竞争优势的三种战略。这三种战略分别是总成本领先、差异化战略、专一化战略。第一种战略适用于经济型饭店;第二种战略主要适用于高星级饭店,实行产品或服务的差异化经营;第三种战略适用于满足顾客特殊要求的专业性饭店。

第四,运用价值链获得饭店竞争力。波特指出:用于判断竞争优势与增强竞争优势的基本工具是价值链。饭店基本的价值活动包括:内部后勤、生产经营、外部后勤、市场销售与服务。饭店可以通过分析每个价值活动,降低饭店的成本或提高饭店的质量,进而取得竞争优势。

二、取得饭店竞争优势的途径

(一)规模化、集团化经营

现代饭店业竞争的趋势表明,饭店集团的规模经营在市场中的优势明显,集团的营业收入占行业收入的比重不断上升。以首旅集团为例,截止2012年,该集团拥有五星级规模饭店16家,四星级规模饭店10家,2012年总营业收入达370亿元。

所谓的饭店集团是以经营饭店为主的经济实体,是在本国或世界各地拥有或控制两家或两家以上的饭店,以相同的店名和店标、统一的经营程序、同样的服务标准和管理风格与水准进行联合经营的企业集团。最早的传统饭店始于欧洲,随着不断扩张与发展,发达国家的饭店集团已经遍及世界各国,特别是一些总部设在美国的世界级的饭店集团,正以其规模、管理、技术等竞争优势成为饭店业的"领头羊"。与这些国际级的饭店集团相比,我国饭店的集团化与规模化还相差甚远,即使是在本土也无法与这些国外的饭店集团相抗衡。以2011年度最具规模的30家中国饭店管理公司(集团)为例,共有饭店2392家,平均每个集团有饭店80家,客房16529间。我国30家饭店管理公司的共有饭店数字相当于2012年世界最大饭店集团的第一名洲际集团酒店数量的70%不到(见表9-3)。

表 9-3　2012 年世界最大饭店集团前十名排名

排　名	所属集团	酒店数量/家	客房数量/间
1	洲际酒店集团	3606	537533
2	胜腾酒店	6344	532284
3	万豪国际集团	2672	485979
4	雅高酒店	4065	475433
5	希尔顿	2747	472720
6	精选酒店	5132	417631
7	最佳西方	4195	315875
8	喜达屋	845	257889
9	卡尔森	922	147129
10	凯悦	738	144671

资料来源：2012 年全球十大酒店集团排名. http://goabroad.sohu.com/20130320/n369534085.shtml.

追溯世界著名的饭店集团可以发现，资本运作是这些集团快速发展、做大做强的重要途径。本章引导案例中的喜达屋以及洲际、雅高、希尔顿等几乎都有着市场运作扩张、经营模式创新的历程。我国也可以借鉴发达国家饭店集团的经营模式，有针对性地结合国情采用直接经营、合同管理、特许经营等方式，不断地推进集团化发展，追求规模效益是我国饭店业发展的必由之路。

【小链接 9-7】

国内外著名饭店集团选萃——洲际集团

洲际(IHG)成立于 1946 年，是泛美航空公司的一家子公司。第一家饭店开在巴西贝鲁，然后迅速遍及到拉丁美洲和加勒比地区。

在 20 世纪 60 年代早期，饭店是为不断增长的航空公司的旅客服务的，旅客大多是为了商业目的或者纯娱乐而来。在 20 世纪 60 年代的早期，第一个中东的洲际饭店开在了黎巴嫩，而且迅速建立起了它在当地的领导地位。20 世纪 70 年代是洲际快速发展的时期。虽然坐落在世界上很多混乱的地区，但洲际继续“捕获”新的企业。通过重新将稍微低档的企业命名为福鲁姆(Forum)和保留古典及新型饭店的洲际名号，该公司最终成为双层市场的运营者。目前，洲际正在全球 100 多个国家运营着自己旗下 3600 多家饭店。

——摘选自　Chuck Y. Gee. 国际饭店管理. 中国旅游出版社，2002:41-42.

锦江国际集团

锦江国际(集团)有限公司(以下简称“锦江国际集团”)是中国规模最大的综合性旅游企业集团之一。集团注册资本 20 亿元，员工 5 万余名。

锦江国际集团以酒店管理与投资、旅行服务及相关运输服务为主营业务；控股(或间接控股)“锦江酒店”(2006HK)、“锦江股份”(600754,900934)、“锦江投资”(600650,900914)、“锦江旅游”(900929)4 家上市公司。

锦江国际集团与美国万豪、希尔顿、洲际、加拿大费尔蒙特、法国索菲特等世界著名酒店集团以及日本三井、JTB、美国YELLOW ROADWAY、英国HRG、瑞士理诺士等20多家全球知名企业集团建立了广泛的合资合作关系,合资组建了锦江德尔互动有限公司、州际(中国)有限公司、锦江费尔蒙特酒店管理公司和锦江国际理诺士酒店管理学院等。

"锦江"是中国驰名商标、上海市著名商标,品牌价值172亿元。

锦江酒店为锦江国际集团三大核心产业之一。

以"锦江酒店"和"锦江股份"为主体,拥有锦江国际酒店管理公司及其华东、北方、华中、南方、西北、西南六大区域性公司;专业从事星级酒店和"锦江之星"连锁经济型旅馆以及餐饮业的投资与经营管理。2009年,"锦江酒店"与美国德尔集团联手,成功收购美国州际酒店与度假村集团。截止2011年12月,"锦江酒店"拥有酒店861家,客房总数达12.5万余间/套,覆盖全国31个省(市、自治区)、近150个城市(其中,"锦江之星"经济型连锁酒店750家,客房总数9万间/套),名列全球酒店集团300强第12位;合资经营"肯德基"、"吉野家"等著名餐饮品牌,中、西快餐列上海第一;拥有中瑞合作锦江国际理诺士酒店管理学院及上海锦江国际旅游管理学院,从事中、高级酒店管理专业人才培训。

——摘选自 锦江国际集团. http://www.jinjiang.com.

(二)重视技术性创新

随着市场环境的变化,以硬件设施和软件服务为依托的饭店业,已经不再是单纯的劳动密集型行业。消费者的多元化需求、销售渠道的多样化变化、个性化服务的需求,使得技术性的创新成为行业竞争的热点与前沿。

目前我国的饭店业已经接受了饭店经营管理信息化的理念,并结合自身的条件使用了技术性的手段或工具。具体来讲,饭店一般采用以下几种方式进行技术创新和管理现代化:

第一,建立饭店的电子商务网站。

第二,加入客房预定网络,实现即时的在线客房预订。

第三,采用饭店内部管理电子系统。

其实技术性的创新并不是单纯地采用一些高科技的管理方法,许多饭店采用的管理软件只用了70%的功能,原因是这些饭店的日常管理体系和这些软件的标准不匹配,而这些饭店又不想改变目前的管理体系。因此,饭店在技术创新与改进中需要注意两点:首先,选择与自身管理体系相吻合的管理技术,或者能够在应用某种技术后不断地更新饭店现有的管理体系;其次,引入技术手段的最终目的是方便顾客、赢得利润,技术的方便与实用是获得竞争优势的基础与核心。

(三)寻求差异化经营

迈克尔·波特的竞争战略模型认为,差异化竞争是基本选择之一。饭店的差异化经营,是指企业利用自身的管理和技术优势,通过市场定位、产品创新,提高企业的市场地位和竞争能力。

饭店可以根据自身的条件开展以下差异化经营:

第一,产品差异化。主题酒店是围绕选定的主题建设具有差异性的酒店扭转和经营体系,实现产品创新式的差异化经营。

第二,渠道差异化。饭店可以加强信息化建设,让消费者通过网络游天下。

第三，服务差异化。饭店面对较强的竞争对手，在服务内容、服务渠道和服务形象等方面采取有别于竞争对手而又突出自己特征的方式。例如，某饭店集团为某位过胖的客人用两个标准床拼装一个大床的超常服务。

第四，定位差异化。由于市场竞争和利润诱惑，定位于商务客源和旅游者的经济型酒店，正以差异化市场定位寻求发展。

【小链接 9-8】

山东新兴快捷酒店差异化发展拓空间

目前，一些经济型酒店管理公司的经营范围已不再仅仅局限于“住”，而是在旅游产业链上延伸，进军“吃”、“购”、“娱”等领域，走多元化发展的路径。有的品牌正在通过提供特色服务，实现差异化发展。

青岛尚客优城际酒店管理有限公司就推出了宝乐迪量贩式 KTV，自 2010 年运营，目前已有 86 家分店，覆盖全国 20 多个省份，58 座城市。此外，尚客优还涉足餐饮业，经营“尚客优品中式餐厅”。

“尚客优从一开始提出的发展战略就是逐步覆盖二三线城市的吃、住、行、玩，呈现一个多元化的发展状态。”代梅介绍。

银座佳驿连锁酒店则从去年 10 月份开始向顾客提供网络代购服务。“商旅人士到了一个地方，很多时候要为家人或亲戚朋友买一些当地特产或礼品，但是没有时间逛商场。会议客人到异地开会，需要购置会议用品或相关物资，但路上携带又不方便，在异地购买又不熟悉。鉴于此，我们为顾客提供了便捷而贴心的代购服务。”该酒店市场部部长于庆说。

此外，继推出金卡会员“双免服务(免押金、免查房)”后，自去年 12 月 1 日起，银座佳驿将每周一作为固定会员日，除了积分奖励，酒店还积极联系租车、娱乐、餐饮等商旅关联业态，通过异业合作，打造商旅顾客的特惠日，赠送超值大礼包。

——资料来源：郭旗，朱文. 山东新兴快捷酒店差异化发展拓空间. 中国旅游报，2013-01-09.

（四）重视饭店品牌

从里兹—卡尔顿公司的创始人凯撒·里兹 1902 年开始运用成功的饭店品牌发展联号企业始，饭店业的品牌化与集团化已经发展了一百多年。据国家旅游局报告《中国旅游饭店发展现状、趋势及面临的挑战》显示截止 2006 年底，有 37 个国际饭店管理集团的 60 个饭店品牌进入中国，世界排名前十的国际饭店管理集团均已进入中国。

饭店品牌是饭店为了消费者识别并与其他竞争者区别而使用的一种显著特征的标记，它是饭店最重要的无形资产。饭店通过打造自己的品牌和实施品牌经营是饭店提升竞争优势的必然选择。一个好的饭店品牌，可以为饭店创造长期的经营业绩，并可以赢得顾客的认知与认同。不同的饭店品牌可以传递出不同饭店的经营思想和服务承诺，例如假日饭店的宣传语是：放松吧，这里是假日饭店(Relax, it’s Holiday Inn)，这与其闻名世界的舒适和价值是非常吻合的。

营销专家拉里·兰特指出：未来的营销是品牌的战争——品牌互争短长的竞争。作为饭店的管理部门和从业人员来说，树立正确而紧迫的品牌意识是饭店品牌化建立中的首要任务。饭店可以通过大量的市场调研进行品牌定位与品牌规划，例如精品国际饭店集团下的号角

(Clarion)就将其品牌定位为高档次饭店集团。在品牌推广过程中,可以利用传统的媒体广告、饭店网站、链接旅游代理商网站等方法,提高饭店的知名度与美誉度。品牌发展与扩大时,可以通过特许经营、组建饭店管理公司等途径进行品牌扩张。

(五) 投入战略性资源

饭店在经营过程中需要拥有大量的有形资源与无形资源,能够提升饭店的服务价值、形成竞争优势的资源称为战略性资源。战略性资源具有五个基本特征:价值、稀缺性、不可模仿性、不可替代性、可以低于竞争对手的成本获得。饭店的人力资源、组织资源、品牌资源都可视为饭店的战略性资源,在饭店的经营与竞争中发挥着难以替代的作用。

对于劳动密集型行业来说,人力资源对饭店的发展尤为重要。如何减少员工流失率、充分调动员工的积极性、提升员工的职业素养,思考与解决好这些饭店常见的问题,对于提高饭店的竞争力至关重要。饭店业从业人士袁学娅提出一种观点:被关爱和尊重的员工,才能去关爱和尊重顾客。细腻而人性化的企业文化将在赢得员工的基础上赢得顾客,这些关爱与尊重主要体现在对于员工的态度上,例如,北京温特莱的细腻就表现在对待员工的态度上。员工为酒店获得荣誉称号,酒店报销员工付出的费用。员工的家属生病了,酒店会派人去看望。在总经理的安排下,酒店率先在内部对员工进行职业生涯设计,根据每个员工的实际情况,设计以后的发展道路,大大提高了员工的凝聚力和战斗力。

【小链接 9-9】

员工,是我们的竞争优势

深圳喜来登酒店总经理 Tomas Hansson 是瑞典人,但他拥有一个非常中国的名字——韩森堂。在中国喜来登酒店工作的8年时间里,韩森堂参与筹建了3家喜来登酒店。此次专访,韩森堂以一个外国专业酒店管理人士的视角,讲述了喜来登的酒店管理经验和他对中国酒店业未来发展的预期。

世界经理人:深圳中心区,已有不少高端商务酒店,喜来登酒店有着怎样的优势呢?

韩森堂:现在新开的酒店大同小异,你的床好我的床也很好,你是LCD电视,我的也是,你有漂亮的大堂,我的大堂也不差。在硬件设施上,大家都不相上下。但我们更重视服务和软件的投入,这体现在员工发展上。我们更注重员工职业生涯的发展,为他们提供培训机会和发展机会。我们集团发展比较快,特别是在中国区,现在已经有35家酒店了,到2010年中国将有100家喜来登酒店,这意味着我们集团需要大量的人才。这些人才可能在我们集团工作了几年,在这家酒店是主管,到新开的酒店就会升为经理。我们有很多相关的培训,我们发展员工成为更高级别的管理人才,这是我们集团的优势之一。

——摘选自 EVELINE CHEN. 员工,是我们的竞争优势. http://www.ceconline.com/el/tr/8800049130/01.

第三节 如何制订一份正规的饭店市场营销计划

一、饭店市场营销计划的含义及其分类

饭店市场营销计划是饭店在分析自身所处的市场营销环境的基础上,对饭店在一定时期

内从事营销活动预期达到的目标以及达到目标的方法、步骤和措施，进行全面或专项设计和计划的书面表达，是饭店营销战略的落实和体现。

市场营销计划几乎是所有营利性组织营销战略的一个重要书面形式，周密而翔实的市场营销计划能为企业的发展起到重要的作用。与市场营销策划相比，市场营销计划无需太多的创意，主要内容是进行某项活动或特定时期的计划与安排。市场营销策划的创意性思想通过市场营销计划更具体地回答出三个问题：饭店现在的位置(对现状进行分析)、我们未来的目标(饭店的战略方向和市场定位)、我们如何实现目标(选择营销组织及营销控制方案)。

一般来说，按照实际需要可以将饭店市场营销计划划分为以下几种：

1. 按营销的内容和范围划分

这种划分方法将市场营销计划划分为综合计划和专项计划，综合计划需要对市场营销环境进行详细而全面的调查和研究，综合运用营销知识，结合饭店的具体情况，根据饭店的目标，进行营销的全程计划，例如使明年的客房销售额增加3%的营销计划；专项计划则具有阶段性或局部性，饭店可以根据营销活动开展单个部门的营销活动，例如销售部和前厅部制定一项招徕奖励旅游团的计划；也可以是产品定价、节假日促销活动等专项营销活动的计划。

2. 按时间跨度划分

这种划分方法分为长期计划、中期计划和短期计划。一般来说，长期计划的时间跨度在五年以上，其内容一般是全局性的，主要涉及饭店目标市场改变、新增产品策划等重大事项；中期计划的时间跨度为一至五年，主要由中层管理人员依据饭店的长期计划和战略目标，规划中期计划与步骤；短期计划是指年度计划，由于其使用频率高，具有稳定性、连续性，对饭店有条不紊地实现长期、中期目标具有重要的作用，对饭店一线工作人员和管理人员的日常工作有重要的影响。

3. 按营销计划制定方式划分

按营销计划制订方式划分分为传统式营销计划和序时式营销计划。传统式是各期计划相互独立，在前一计划执行时即编制下一期计划；序时式是将计划内容按时间顺序列出，根据前一期计划的完成情况和环境变化，定期调整计划，逐期推进。

【小链接9-10】

序时式营销计划——某饭店全年营销工作重点

1. 2月14日，情人节营销计划

以中、青年为主题，推出情侣套餐、情侣洗浴，情侣客房、大型晚会现场速配游戏活动。

2. 5月1日，五一国际劳动节营销计划

以餐饮为主题，推出五一美食七天乐，来酒店用餐，天天有惊喜，天天有优惠。

3. 5月的第二个周日，母亲节营销计划

评选最优秀的母亲活动，前十名有不同的奖励。邀请优秀母亲到酒店参观并入住酒店，以次来表达酒店对员工劳动成果的肯定，以此说明酒店的员工对母亲的尊敬、崇拜。

4. 6月的第三个星期天，父亲节营销计划

以“我最敬爱的父亲”为主题，做一期有奖征文活动，获奖作品将免费刊登在媒体上。并举办以“父亲”为主题的一台诗歌文艺晚会。并评选出最优秀的文章，前十名分别有不同的奖励。

5. 7月1日,七一党的生日营销计划

以"党的生日"为主题,庆祝中国共产党成立82周年,举办大型的文艺演出活动,并给予被评为"优秀的共产党员"的同志免费提供洗浴门票及节日礼品。

6. 8月1日,八一建军节营销计划

以"军人"为主题,以庆祝中国人民解放军建军为契机,举办大型慰问武警战士活动,如消防支队,通过赠送物品或提供厨师上门服务等活动,从而提升酒店的社会形象,酒店的社会形象良好,随之会给酒店带来可观的经济效益。

7. 农历七月初七,七夕中国情人节营销计划

以"中国人自己的情人节"为主题搞台文艺晚会,以中、青年为主,推出情侣套餐、情侣洗浴,大型晚会现场速配游戏活动。

8. 农历八月十五,中秋节营销计划

以"迎中秋、庆团圆"为主题,举办歌舞冷餐酒会来答谢酒店重要客户,以次来维护酒店与客户的关系。

9. 农历九月初九,重阳节营销计划

以"思乡"为主题,酒店给你家的温暖,搞一次郊游活动。针对酒店离家在外的人士。以次来表达酒店对员工的关爱,提升酒店的企业文化和员工对酒店的凝聚力。

10. 10月1日,国庆节营销计划

以餐饮为主题,推出十一美食七天乐,来酒店用餐,天天有惊喜,天天有优惠。依次来提升长假期间餐厅上座率。同时加大与旅行社的合作,争取更多的旅行团队。

11. 12月24—25日,圣诞节营销计划

以圣诞节为主体,举办圣诞节狂欢文艺晚会,推出集餐饮、客房,康乐为一体圣诞套票系列。

——摘选自　某酒店全年营销计划.
http://www.canyin168.com/glyy/yxch/ppyx/201012/26419.html.

二、饭店市场营销计划书的基本内容

(一) 营销计划摘要

饭店营销计划的开始是对本营销计划的目标及主要内容进行一个明确而简明的陈述与概括,在概要之后应附上计划的内容目录。这部分可以包括市场营销的目的、营销目标、营销计划概述等内容,例如饭店明年的目标是营销收入增加8%、利润率由20%提高到22%。

【小链接9-11】

营销计划摘要样例

龙柏饭店位于上海著名的虹桥高级商住区。饭店以商务客人、会议客人作为主要目标市场。为了充分利用饭店现有资源,进一步拓展经营市场,饭店拟开发婚宴组合产品。婚宴市场的需求量足以成为饭店的又一个经营热点,预计能给饭店带来15%的销售收入。

——摘选自　陈云川.餐饮市场营销.北京:高等教育出版社,2003:298.

(二) 营销现状分析

这一部分应包括市场状况、竞争对手分析、饭店自身现状分析、宏观经济状况等背景分析。

下面以市场状况、自身现状、竞争对手为例，说明营销现状分析的主要内容。

1. 市场状况分析

利用饭店的历史资料、目标市场的相关数据或是在市场中进行调研而获得的第一手资料，分析饭店自身所处市场的发展趋势、目标顾客的需求变化等发展趋势，为营销计划的实施提供市场环境的背景资料。

2. 自身现状分析

客观地分析饭店现在的硬件设施状况以及软件服务水平状况，以明确饭店自身的长短和确定饭店营销的基础以及未来方向。

3. 竞争对手分析

识别并分析本饭店主要竞争者的情况，一般分析最主要的三个竞争对手的情况，了解这些竞争对手的基本情况，例如地理位置、硬件设施、房价水平、目标客源、市场份额等。可以依照表 9－4 的思路，制作一份竞争对手饭店调查分析表。

表 9－4 竞争对手饭店调查分析表

对比项目		××饭店	××饭店	××饭店
地理位置				
客房数量				
市场份额				
标准房价	套间			
	单人间			
	双人间			
项目配套项目				

（三）饭店的 SWOT 分析

饭店营销计划书要对自身所处的营销环境进行系统、客观的分析，认清本酒店的优势与劣势，并分析出机会和威胁，即 SWOT 分析。

1. 优势(Strengths)与劣势(Weaknesses)分析

饭店内部有利于营销活动顺利开展的因素称为优势，例如饭店的管理机构、饭店文化等；反之，饭店内部不利于营销活动开展的因素称为劣势，例如人员素质、组织结构等。

2. 机会(Opportunities)与威胁(Threats)分析

饭店外部有利于市场开拓、营销活动开展的因素称为机会，例如国家宏观环境、重大赛事等；反之，不利于开展营销活动的外部因素称为威胁，例如激烈竞争、宏观调控政策等。

通过对优势与劣势的分析，明确酒店面临的主要机会和威胁。

【小链接 9－12】

饭店 SWOT 分析样例

“广州商旅山水情韵”建筑设计美观大方，配套设施齐全是一大优势。室内装修豪华高雅，室外风景成园林小区款式，非常讲究，有入画的感觉，除此之外，功能设施也较齐全，可举行宴会、舞会、临时会议等。

营销优势：我们引进了世界一流的管理方式，组建了一批优秀的管理队伍，实战能力极佳，素质好,其中有一些是中国一流的公关方面的人才,策划队伍精英荟萃。相信经过一番前期策划,会带来一些轰动性效应的。

市场劣势:

第一,由于我们酒店东侧有一大块地皮正在开发,虽然我们后面有非常秀美的××景区,但一段时间内会影响旅客对我们酒店形象的看法,这也是我们酒店始料未及的。

第二,我们酒店所处地段非常热闹,人流车流非常拥挤,喧哗的噪音虽被我们酒店幽雅的环境布局"缓冲"了许多,但毕竟旅客在入住我酒店前已形成不好的感觉,降低了入住我酒店的指数。

——摘选自 周帆.酒店营销方案与公文实战范本.广州:广东人民出版社,2005:102-103.

(四)计划目标设置

饭店营销计划的目标一般包括财务目标和市场营销目标。目标设置应该尽量具体,最好是可以衡量的数量化目标,比如:

财务目标:饭店未来三年的销售收入为××;营销目标:实现平均房价为148元。

(五)营销战略

在对饭店市场现状以及计划目标明确的基础上,可以利用STP分析,进一步明确市场细分化(Segmenting)、市场目标化(Targeting)和市场定位(Positioning),制定市场营销的战略,为饭店制定市场营销组合的4P策略提供依据。

常见的市场营销策略有市场渗透策略、产品开发策略、市场扩展策略等。例如,提高客人的回头率就是市场渗透策略;开设咖啡厅就是产品开发策略。饭店可以依据这些策略,制定4P战略,即产品(Product)、价格(Price)、促销(Promotion)、渠道(Place)。

(六)营销计划的具体活动方案

计划书中应该将制定的具体营销活动列出时间表,明确活动内容、起止时间、负责人、相关费用等,使计划可由书面的构想具体到操作实施。这是饭店营销目标能够实现的必要环节,使饭店营销计划具体化、可操作化。

饭店在制定营销计划时,可以依据表9-5营销计划的活动表样式,结合自身的具体营销计划,拟订出适合本饭店的营销计划活动表,以便对营销活动一目了然。

表9-5 营销计划活动表

季度	计划名称	计划内容	参加人	计划起止日期(年月日)	计划目标	预算费用	活动地点
一季度							
二季度							
三季度							
四季度							

（七）营销费用预算

营销计划的实施与实现必然需要一定的投入，计划书中应该明确营销费用的总预算金额，并且分项列示各项用途的金额、预算的依据等。营销费用预算可以市场调研、历年营销费用等为依据，做到结合实际，不虚报、不夸大。

表 9－6 以季度划分，列出营销费用的部分项目，制定出饭店营销预算表，饭店可以根据计划书涉及的实际内容，拟定该计划的营销费用预算表。

表 9－6　饭店营销预算表

季　度 费　用 项　目	一季度	二季度	三季度	四季度	全年合计
工资福利费					
办公用品费					
培训费					
其他费用					
促销及广告					
公共关系费					
合　计					

（八）营销计划控制

这部分主要说明营销计划执行进度、执行过程的管理办法，用来监测计划的进度。通常采用将目标、行动内容、预算按月或季度分开，饭店要定期对计划的执行结果进行检查，出现问题要及时弥补和改进。表 9－7 是营销计划控制进度表的一个样表。

表 9－7　营销计划控制进度表

季　度	计划名称	负责人	计　划 起止日期 （年月日）	实　际 起止日期 （年月日）	预算费用	实际费用	计　划 控制方法
一季度							
二季度							
三季度							
四季度							

三、饭店市场营销计划书的格式和结构

饭店市场营销是一个复杂而长期的工作，根据市场营销基本理论和饭店经营管理需要，饭

店市场营销计划会涉及开业推广、市场调研、产品上市、营销渠道拓展、产品促销等饭店工作的方方面面。虽然,文无定法,市场营销计划书的格式和结构多种多样,从饭店的前期可行性研究、日常经营管理、特殊时段策划等各个环节,无论是高层管理者的决策,还是中层管理者的实施,都会结合自身的专业知识和职位要求制订某种类型的营销计划,但是计划书中体现的核心思想和主要结构是基本一致的。表9-8归纳了饭店市场营销计划书的常用格式和结构,饭店从业人员可以这些项目为依据,根据工作的实际需要,制订市场营销计划书。

表9-8 饭店市场营销计划书的格式和结构

计划书项目	相关内容
1.封面	呈报对象 文件种类、密级、编号 市场营销计划名称 计划人姓名或部门名称 计划日期
2.前言	计划的目的和意义 计划书的主要内容 营销计划的目标 致谢等
3.目录	标题 各节次名称 附件
4.市场营销计划概要	计划的动机 计划的主题和目标 计划书的主要内容简介
5.相关背景分析	行业市场现状分析 饭店竞争对手分析 SWOT分析
6.市场营销计划目标及其策略	营销目标说明 营销战略的选定及说明 市场营销组合策略(4P策略) 市场营销计划预算
7.市场营销计划控制	计划控制说明 计划控制进度表
8.附件	需要说明的问题 市场分析调查问卷 数据分析图表等

【小链接 9-13】

×× 饭店开业营销计划书

酒店营销是酒店经营的龙头，其工作绩效直接关系到酒店的运行发展。特别是我们酒店即将盛装开业，营销计划完满与否更是关乎酒店开业初期的成功运营，现草拟开业前期营销运行计划一份。

1. 市场调查及分析

每个酒店都有其目标市场，例如我市的××××饭店的销售对象就是政府党政机关等。只有明确了目标才能根据目标市场确定酒店在宾客及社会大众心中的形象。我们必须使自己的形象及产品区别于其他同类酒店，设法在宾客心中树立起鲜明独特的形象，为此我们应先有一份清晰的市场调查报告，通过市场分析给酒店定位。以下是总结后的市场调查。

(1) 分 类

我市的酒店可做如下分类：

A：高档酒店，××饭店、迎宾馆、平原宾馆；

B：中高档酒店，通汇假日酒店、锦绣花园酒店、天运大酒店；

C：中档酒店，川汇大酒店、×棉宾馆、永光宾馆、荷花宾馆、中银宾馆等。

(2) 价 格

价格分别为：

A 类：总统套房 6800 元，豪华套房 2800～3200 元，商务套房 1200～1600 元，普通套房 320～800 元，标准间(二、三人)270～380 元；餐厅包间 400～800 元起。

B 类：豪华套房 1400～2800 元；商务套房 188～800 元；标准间：138～388 元；餐厅包间无底价或 300～688 元。

C 类：商务套房 168～288 元；标准间 120～138 元。

(3) 经营模式

A 类：该类酒店的入住客户主要为政府机构、市直机关及一些大型企事业单位，多为协议单位及公务型客户。另有少量商务型客户及散户，其产品也主要为公务型政府间互访及企业接待等提供。

B 类：该类酒店的主要客户由各大企业单位、县乡政府行政部门以及较多散客组成。该类酒店档次较高，硬件等不次于 A 类酒店且价格比 A 类实惠。

C 类：其客户群主要为商务型散客，穿插少量协议单位，经济实惠。

2. 市场定位

(1) 定 价

我酒店地处交通繁华地带，交通便利，受众面广。硬件装修也已定位为三星级酒店，档次较高。现以利润、销售量及竞争为目标，建议将酒店房价定为(可讨论后修改)：豪华套房：2600 元；商务套房：580 元；标准间 320 元；单人间 300 元。

餐厅包间消费 300 元起或无底价。

(2) 市场形象

根据上述各项以及我们为客人提供的利益、价格质量及产品类别等，建议可将酒店定位为最为方便舒适、经济实惠的商务旅游型酒店。

3. 促销手段

(1) 与总办配合在有关媒体上发布广告(具体时间、策划等事宜依总办计划行事)。

(2) 距开业员＿＿＿＿＿天时定做客车座套,并与客运公司联系做好配换工作。

(3) 与出租车公司联系,长期为送往我酒店入住客户的出租车司机师傅现金回扣。具体操作时可为司机发放签有其车牌号的我酒店＿＿折优惠卡,若有客人登记时持该卡享受打折即可为该车主＿＿元现金提成,月底结帐或立即兑现。

(4) 与各大型娱乐场所联系做好结盟工作,互惠互利。

(具体操作如下:协商达成协议后持我酒店房卡到结盟单位消费即可享受门票及消费优惠(视各单位协议不同而定)。持结盟单位消费单据来我酒店住宿可享受＿＿折,就餐可享受＿＿折。具体折扣率待协议后依据单位不同另行确立。

(5) 酒店销售时有"80/20法则",即80%的营业额是来自于其中20%的忠实顾客群的重复购买或消费,而其他20%的营业额才来自于那些80%的游离顾客。因此我们应大力发展忠实客户群,即推行会员制,发放贵宾卡。

① 凡在我酒店消费××××元以上(餐饮、客房)即发放VIP金卡,享受住宿4.5折,就餐9.5折优惠。到本店结盟娱乐场所消费享受协议优惠价。

② 凡在我酒店预存现金××××元以上即可获赠充值会员卡。会员除享受与VIP客人相同的优惠条件外还可享受每月为会员推出的打折、优惠、赠送菜肴、时尚礼品等活动。

(6) 鉴于我市将于十月十七号举办××××节活动,预计届时有大量游客,可与本地旅行社提前联系,以佣金等形式吸引其为我酒店引进客户。

(7) 合作人员:对于代表各单位与我酒店直接联系的合作人员可采用多开发票(须扣税金)、赠送时尚礼品或根据要求提供合理返利等手段抓牢回头客。

(8) 开业后十天或一月内推出凡入住本酒店都可享受5折优惠并获赠时尚礼品等优惠活动,就餐享受8折或赠菜一道。

(9) 每月评出客房及餐厅消费前十名,给予赠送礼品、合理返利或本酒店客房全额免费消费券。礼品及赠券可为其消费金额的＿＿%左右,全额消费可为其消费金额的＿＿%左右。如无贵宾卡可免费赠送,在以后消费时享受优惠。

(10) 推出各种组合产品,增加客户消费额,抓住市场机会:客人一旦入住即免费赠送时令水果一盘,鲜花一支。

● 高级商务组合

高级公务或商务人员入住酒店套房超过两天(48小时)可享受:

a. 免费使用酒店内舞厅等康乐设施;

b. 免费送客人到结盟娱乐单位休闲或周边旅游景点游玩;

c. 若延长住宿期房租减价(可在入住价基础上打9.5折);

d. 结帐时间可适当延长,不再另收房租。

● 会议组合

若客户使用会议厅,即可享受一下优惠:

a. 免费茶水;

b. 免费布置会议室;

c. 免费使用会议设备如幻灯投影仪;

d. 会议期间工作餐可按每人一个包价投放市场,××～××元不等(依客人要求定);

e. 住宿4.5折,就餐9.5折。

● 婚礼组合产品

a. 豪华粤式筵席(×××～×××元);

b. 以鲜花和双喜横幅隆重布置婚宴厅;

c. 播放中、西式婚典曲目(视客人要求定);

d. 免费赠送婚宴请柬(印有华林大酒店恭贺字样);

e. 提供婚典司仪;

f. 洞房花烛夜,免费提供婚房洞房,房内提供鲜花、时令水果、香槟,免费次日美式早餐送到客房(面包,牛奶,煎蛋);

g. 根据具体要求营造婚宴气氛。注:以上各项最低订桌数20桌。

● 家庭住宿组合

a. 免费赠送时尚儿童玩具一件;

b. 住宿可询问后免费加儿童床;

c. 就餐时提供儿童餐椅。

——摘选自　http://bbs.868job.com/market-7129.shtml.

第十章　饭店市场营销新理念

【引导案例】

去哪儿网：深化旅游营销新模式

记者从日前在重庆召开的第六届中国会议经济与会议酒店发展大会上获悉，伴随着互联网和移动互联网的发展，酒店的营销理念和营销方式正面临变革。在新的营销环境下，如何争取更多的市场份额，如何看准趋势在营销方式上破旧出新，成为业内讨论的焦点。

1. 利用新媒体搭建新渠道是必然趋势

截至2012年12月底，在网上预订过机票、酒店、火车票和旅行行程的中国网民达到1.12亿，占总网民比例的19.8%。其中，9.0%的中国网民在网上预订过机票，14.0%在网上预订过火车票，7.2%在网上预订过酒店，5.4%在网上预订过旅行行程。"互联网和移动互联网的出现，使酒店营销进入了前所未有的新时代。"华美酒店顾问机构首席知识官赵焕焱认为。

"你的客人都在互联网和移动端，你的营销自然也要针对互联网和移动端。"腾讯移动生活电商旅游事业部总经理荣强表示，利用新媒体搭建新渠道是必然趋势。德比软件（上海）有限公司总裁张焕杰则表示国外酒店对于网络营销相当重视，"纽约华尔道夫酒店为一个Google点击支付25美金，由此可见一斑。"

而据中国移动互联网产业联盟副秘书长杨晓明介绍，传统媒体内容由媒体向用户传播，单向流动。而基于网络的新媒体则实现了媒体和用户之间的双向交流，这是新媒体的一个重要特点。此外，大部分新媒体都具有强大的连通性，可将多种媒体融合到一起。所以，酒店营销如果能利用好新媒体，将为销售带来极大便利。

安鹏投资咨询（上海）有限公司PKF合伙人梁兆华表示，中国独立酒店品牌达到77%，而美国的连锁酒店品牌占了大部分。相对于国外的酒店销售而言，国内单体酒店的营销压力较大。赵焕焱对此表示赞同："单体酒店联盟或将成未来发展的趋势，这样可以集中资源，聚集大家之力做好新的营销渠道。"

"网络评价对酒店的销售影响也很大。"慧评网销售总监葛秉杰表示，酒店的点评数据正越来越多，前面20年的数量累计和最近18个月的累积差不多。他认为，网络点评直接影响客户预订，一条不好的微博和点评甚至可以影响酒店10个月。葛秉杰认为，酒店可将顾客夸赞的点评转发到微博、微信、官网等平台上，从而吸引更多的消费者。

2. 加大投入、做强直销是今后的重点

但如何才能利用好互联网和移动互联网实现销售业绩的新突破？

赵焕焱认为，营销的基本要素正逐步从4P（产品、价格、促销、渠道）向4C（顾客、成本、便利、沟通）转化，酒店新营销必须结合技术层面和管理层面搭建新的营销渠道。除了加强自身的直销官网建设，同时应以平台型媒介（如天猫、微博、微信等）为最佳盟友，多渠道分销，优化移动网络营销，收集分析顾客信息，逐步实现对外精确定制营销、对内快速反馈改进。"这首先要加大对营销费用的投入。目前中国经济型酒店的销售费用占营业收入的1%至4%，良性经营的高端酒店的比例在5%左右。”

张焕杰建议，酒店不应该把销售网络直接交给第三方建设，而应拥有一套与时俱进的网络营销系统，通过高效、灵活、便捷、开放、兼容的酒店网络销售管理系统，集成各类网络销售渠道，让酒店实现海纳百川。同时将酒店的网络销售系统和现有渠道对接，实现和渠道的数据整合。通过XML等对接办法将酒店的网络销售系统或CRS集成酒店直销渠道与酒店微博、微信、点评网站等渠道整合，从而产生效率最大值。

“酒店未来的销售方向是保证自己是官网最低价，确保直销的优势地位。”赵焕焱认为，酒店官方网站、在线旅游服务中介(OTA)和全球酒店分销系统(GDS)的成本相差很大，其中酒店官网预订成本约5元每间夜，OTA预订成本60元每间夜，GDS预订成本为20元。酒店在线直销水平提高1倍，预订成本将降低46%。“从中外比较来看，锦江酒店官网直销比重6%，美国成熟市场为35%。香格里拉酒店通过代理商订房比例不超过7%；洲际、喜达屋等比例控制在10%左右；希尔顿酒店通过直销方式完成的业务量比其在所有在线旅行社和代理商的业务总量之和的五倍还要多。本土集团中，经济型酒店做得比较好，7天酒店官网预订比例超过60%，如家中介预订比重占8%，华住中介占5%。”

不依赖OTA已成业内的共识，但什么情况下酒店才能不依赖OTA？只有两种情况，荣强表示，一种是企业自己死亡，另一种是自己足够强大。

3. O2O模式方兴未艾

荣强表示，从布丁酒店、迷你酒店、IHG优悦会的运营来看，微信已成为酒店从线上到线下的服务工具，可以和客户保持沟通、实现预订，而且做微信对企业而言，成本相对较少，比如企业做APP每月要花1.5万元，微信的开发可能每月只需5000元。所以酒店应该尽可能多地利用新技术做好新渠道，通过各种网络手段走多元化营销之路。

“新渠道还应该时刻关注客户动态。”杨晓明表示，这样不仅可以带动销售，还可以对自身的不足及时进行调整。他举例说，有一家叫Mortons的牛排馆，一位社会化媒体咨询师彼得·尚克曼有次旅行的时候，开玩笑似地在推特上写到“@Mortons—我两小时在纽瓦克机场着落，你们来机场接我吗？对了，我还要一块上等的牛排。”让他没想到的是，真的有一位Mortons雇员在机场等他，还带着上等牛排，尚克曼感觉不可思议。而这件事情也被媒体报道，该牛排馆的名声大震。

——摘选自　陈静.酒店营销理念和方式面临变革.中国旅游报，2013-11-20.

第一节　客户关系管理

如今，饭店营销的商业环境正在从以产品为中心转向以客户为中心，从规模市场转向规模用户，从产品导向转向客户导向。根据美国的全国性市场调查，50%的市场部经理不了解公司的客户流失率，另外50%的市场部经理存在低估客户流失率的问题。如何留住顾客，如何增强顾客满意度？客户关系管理技术(CRM)可以帮助你做到这一点。

【小链接10-1】

喜达屋度假村——善用客户关系

喜达屋是一家大型酒店餐饮集团,其度假村和酒店分布全国各地。我们要讨论的恺撒·伯克诺度假村正是其中之一。这是一家由四处独具特色、"全方位"酒店组成的豪华度假村。坐落在宾夕法尼亚州伯克诺山区的这家度假村有着号称"世界上最宽敞最豪华的"套房,套房内包括室内泳池、心形浴缸以及申请了专利保护的7英尺高的"冠军玻璃漩涡浴"。

作为人们度蜜月和过二人世界的理想去处,恺撒一度享有业内最高的市场占有率。然而,来自加勒比海地区度假村的竞争开始瓜分这一市场,而经济低则带来了更大的挑战。现在,尽管来度蜜月的新婚夫妇仍为恺撒带来了可观的利润,但其他度假的普通夫妇则开始成为度假村经济收入来源的主体。

恺撒的目标和挑战:在不必提高营销预算的前提下提高订房率和收入,下面是其七步行动计划和结果。

第一步:从向顾客学习开始。这第一步是进行顾客之声信息传递和沟通调研。调研结果表明,在通过增加持续沟通的价值和频率从而加强客户关系和带来回头客方面仍然存在巨大的商机。

第二步:确定目标。根据调研结果,顾客愿意与恺撒建立长期的亲密关系。这就支持了恺撒发展客户关系从而提高顾客终身价值的营销目标。"我们对与顾客进行持续沟通、为老顾客更新有关房间和设施的信息、为顾客及时提供季节性房价和名人演出的资讯以及有关'永恒爱人'套餐的诱人之处的承诺是势在必行的。"销售和营销部前助理副总裁兼地区董事萨勒诺如是说。

第三步:创造最高的投资回报。这一步是对数据库进行分析并根据每位顾客的惠顾次数进行分类,然后建立相应的惠顾层次或级别以找出"最好"的顾客——那些具有最大忠诚度的顾客。

第四步:建立测试矩阵。道格和克里斯都是公司的底线营销人员。花出去的每分钱都要能带来收入。他们知道,如果恺撒度假村要改变"老业务"的经营模式,引进互愿营销,那么这一改变必须在短期内看到成效。这样,一个综合性的测试矩阵就应运而生了。

第五步:送出信息。为了将"信息送达"顾客,恺撒度假村依赖两种重要的方式:整合直复销售与选择加入式互愿营销。

第六步:提供增值服务。尽管度假者是恺撒度假村订房和收入的主体,但来度蜜月的新婚夫妇带来的利润率却是最高的。为了满足这一特殊群体的需要,道格和克里斯设计了一项蜜月增值服务,以区别于其他竞争者。

第七步:延伸服务线。今天的蜜月者就是明天的度假者。不过,当度假者开始拖家带口之后,他们来恺撒的次数也就少了。因为恺撒是个情侣度假村。为了抓住这一因顾客群的成熟化所带来的机会,恺撒将四家酒店中的一座改造成了家庭型度假场所。

——摘选自 厄尔南·罗曼,斯科特·霍恩斯坦.互愿营销—最高效的全新关系营销手册.北京:中国财政经济出版社,2006:39-46.

一、客户关系管理(CRM)概述

客户关系管理(CRM)起源于美国，经历了接触管理、关系营销、客户关怀等理论与实践过程。客户关系管理既是一套软件又是一种管理制度，集合电子商务、数据库、呼叫中心，凝聚了市场营销理论、销售管理、管理科学等。对客户关系管理的定义表述也从多种角度出发，最早提出客户关系管理概念的 Gartner Group 指出为企业提供全方位的管理视角，赋予企业更完善的客户交流能力。最大化客户的收益率就是客户关系管理。因此，客户关系管理是一种企业管理的管理理念，对企业来说是一种创新性的运营机制，是信息技术、管理方法和解决方案的总和。客户关系管理将客户关怀看作其中心，与所选客户建立长期和有效的业务关系，在与客户的每一个"接触点"上都更加接近客户、了解客户，最大限度地增加利润占有率。

饭店的客户关系管理就是在充分重视客户资源的基础上，以信息技术作支持建立顾客档案，为不同的顾客提供不同的定制化产品，通过完善周到的全程服务来增加顾客的体验，最终达到增加顾客满意度、提高顾客忠诚度的目的。重视与顾客的及时双向沟通，改善客户关系，从而提高饭店的竞争力。理论上讲，CRM 的主要目的是开发能够促进企业商务运作的客户知识库，使得所有的部门可以从预定处、网络、旅行社、前台、以及客房部等不同的界面获取相关信息，然后将获取的相关信息提供给那些直接服务于顾客的员工，以便向顾客提供始终如一的服务。

二、饭店实行客户关系管理(CRM)的主要做法

（一）获得高层支持

美国 Cisco 公司在客户服务领域全面实施 CRM 之后，创造了两个奇迹：一是公司每年节省了 3.6 亿美元的客户服务费用；二是客户满意度由原先的 3.4 提高到现在的 4.17(满分为 5 分)，在新增员工不到 1%的情况下，利润增长了 500%。这一实例表明 CRM 对于降低饭店的经营成本、提高利润具有明显的效果，而高层管理者最为关心的莫过于此。

总体来说，饭店与其他类型的企业经营一样，大多数符合帕累托的 80/20 规律，即 80%的营业收入来自 20%的老客户。因此，有效的客户关系管理能够保留现有客户，提高客户忠诚度和饭店的营业收入。由于客户关系管理需要投入大量的人力、物力、财力，在短时间无法体现其优势，要使 CRM 项目得以实施，高层管理者的支持至关重要。Cisco 公司创造奇迹的事例，应该是非常有说服力的。

（二）成立 CRM 工作组

CRM 项目小组由饭店内部各部门及外部人员共同组成。作为 CRM 的实施者，他们要承担分析业务需求、制定实施流程、选择信息系统、实施沟通等事务。一般来讲，项目小组应该包括高层管理者、销售和营销部门人员、IT 部门人员、财务人员等。实施饭店的客户关系管理需处理大量的数据和信息，是一个技术性强、程序复杂的工作，需要现代化的软件系统给予支持。饭店需要建立网络化的客户关系管理系统或者购置现成的软件系统。

（三）分析客户类别，制定相应措施

对饭店电脑系统存储的客户信息进行分析，根据客户在饭店的消费金额用"客户金字塔"法来分类，要做成这个客户金字塔，需要列出一个客户名单，记载他们在某一特定时期的消费

金额。然后按照金额从高到低将客户名单进行排序。排序后的结果称之为“客户排序表”,这一排序表将成为客户金字塔细分的依据:

顶端客户——消费金额排在前1%的活跃客户;

高端客户——消费金额排在下一个4%的活跃客户;

中端客户——消费金额排在下一个15%的活跃客户;

低端客户——消费金额排在剩下的80%的活跃客户。

用以上方法分析和掌握了客户类别之后,饭店的营销部门就可认真规划,根据客户不同的价值制定相应的关怀和优惠措施;一方面可留住有价值的老客户,另一方面可提高这些客户对饭店的满意度和忠诚度,吸引他们多来消费,保持或升级成为金字塔的顶端客户。

(四)建立完整的客户档案

分析客户的类别后,饭店找到了20%的有价值客户,饭店可以建立完整而详尽的客户档案。建立客户档案的目的是使饭店能分析和掌握目标市场客源的基本情况,制定相应的营销策略和建立合适的销售渠道,同时也掌握了客户的个性化需求,为提供“1对1”的个性化服务打下基础。为保证客户档案的完整性,在系统设计时,要充分考虑到由互联网站下载时客人入住登记或消费记录等信息的详尽,不足部分要由专人补充录入客户关系管理系统。

三、饭店实行客户关系管理(CRM)的注意事项

截止到2005年,全世界在CRM上的投资将达到760亿美元,但是其中一半的项目以失败告终。这是因为人们在对CRM的理解上存在误区。

(一)CRM不是“高科技”或是“IT”

客户关系管理(CRM)是一种管理策略,理论基础仍是传统营销中的市场细分和市场定位。CRM不仅仅是一个软件、系统或是邮寄列表,高科技手段只是辅助人实践管理策略的工具,尽管这个辅助工具非常强大。所以实施CRM策略不仅仅是引进高科技,更重要的是需要改变基础的商业运作模式,从上至下进行相应的约束。实施CRM的过程中,在改变企业文化方面所遇到的挑战要比在技术方面遇到的挑战更大。

(二)CRM项目需要规划和指导

要有明确的目标,明白自己需要的是什么,然后,根据需要找寻那些能够提高顾客满意度的信息。向CRM的转变实际上就是从传统的用直邮或者电子邮件形式进行的数据库营销向具有巨大潜力和前景的、注重优化客户关系生命周期的客户导向型组织的转变。

(三)实施CRM需要四个步骤:识别、区分、定制、交流

实施CRM需要四个步骤:识别、区分、定制、交流,所面临的最大挑战是饭店销售数据以及市场数据的高度分散性。通常这些数据的来源渠道是酒店管理系统、中央预订系统、销售系统、邮件服务系统、国际互联网数据、咨询档案、老客户、以及二手数据,例如行业数据和消费数据。

四、微会员营销

微会员营销是基于微信的社交及CRM营销模式。饭店利用微信的后台CRM管理,把顾客进行精确细分,然后针对性地进行客户维护管理;同时利用微信时时在线沟通的强社交性,

即时处理疑义和提供增值服务。与传统平台的客户关系管理 CRM 相比，微会员营销对顾客的关注度较高，与此相应客户的忠诚度也更高。

随着微信的普及度和关注度越来越高，基于微信平台的第三方应用也越来越多，微信公众平台的推出，不少饭店都瞄准了微信会员促销。微会员营销中，注册账号、开通微信公众平台都是免费的，基本不用投入什么资金；微信基于移动端，用户随身携带，和手机号绑定，微信的平台更注重互动；而且，微信可以细分消费者市场，实现点对点的营销，能达到更好的宣传效果。基于以上原因，微会员营销对于饭店极具吸引力。

做好微会员营销，需要饭店进行整体的策划运营，应在以下几个方面进行努力：

（一）发展会员

首先注册微信公众号，通过自有媒介或找受众相同的资源合作，吸引客户关注。前期已有自身媒介通道的，可以直接利用自身媒介发展会员，能顺利转移到微信公众号的用户一般忠诚度都较高，完全符合酒店的 CRM 定位。例如，布丁酒店与蘑菇街合作了一把，把 90 后年轻女性作为目标受众，据说布丁的最佳转化时间是十一点到零点。

（二）会员转化

对会员进行分类管理，可以首先从活跃度做初步分类，区分重点维护和待激活的会员，如果酒店在前期发展会员的时候定位越精准，活跃会员就会越多，需要激活的用户也就越少。然后根据初步分类做一些不同的内容维护。需要激活的用户要不时引导，或用一些酒店会员待遇进行信息互换，直到被激活，成为饭店的微会员。针对活跃用户还可进一步做精细分类，针对不同需求提供不同的特权服务。

（三）团　队

通过微信公众账号搜索、分类、微信图文消息发布平台，后期将逐步推出微信公众账号互推功能、手机端导航、一键关注等相关功能，提供更好的页面及模块化、个性化的需求满足方案，乃至形成广告系统或者广告联盟。

第二节　关系营销

关系营销的利用是现代饭店业中不可或缺的部分。从饭店的角度看，关系营销能够完善内部管理制度，还能够为饭店提高收益。从员工角度和客户角度看，关系营销可以为员工谋求良好的环境氛围和合理的福利待遇，还能够为客户提供优质满意的个性化服务。因此关系营销对于饭店提高效益具有重大意义。

一、关系营销及其特征

关系营销将系统论引入，指出企业的经营活动是置于社会经济系统中的，认为营销活动是一个企业与消费者、供应商、分销商、政府机构、竞争者及其他社会组织发生互动作用的过程。饭店关系营销是识别、建立、维护和巩固饭店与顾客及其他利益相关者关系的营销活动，其实质是发展良好的非交易关系，使交易关系能够持续建立和发生。关系营销的核心是建立和发展与相关个人与社会组织的良好关系，实现双方利益的长期稳定。

关系营销的特征涉及以下几方面：

(一)关系营销的信息沟通具有双向性

双向沟通使信息和情感交流渠道畅通,信息的准确性较高,接受信息的一方产生平等感、参与感,有助于建立双方稳定的情感。交流既可以由企业开始,也可以由其他社会组织开始。企业与顾客主动而及时的信息交流,对于顾客加深对企业的认识,使企业赢得各个利益相关者的支持与合作具有重要的意义。

(二)关系营销的战略过程具有协同性

企业在社会经济系统中的经营过程,应该与系统中的利益相关者建立长期、良好、互利的伙伴关系,保证企业营业额的稳定增长和市场占有率的稳步扩大。优势互补、彼此合作的双方互相信赖、联合行动、相互调整与适应,从而实现各自的战略目标是关系营销的最终目标。

(三)关系营销的营销活动具有双赢性

关系营销的出发点和基础是交易双方的利益互补与双赢,而不是通过损害其中一方或多方的利益来增加其他各方的利益。企业提供的产品或服务使其从顾客那里获取利润,顾客用货币获得其所需要的产品或服务,双方实现了各自利益和需要的满足。如果没有利益的互补与实现,双方就不会建立良好的关系。经营过程中企业要把服务、质量和营销结合起来,了解对方的利益诉求,重视实现企业与顾客之间的互利双赢。

(四)关系营销的营销范围具有广阔性

传统意义的市场营销主要是关注目标顾客群体,而关系营销不仅关注顾客市场,使新顾客成为稳定的长期顾客、原有的老顾客成为企业的品牌忠诚顾客,同时重视员工,使员工责任心增强,扫除企业内部经营活动中的障碍,弥补管理中的不足。

(五)关系营销的信息反馈具有控制性

关系营销要求建立专门的部门,用以跟踪顾客、分销商、供应商及营销系统中其他参与者的态度,企业可以及时了解环境和关系的动态变化,及时采取措施消除关系中的不稳定因素。有效而及时的信息反馈,有利于企业及时改进产品和服务,挖掘新的市场机会。

二、饭店关系营销的业务关系

关系营销的核心是建立和发展同相关个人和组织的兼顾双方利益的长期联系。饭店必须处理好与下面五个子市场的关系:

第一,供应商市场。饭店与供应商是共同利益关系,相互依赖性很强。与供应商的关系决定了企业所能获得的资源数量、质量及速度,因此饭店应该与供应商建立密切的合作贸易关系,获得有力支持。

第二,饭店内部市场。内部营销观念将员工当作企业的内部市场。只有对饭店感到满意、具备营销观念的员工,才可能以更好的态度和更高的效率为外部顾客提供更加优质的服务,并最终让顾客感到满意。

第三,竞争者市场。由于每家饭店的目标市场不尽相同,企业所拥有的资源条件也有所差异,在竞争者市场上,饭店营销活动的主要目的是争取与拥有那些与自己具有互补性资源竞争者的协作,通过资源和市场的共享实现发展目标。

第四,顾客市场。顾客是饭店生存和发展的基础,市场竞争的实质是对顾客的争夺。饭店应该定期对顾客的消费行为进行调研，积累市场信息，采用恰当的方式与顾客沟通，努力将潜在顾客变为现实顾客。

【小链接 10－2】

酒店进入社会化媒体营销时代

“谁控制了互联网，谁就控制了世界”。社会化媒体已成为人们日常生活的必要组成部分。酒店也将进入社会化媒体营销时代，“互联网逼着酒店改变、转型，没人可以置身事外”。

社会化媒体是指允许人们自主撰写、分享、评价、讨论、相互沟通的网站和技术，如微博、微信、论坛、博客等能自主互动的媒体。酒店可利用社会化媒体传播品牌、展示形象、售卖产品、服务顾客。但目前，很多酒店纯粹为了跟风而开微博、微信，运营不好还有可能成为投诉的焦点。

酒店利用社会化媒体开展营销时要做好平台管理、关系管理、行为管理和风险管理。

平台管理就是解决“你是谁，你想当谁”的问题。比如，微博是基于弱关系的对外传播平台，适用于品牌宣传、营销推广，适合作为用户引流的入口。微信则是基于强关系的精准沟通平台，适用于用户沟通、客服工作，适合作为深度服务的沟通平台。

关系管理就是要处理好与“粉丝”、好友之间的关系。在现实中，酒店集团的名誉往往会因为旗下某一单体酒店的行为受到牵连。酒店集团可尝试建立微博账号体系，一个微博专门面对公众，一个微博专门服务会员，一个微博专门受理投诉。

在行为管理方面，社会化媒体的运营要做到注重原创，避免内容雷同；放低身段，增加互动；多组织策划一些在线营销活动和公益活动。

在风险管理方面，社会化媒体能进一步拉近酒店与公众的距离，进行及时、公开、平等的沟通，可有利于提升企业形象和客户忠诚度。

——摘选自　陈静．酒店进入社会化媒体营销时代．中国旅游报，2013-9-18.

第五，影响者市场。新闻媒体、金融机构、政府管理部门以及行业协会等各种各样的社会团体，对于饭店的生存和发展都会产生重要的影响。饭店必须通过公共关系，赢得各种社会组织和团体的理解与支持。

三、饭店关系营销的具体措施

（一）饭店关系营销的管理机构

饭店开展关系营销的重要措施之一就是设置关系管理机构。这一机构主要负责协调内部各部门之间、员工之间的关系，对外向公众发布消息、征求意见、处理纠纷，同时该机构还担负着收集信息资料、参与企业重要决策的责任等。饭店在设置相应的管理机构的过程中，需要以正规性原则、适应性原则、针对性原则、整体性原则、协调性原则和效益性原则为依据。

（二）饭店关系营销的客户选定

饭店可根据自身的规模和档次，选定一批最大、最有实力的客户，深入了解他们的需要，进行饮食、娱乐、社交等活动和消费的激励促销，为他们专门设计关系营销策略，进行有针对性的个性化经营方式。

(三)饭店关系营销的资源配置

由于顾客需求的多样性、外部竞争激烈、市场环境多变等,企业的全体人员必须通过有效的资源配置和利用,同心协力地实现企业的经营目标。企业资源配置主要包括人力资源和信息资源。

人力资源配置主要是通过部门间的人员转化、内部提升和跨业务单元的论坛和会议等进行。从事相关管理工作的人员必须接受专门的关系营销培训,对关系经理要明确规定报告关系、目标、责任和评价标准,关系经理必须制定长期和年度客户管理计划。信息资源共享方式主要是:利用电脑网络、制定政策或提供帮助削减信息超载、建立“知识库”或“回复网络”以及组建“虚拟小组”。

(四)饭店关系营销的文化融合

饭店关系营销需要与供应者、竞争者建立合作的伙伴关系,这种合作必然会使饭店的某些利益与之分享。同时,饭店内部各部门间存在着不同利益,这使饭店在实施关系营销中会遇到种种障碍。各方环境的差异是影响关系建立的障碍之一。不同文化的人们在交流时,必须克服文化所带来的障碍。对于具有不同企业文化的企业来说,文化的整合对于双方能否真正协调运作有着重要的影响。

(五)饭店关系营销的利益提升

关系营销要求饭店与顾客建立密切而有力的联系,使顾客在享受满意服务的同时,忠诚于饭店。饭店可以通过提升顾客的财务利益和社交利益的方法,提高顾客的满意度进而使其重新光顾饭店。提升财务利益是使顾客支付相同的价格享受更多更好的产品。奖励常客是关系营销常见的一种形式,饭店以免费住宿、价格优惠、提供高等级客房等形式培养常客对饭店的忠诚度。增加社交利益是通过了解顾客独特的需求,提供专门化与个性化的产品与服务。上海和平饭店的“金融家俱乐部”通过免费举办各种活动使金融家成为了自己的忠实顾客。

(六)饭店关系营销的个性化服务

饭店应不断地研究和了解常客的需要和愿望,精心设计服务体系,主动联系顾客,为常客提供竞争对手不易模仿的定制化服务,使常客得到更多地利益和获得更大的价值,逐渐变成本饭店的忠诚顾客,达到关系营销的目的。在关系营销中,收集与顾客有关的信息极为重要。例如,某饭店选定商务客人作为其关系营销的对象,为了给他们提供个性化的服务,就应收集这些顾客的个人资料,准确地知道他们的爱好。当他们下次住店时,客房的布置也符合这些顾客的要求:报纸是他们平时爱看的,闹钟已定好在他们习惯起床的时间,连浴衣的图案也符合他们的个性化要求。

第三节　整合营销

整合营销被认为是21世纪制胜市场的关键。整合营销不仅是一种营销手段、理念和营销模式,更是一种沟通手段和管理体制。对于饭店内外部的沟通管理都有着重要的作用。饭店在实施整合营销传播时,要与顾客建立良好的沟通,使顾客在心理层面上感受到饭店产品的价值,提高顾客满意度,实现顾客和饭店的“双赢”。这就要求饭店对服务资源进行有序的整合,将不同种类的服务和设施设备做出一套合理的搭配,针对不同顾客的需求,进行相应的资源配置。

一、整合营销的内涵

菲利普·科特勒认为,企业所有部门为服务于顾客利益而共同工作时,其结果就是整合营销。整合营销发生在两个层次:一是不同的营销功能——销售、广告、市场等必须共同工作;二是营销部门必须和企业的其他部门相协调。

整合营销战略应该是以由外而内的战略为基础,以整合企业内外部所有资源为手段,以消费者为核心而重组企业的管理行为和市场行为。整合营销的观念认为营销应该是以消费者(Consumer)为核心,一改以往的"消费者请注意"为"请注意消费者",关注并满足消费者在成本(Cost)、便利(Convenience)方面的需求,加强与客户的沟通(Communication)。因此,整合营销以4C作为营销理论基础,强调营销中各种要素之间的关联与合力,将市场营销的各种要素看作一个整体,进行重新组合。

二、整合营销传播

整合营销传播(Integrated Marketing Communications,IMC)也称为整合营销沟通。整合营销传播是由美国西北大学梅迪尔新闻学院的唐·舒而茨教授提出并发展起来的。这一观念将系统论与营销理论进行了融合,契合了现代企业的营销实践活动,一经产生就引起了广告界、营销界乃至传播界的广泛关注。

唐·舒而茨教授指出,整合营销传播不是以一种表情、一种声音构成,而是更多的要素构成的概念性。整合营销传播是以潜在顾客和现有顾客为对象,开发并实行说服性传播的多种形态的过程。IMC理论的发源地——美国西北大学的研究组把IMC定义为:"IMC把品牌等与企业的所有接触点作为信息传达渠道,以直接影响消费者的购买行为为目标,是从消费者出发,运用所有手段进行有效传播的过程"。

【小链接10-3】

整合营销传播之父:唐·舒尔茨(Don E. Schultz)

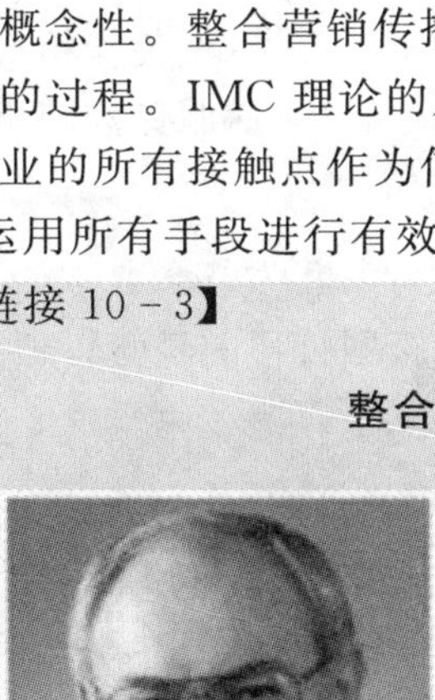

唐·舒尔茨(Don E. Schultz)是西北大学商学院的整合营销传播教授,整合营销传播理论的开创者。也是位于伊利诺伊州的AGORA(爱格瓦)咨询公司的总裁,还是位于得克萨斯州达拉斯的TAGETBASE营销公司和TARGETBASE营销协会的高级合伙人。

在1997年加入西北大学之前,唐·舒尔茨是位于达拉斯的TRACY-LOCKE广告及公共关系公司的资深副总裁。他在欧洲、美国、南美和亚洲都曾就营销、营销传播、广告、销售促进、直接营销、策略创新接受过咨询、发表过演讲,并举行过专题讨论会。

唐·舒尔茨博士是世界著名的营销大师之一,也是战略性整合营销传播理论的创始人,他的著作《整合营销传播》是第一本整合营销传播方面的著述,也是该领域极具权威性的经典著作。书中提出的战略性整合营销传播理论,成为20世纪后半世纪最主要的营销理论之一。为此,舒尔茨博士被全球权威的《销售和营销管理》(*Sales and Marketing Management*)杂志推举为"20世纪全球80位对销售和营销最有影响力的人物之一",与现代营销学之父菲利普·

什特勒、W·爱德华·戴明、戴尔·卡耐基、亨利·福特、比尔·盖茨和迈克尔·戴尔等著名营销大师和营销天才并列在一起。

——摘选自 http://wiki.mbalib.com.

整合营销传播将广告、公共关系、销售促进、大型活动、包装设计等营销手段进行重新编排并进行信息传播,使这些要素整体化。这种将各种各样的市场营销要素紧密结合的方式使营销管理成为一门科学和艺术。整合营销传播需要注意以下几点:第一,向消费者传播整体形象;第二,以消费者为导向;第三,组合应用多种传播工具;第四,强调传播效果的立体化和综合化。

三、整合营销传播的管理措施

(一)革新企业的营销观念

我国的许多饭店的营销观念还停留在简单的推销观念、广告观念层次,对于营销方式和营销手段的创新和进步了解不多。通过引导市场、刺激市场来引领市场的需求,通过整合营销传播向消费者传递消费信息。

(二)必须建立顾客资料库

建立顾客资料库是IMC策略不可缺少的管理环节。真正的IMC必须达到长期的关系营销,饭店与消费者维系长久不散的关系,使饭店与消费者具有良好的双向沟通渠道。

(三)实施接触管理

接触管理是凡能够将饭店品牌、产品类别和任何与市场相关的讯息等资讯,传输给现有消费者或潜在消费者的过程与经验。接触管理贯穿于IMC的全过程,通过售后服务和消费者的社交圈传播,维系与扩大饭店与消费者的关系。

(四)借鉴国外的先进经验

我国饭店企业要积极学习国外企业的先进的管理经验,特别是跨国公司的经营管理、跨国公司的整合营销,为我国企业开展整合营销服务。

(五)利用网络开展整合营销

互联网时代的整合营销传播为饭店提供了一种有效的思路和方法,饭店可以集中优势资源,通过整合营销传播吸引潜在顾客,借助"酒店虚拟联盟"拓展市场资源,确立差异化竞争优势,促进酒店的持续发展。

【小链接 10-4】

酒店十景区 整合营销热兴隆

新的旅游法实施后,如何应对旅游市场的新变化?我市在国庆黄金周就主动推出免费巴士、特色美食、滨海休闲、景区和兴隆热带花园捆绑营销等举措,促进了散客量的大幅增长。黄金周7天,散客量达2.88万人次,同比增长269.8%。

国庆黄金周,为方便游客出游,我市开通了大兴隆旅游区的旅游专线免费巴士,共10辆旅游巴士投入使用。分A、B、C3条线路,首发站为神州半岛福朋酒店和石梅湾艾美酒店,途径兴隆中奥戴斯、老榕树、康乐园等酒店,以及兴隆太阳河咖啡厂、兴隆南国热带雨林游览区、兴隆热带植物园、兴隆热带花园等大兴隆旅游区的主要景点。这些巴士在黄金周假日7天内每天早上9时发车，每间隔30分钟发车一班，末班车为每日的下午5时。

节前，为帮助企业提升服务品质，突出旅游产品特色，市旅游部门组织全市旅游饮食企业进行万宁本地美食和东南亚特色小食烹饪专项培训。中奥戴斯酒店与兴隆热带花园景区结盟合作，由热带花园专门供应东南亚美食作为早餐，中奥戴斯等酒店则专门推出本地热带蔬菜果汁等特色美食，以吸引游客。

日月湾冲浪俱乐部外籍教练小龙告诉记者，兴隆免费巴士开通后，每天带来十几名酒店高端客人到日月湾冲浪和沙滩娱乐。据记者了解，石梅湾潜水的客人则每天都爆满；神州半岛科莫滨海娱乐俱乐部来玩海的客人络绎不绝；兴隆热带花园的电瓶车不间断地投入运行，还未能完全满足客人的需求。兴隆热带植物园负责人告诉记者，在政府的支持下，园区为入住大兴隆酒店的客人提供免费游览后，为园区在高端客人中树立了品牌形象，有利于吸引回头客。

随着《旅游法》的实施，这个黄金周到达我市的旅游团有所减少，但自由行游客却有所增加。据统计，10月1—7日，全市13个景区、景点共接待游客6.5万人次，同比增长3.2%，其中接待团队3.63万人次，同比下降34.3%；团队散客比为6:4。门票收入104万元，同比增长2.7%。随着散客人数的增加，免费旅游巴士的推出，大大方便了游客的出行。

市政府负责人表示，政府免费开通3条大兴隆旅游区免费旅游巴士，为高端酒店搭建后花园平台，即通过旅游巴士路线将热带海岸、兴隆等地高端酒店与植物园、热带花园、日月湾等景区、景点连接，同时推出东南亚风情文化体验，方便游客玩转大兴隆。有些酒店与景区形成互动性双赢局面，如中奥戴斯酒店与热带花园之间美食互动，艾美、喜来登等高端酒店与热带植物园凭卡免费入园等。“政府方利用巴士路线营销经典旅游路线，让游客能够在万宁停留更长的时间，酒店方利用巴士为客人提供更丰富的旅游项目，而景区也可在新旅游法出台后，摆脱仅靠旅行社才能招揽游客的局面，赚人气，争取更多的游客。”

这位负责人还表示，进一步完善旅游公共交通服务，引导旅游企业积极转型以适应市场，融合区域旅游元素，提升旅游产品品质，以货真价实的旅游产品吸引游客，从而达到了政府、酒店和景区三方共赢的局面，推进了旅游市场的良性发展。

——摘选自 陈循静. 酒店十景区 整合营销热兴隆. http://wanning.hainan.gov.cn/jrwn/201310/t20131009_1090696.html.

四、互联网时代的整合营销

网络整合营销利用互联网技术，高效、完整地完成整合营销计划，达到传统的整合营销传播不能达到的营销效果。整合网络营销又被称为网络整合营销，是在深入研究互联网资源，熟悉网络营销方法的基础上，利用网络技术和网络特性，从企业的实际情况出发，根据不同网络营销产品的优缺利弊，整合多种网络营销方法，为企业提供网络营销解决方案。网络整合营销是以为客户提供有价值的信息为基础，由客户创造、传播为主导的整合营销理念进行的营销方式。网络整合营销具有4I原则，即Interesting（趣味原则）、Interests（利益原则）、Interaction（互动原则）、Individuality（个性原则）。

第四节　网络营销

一、饭店网络营销概述

“不能上网的企业将面临倒闭的危险。”这是英国首相布莱尔巡视剑桥科技企业时所发出的警告。随着信息技术在饭店业的广泛应用，网络营销颠覆了传统的营销方式，成为饭店最有效、最经济、最便捷的营销手段。国际金融危机以来，网上旅游在全球旅游业受到重创的情况下依然坚挺，以美国为例，2009年的在线旅游业务占据了整个旅游市场的二分之一。我国旅游业的良好增长势头为网上旅游提供了发展空间，CNNIC最新数据显示，截至2013年6月，在网上预订过机票、酒店、火车票和旅行行程的网民规模为1.33亿。而2012年12月底，在网上预订过机票、酒店、火车票和旅行行程的网民规模为1.12亿。半年间，在线旅游预订网民的渗透率增长了2.6%。

饭店网络营销简单说就是指饭店利用国际互联网这个快捷、灵活的信息沟通渠道来推销饭店产品的一种市场营销活动。目前北京、广州、深圳等地的许多酒店正在互联网上开展网络营销。

饭店网络营销是具有革命性的饭店营销创新。它的优势主要在于能够有效展示饭店形象和服务，建立与客户良好的互动关系，高效率管理销售过程，还能显著降低销售成本，提高经济效益和管理水平。

首先，网络营销的效率更高。网络的三维传播速度为传统营销的5～8倍。顾客可以通过网络上功能强大的搜索引擎得到大量所需要的信息。传播快捷、灵活的信息沟通，有助于更好地推销饭店产品。而且，以往人员的推销直接和顾客接触，费时又费力。而网络营销的投入只是传统营销的10%，适应了节约经济的要求。

其次，网络营销能增强与顾客的互动，有利于拓展潜在市场。饭店产品的消费属于体验式消费。以往顾客必须在饭店消费之后才能真正了解其服务水准，并根据所形成的印象决定以后是否光临该饭店。网络则可以综合运用各种多媒体手段，展示饭店的服务设施、设备，并将无形的服务有形化。使顾客远在千万里之外，就能对本饭店进行“虚拟现实旅游与消费”，形成对饭店服务的正确期望，消除猜测和疑虑，进而做出消费决策。

再次，通过网络有利于进行“一对一”营销。通过网络预定系统，饭店既可以直接了解顾客的需求，又可以建立各种档案，为今后实行定制化、个性化服务打好基础。这样，饭店可以与每一位上网的顾客建立直接的关系并了解每一位顾客的真实需求，预先设计和准备针对顾客的定制化服务，吸引其再次光临。

二、我国饭店网络营销的状况

与全球相比，中国饭店业网络化起步相对比较晚，但发展迅速。饭店网络营销观念已经为绝大多数饭店经营者所重视并成为其发展战略之一。在国外许多饭店集团将营销网络作为主要的渠道之一的同时，国内的饭店业不仅构建了自己的营销网络，还不断地拓展网络营销渠道，优化营销模式。当然，尽管绝大部分饭店非常重视网络营销，但有关调查数据显示，我国30%的单体酒店没有网站和网页，即使有独立的网站和网页，也达不到搜索引擎优化排名的效果。

现阶段，我国饭店在线营销服务商包括以携程、艺龙为代表的OTA(onlinetravelagency)、以去哪儿网为代表的旅游垂直搜索引擎、各传统的酒店自设线上平台、传统的电子商务网站和门户网站旅游频道或专业服务。这些在线营销服务商的模式主要为两种，即中介代理模式和直销模式。

【小链接10-5】

浙江：酒店网络营销升温

"'印象江南'双人度假套餐，仅690元，尊享原价2198元大禹开元(五星级)高级大床房1晚、自助早餐2份、双人套餐1份、大禹陵风景区门票2张，还有免费WiFi……"在淘宝聚划算团购网上，开元酒店集团旗下绍兴大禹开元特色文化主题酒店做了一次团购，短短几天时间，销量一路飙升，共有697人购买。随着科技的日新月异，越来越多的酒店开始运用互联网进行产品策划和销售，而此类销售方式似乎颇受消费者青睐。

"传统"与"时尚"并重

据记者了解，浙江不少星级酒店几乎把艺龙旅行网、携程网、中国商务订房网、128旅行网、中国订房网等网站当做网络营销的"神"，认为只要在这些网站上发布客房的预订、客房设施的展示、简单的酒店介绍等信息，顾客自然而然就会上门。然而，在网络上发布信息仅仅是网络营销很小的一个方面，网络营销的本质是营销，而不仅仅是信息发布。

目前，浙江大多数酒店所运用的网络营销主要分为官网、微博、第三方订房中心、手机APP四大块。多家酒店营销部负责人均表示，总体而言，第三方订房中心、官网是比较传统的网络营销渠道，品牌宣传强于营销。也有部分酒店正对官网进行改版，优化用户的访问和操作体验等。

随着微博等网络自媒体的兴起，酒店开始逐渐把目光瞄上了这个工具。杭州黄龙饭店公关部的江小龙坦言道："现在'织围脖'成为营销部每天必做的工作之一。但由于微博的受众成分相对复杂，无法完全有效区分，所以，在微博上进行有效的网络营销，酒店还正在做些探索。我们官方微博已经上线最新的微预订系统，大家已可以通过微博预订房间。我们也期待这样的系统能在手机客户端和平板电脑上得以实现。"

"手机APP是饭店将要推出的营销手段。饭店手机客户端可以使用户和酒店点对点联系，且营销的市场目标明确，受众时效性也强。"杭州黄龙饭店公关部主任马琳说到。

开元酒店集团在网络营销上有一套属于自己的"独家秘诀"，他们擅长对产品进行规划然后组合包装。据开元酒店集团营销部经理陆炜介绍，集团主要推出一些包装组合，如在淡季，把周边景点的门票和客房组合在一起，把房价下调一些，这样就会吸引一些要去旅游的顾客。

——摘选自　黎彦. 浙江：酒店网络营销升温. http://www.toptour.cn/tabid/66/InfoID/68833/frtid/770/Default.aspx.

除了以上在线营销模式外，一些新型的在线营销模式也受到消费者的欢迎。这些新型在线模式包括：

第一，移动客户端。智能手机、平板电脑的普及，使手机预订酒店成为现实，利用移动客户端预定的比例也在不断增长，不少大型酒店预订网站纷纷推出了手机预订，争夺市场。

第二，社交媒介。很多饭店纷纷开通微博，充分利用这一新的直销模式，发展潜在客户，激动老用户。微博已成为饭店和用户沟通的一个纽带,有助于饭店的宣传和推广。客户通过微信订房、订餐将具有巨大的发展空间。

第三,团购模式。这种模式主要是为了避免酒店出现房态的起伏。

旺盛的市场需求使得从事饭店网络营销的服务商不断推出新的业务内容,以携程为例,2012年携程旅行网宣布正式推出海外酒店预订新平台,为中国旅行者提供全球172个国家和地区超过20万家海外酒店的预订服务,成为国内可预订酒店数量最多的在线旅行服务公司。

三、饭店网络营销系统的建立

网络是饭店全天候的销售部和与顾客互动的场所,为建立合理而有效的营销网络,以吸引更多的顾客,就需要建立营销网络构架。

(一)应在互联网上注册饭店自己的独立域名和自己的网站

饭店的网站应该能让顾客在网络上找到其所需的所有信息,以便选择、设计和组合饭店为其提供的高度定制化的产品和服务,做出购买决策,并能自由地查询自己以前的消费记录。

(二)提高网页质量,开展各种网上营销活动

网页设计必须突出体现饭店的定位,营销信息必须突出饭店的经营特色。营销信息内容要布局合理,符合人们的观看习惯,并考虑访问者获取相关信息的方便性。杰出的饭店网站应该让顾客与之沟通时,不仅不受干扰,而且还能随时获取定制化的服务,使顾客认为自己是在与一个贴心的"人"打交道,从而获得美好的"购买体验"。饭店在顾客做出购买决策前就应提供有关产品和服务详尽的信息及咨询,以供顾客决策;在顾客预订后,及时表示衷心的感谢,同时建立客户档案。根据客户档案,在有该顾客可能感兴趣的新的产品和服务推出时,饭店应及时告知顾客。

(三)保证网页的访问率

根据Forrester research的统计,全部网站的访问量中的80%是从搜索引擎开始的,因此必须将网站接入若干著名的搜索引擎,并建立饭店营销主页与其他饭店网页、旅游网站、饭店所在地区其他网站、搜索引擎网站的连接。

(四)定期改善网站设计

浏览饭店网站的人除了饭店忠诚的顾客以外,还有初次购买的顾客,还可能是竞争者、员工、网上过路客等。其中,自己想购买饭店产品和服务的人和自己虽然不买却可能是购买过程中最能影响决策的人,对饭店来讲最有价值。饭店应尽最大的努力,来适应这些最有价值的顾客对网站的需求。饭店应经常听取顾客的意见,根据顾客的需求及行为特点来改善网站。另外,饭店之间的竞争会明显地在网上表现出来,饭店应主动征求顾客对竞争对手网站的反映,从另一角度来改善自己的网站设计。

参考文献

[1] 宿春礼.星级酒店营销手册[M].北京:光明日报出版社,2006.

[2] [加]罗伯特·C·刘易斯,[美]理查德·E·钱伯斯.饭店业营销案例[M].大连:东北财经大学出版社,2006.

[3] 袁学娅.酒店盈利探秘[M]. 沈阳:辽宁科学技术出版社,2005.

[4] 刘德光,陈凯,许杭军.旅游业营销[M].北京:清华大学出版社,2005.

[5] 郑红.现化酒店市场营销[M].广州:广东旅游出版社,2004.

[6] 李飞,罗小川.酒店营销实务[M].广州:广东经济出版社,2005.

[7] 卢强.定价[M].北京:机械工业出版社,2006 .

[8] 贺学良.饭店营销原理与实务[M].上海:上海人民出版社,2007.

[9] Chuck Y Gee.国际饭店管理[M].北京:中国旅游出版社,2002.

[10] 郭强.饭店管理原理与实务[M].北京:中国旅游出版社,2007.

[11] 戴斌,等.饭店品牌建设[M]. 北京:旅游教育出版社,2005.

[12] 周帆.酒店营销方案与公文实战范本[M].广州:广东人民出版社,2005.

[13] 杜文才.旅游电子商务[M].北京:清华大学出版社,2006.

[14] 陈云川.餐饮市场营销[M].北京:高等教育出版社,2003.

[15] Chuck Y Gee.国际饭店管理[M].北京:中国旅游出版社,2002.

[16] 迈克尔·波特(Michael E. Porter). 竞争优势[M].陈小悦,译.北京:华夏出版社,2005.

[17] 谢彦君,梁春媚.旅游营销学[M]. 北京:中国旅游出版社,2008.

[18] 钱炜,等.饭店营销学[M]. 3版.北京:旅游教育出版社,2003.

[19] 郑红.现代酒店市场营销[M].广州:广东旅游出版社,2004.

[20] 佩恩 A.营销经理手册——服务营销[M].郑薇,译.北京:中信出版社,2000.

[21] 钱炜,等.饭店营销学[M].北京:旅游教育出版社,1995.

[22] 宋书文,等.心理学词典[M].南宁:广西人民出版社,1984.

[23] 吴健安.市场营销学.3版.北京:高等教育出版社,2007.

[24] Philip Kotler. Marketing Management. 9thed. London:Prentice - Hall International,1997.

[25] Ronald A Nykiel. MARKETING IN THE HOSPITALITY INDUSTRY. 饭店与旅游服务业市场营销[M].3版. 李天元,译. 北京:中国旅游出版社,2002.

[26] 尼尔·沃恩.饭店营销学[M].程尽能等.译.北京:中国旅游出版社,2001.

[27] 维克多·密德尔敦.旅游营销学[M].向萍,等译.北京:中国旅游出版社,2001.

[28] 郑红.现代饭店市场营销[M].广州:广东旅游出版社,2004.

[29] 王文君.饭店市场营销原理与案例研究[M]. 北京:中国旅游出版社,1999.

[30] 王大悟,刘耿大.新编饭店营销学[M].海南:海南出版社,1998.

[31] 赵晓燕. 市场营销管理——理论与应用[M].北京:北京航空航天出版社,2008.

[32] 田喜洲,崔永慧.论我国饭店的等级划分与价格管理[J].经济经纬,2006(2):128-130.

[33] 李森焱.浅议旅游饭店价格[J].经济师,2004(1):140.
[34] 邹统钎,张昕丽,郑洁.中国饭店业价格竞争的对策研究[J].商业研究,2001,(235):175-177.
[35] 李雪冬.我国星级饭店差别定价模式构建[J].重庆工学院学报,2004,18(3):86-88.
[36] 王卫东.旅游饭店顾客导向定价模式浅议[J].桂林旅游高等专科学校学报,1999,10(1):61-63.
[37] 刘燕舞.关于制定饭店客房价格若干方法的讨论[J].桂林旅游高等专科学校学报,1999,10(3):33-36.
[38] 席丽娟,徐虹.饭店收益管理的定价决策研究[J].旅游科学,2005,19(2):43-47.
[39] 张燕.饭店客房定价方法的理论研究综述[J].旅游学刊,2007(3):52-57.
[40] 杨玲莹,丁宁.上海:F1"驶入"饭店房价飙升. 中国旅游报,2007-10-5(2).
[41] 王兴琼.当前我国饭店业的经营困境及其所采取对策和绩效研究[J].价值工程,2004(9):13-17.
[42] 魏卫.中外饭店区域集团化特征对比研究[J].世界地理研究,2003,12(3):106-112.
[43] 何建民.提高我国饭店企业顾客价值与利润的方式[J].旅游科学,2004,18(1):31-36.
[44] 蓝伯雄,周晓鸥.收入管理略说及其在酒店管理中的应用前景分析[J].社会科学家,2002,17(4):31-35.
[45] 陈晓文.我国旅行社的网络营销问题分析[J].商场现代化,2005,(25):110-112.
[46] 史蔓蓉,尺木.营销新宠——健康客房.中国旅游报,2006-2-15(10).
[47] 朱晓东.度假酒店的营销策略和管理(下).中国旅游报,2006-5-10(5).
[48] 阮晓明.我国饭店业竞争状况与发展的思考[J].河北科技师范学院(社会科学版),2005,4(4): 71-72,79.
[49] 赵燕鸿,安小红.饭店业核心竞争力与竞争优势分析[J].焦作大学学报,2006,(3):38-39.
[50] 周静莉,冯玉珠.饭店培育核心竞争力的方法[J].商场现代化,2007.94.
[51] 卞显红.论旅游饭店核心竞争能力的识别和培育[J].北京第二外国语学院学报,2001,(5):21-26.
[52] 谢新丽,吕群超.我国旅游饭店经营绩效状况探析[J].山东师范大学学报(自然科学版),2007,22(1):107-109.
[53] 吴超.试论我国国有饭店低效益经营的原因及其对策[J].北京第二外国语学院学报,2003,(4):24-28.
[54] 曾蓓.饭店客户关系管理模式及其实施[J].商业时代,2006(28):26-27.
[55] 陆均良,李建勇.饭店客户关系管理系统的应用前景[J].信息与电脑,2003(11):26-31.
[56] 马宝龙,李飞,李金林.关系营销中客户回报计划对客户品牌选择行为的影响研究[J].中国管理科学,2009:140-148.
[57] 高雅芳,李蕾.我国饭店业的关系营销策略[J].燕山大学学报(哲学社会科学版),2005:133-134.